문화: 열두 이야기

김 성 동 지음

철학과 현실사

머리말

　21세기를 '문화의 세기'라고 흔히 말하지만 '문화'가 의미하는 것이 무엇인지 그 뜻이 그렇게 명료하지 않다. 우리가 문화 속에서 살고 있고 문화를 생산하고 또 소비한다고 말하지만 그러한 문화의 정체가 무엇이냐고 묻게 되면 답하기가 그렇게 쉽지 않다. 이러한 어려움은 문화가 대단히 다양한 의미를 가지기 때문이기도 하겠지만, 우리가 지금 가지고 있는 문화가 서구로부터 이식된 것이기 때문이기도 할 것이다.

　하지만 무엇보다도 결정적인 것은 문화가 의식의 뒤편에 숨어 있다는 것이다. 비유적으로 말하자면 우리의 음식에 대한 욕망도 우리의 의식 뒤편에 숨어 있다. 우리가 의식적으로 원하는 것이 아님에도 불구하고 우리는 필요할 때에 음식을 찾게 된다. 문화도 이와 마찬가지로 우리의 의식 뒤편에 숨어서 우리로 하여금 필요한 일들을 하게 하는 그러한 존재이다. 이런 까닭으로 우리는 문화의 존재를 의식적으로 포착하는 데에 어려움을 겪는 것이다.

일단 우리가 이러한 문화를 문제로 삼아 의식의 앞쪽으로 끌어 놓는다고 하더라도 우리로서는 이 문화가 사뭇 낯선 존재이다. 왜냐하면 오늘날 우리와 함께 하는 문화는 우리가 전통적으로 가져 온 삶의 방식과는 상당히 차이가 있는 옮겨 온 것이기 때문이다. 우리는 이 문화가 어떻게 시작되었는지 경험하지 못했으며 오직 어느 정도 전개된 후의 형태만을 알 뿐이다. 게다가 우리는 이 문화와는 다른 문화적 전통에서 오랫동안 살아 왔다. 그러므로 오늘 우리의 문화는 우리의 삶과 함께 하는 우리의 문화임에도 불구하고 한편으로 낯설 수밖에 없다.

이 책『문화 : 열두 이야기』가 논의하고자 한 것은 이런 낯선 문화였다. 필자는 우선 문화를 문화인류학적인 정의를 쫓아 '삶의 방식'으로 파악한다. 이러한 삶의 방식으로서의 문화는 크게 세 하위 영역으로 나누어질 수 있다고 보는데, 그것은 기술과 윤리 그리고 예술이다. 예술문화는 우리가 일반적으로 문화라고 생각하는 문화의 대표적인 영역이다. 하지만 이러한 예술문화는 기술문화 및 윤리문화와 더불어서만 인간의 삶의 방식을 구성하지 독립적으로 성립하지는 못한다. 그러므로 이 책에서는 삶의 방식으로서의 문화를 다루되, 이를 예술문화와 기술문화 그리고 윤리문화의 통일체로 간주하였다.

오늘날의 문화는 대중문화를 그 특징으로 하고 있다. 대중문화는 궁정문화 내지 귀족문화가 기술문화의 발달과 더불어 보다 더 많은 사람들에게 제공되고 수용되어 시민문화로 전환된 후, 20세기 들어 대량생산체제의 성립과 더불어 사회의 거의 모든 구성원에게 제공되고 수용됨으로써 성립하였다. 오늘 우리가 가지고 있고 몸담고 있는 문화는 바로 이러한 대중문화이며, 당연히 이 책도 대중문화를, 특히 대중문화의 매체와 이와 관련된 소비생활을 그 주된 논의의 대상으로 삼고 있다.

물론 문화 및 대중문화와 관련된 다양한 서적들이 이미 있다. 그럼에도 불구하고 이 책을 준비한 것은 그러한 서적들이 이 낯선 문화에 대하여 이론적으로 입문하고자 하는 사람들에게 충분한 길잡이를 제공하지 못하고 있다고 생각한 까닭이다. 물론 이 책 또한 독자들의 요구를 제대로 충족시키지 못할까 걱정하지 않는 것은 아니지만, 나름대로는 독자들이 딛고 넘어설 디딤돌이 될 것이라는 기대를 가지고 있다. 달리 말하자면, 독자들이 문화 즉 대중문화를 이해하려고 할 때 필요한 최소한의 정보를 제공하여 독자들이 이를 딛고 넘어서서 더 전문적인 이해의 경지로 나아가도록 자극하는 것이 이 책의 목적이다.

이러한 목적을 달성하기 위하여 구체적으로 이 책은 1부와 2부로 나누어져 있는데, 1부에서는 '문화란 무엇인가'라는 주제를 가지고 문화의 정체와 역사를 파악하고자 하였다. 2장에서는 문화를 가능하게 하는 인간의 특성과 문화와의 관계를 논의하였으며, 3장에서는 문명과 문화라는 개념이 서구에서 어떻게 시작되었던가를 검토하였고, 4장과 5장에서는 18~19세기의 서구 시민문화와 20세기의 서구 대중문화의 성립에 대하여 역사적으로 접근하였다. 6장에서는 이렇게 성립된 대중문화에 대한 몇 가지 평가들을 검토하였다.

2부에서는 '대중문화가 어떻게 작동하는가'라는 주제를 가지고 몇 가지 논점들에서 문화현상을 검토하였다. 8장에서는 대중문화의 이데올로기와 신화를 분석하였고, 9장에서는 페미니스트들의 대중문화에 대한 비판을 검토하였다. 10장에서는 기술의 발달과 더불어 변화된 대중문화의 특성을 아우라와 시뮬라크르라는 개념을 통해 논의하였으며, 11장에서는 포스트모던 문화의 특성들을 또한 검토하였다. 12장은 이러한 논의들을 맺는 입장에서 대중문화의 미래를 다루었다.

이렇게 이 책의 구체적인 내용을 보면 이 책에서 다루고 있는 것은 우리의 문화라기보다는 현재 우리 문화의 배경이 되고 있는 서구의 문화임을 알 수 있다. 오늘날 서구가 세계를 지배하게 되면서 서구문화가 세계문화가 되기는 하였지만 우리의 민족적 특성이 반영된 우리의 문화는 비록 비슷한 내용을 가지고 있다고 하더라도 그들의 문화와 결코 같을 수 없다. 그러므로 사실 이 책의 논의는 우리의 문화를 생각하기 위한 예비적인 작업에 불과하다. 하지만 이러한 예비적인 작업 없이는 우리의 문화를 제대로 다루는 것 또한 불가능하다. 여기에 이 책의 의미가 있다.

이 책은 학부의 교양 및 전공 강좌에 사용하기 위하여 교재로 준비되었으므로 읽기 위하여 예비적인 지식이 필요한 책은 아니다. 이런 까닭에 교재로서 뿐만 아니라 일반 교양서적으로도 사용될 수 있을 것이다. 강의를 듣지 않고도 문화, 특히 현대 대중문화에 대한 이해를 넓히려고 하는 독자라면 누구나 쉽게 읽고 생각의 자료로 삼을 수 있도록 서술하고자 노력하였다. 그럼에도 불구하고 독자가 이 책을 읽어나가는 데 문제가 있다면 그것은 아마 필자가 충분히 준비하지 못한 까닭일 것이다. 독자의 이해를 구하며 이메일로 문의에 답할 것을 약속드린다.

주소는 dong@office.hoseo.ac.kr이다.

끝으로 양해를 구할 것이 둘 있다. 하나는 본문의 인용문들에 대한 것이다. 독자들에게 논자들의 입체적인 목소리를 들려주고 싶었으나 또 독자들에게 불필요한 문헌정보를 제공하는 일도 피하고 싶었다. 이런 까닭으로 재인용의 경우 재인용을 밝혀두기는 하였으나 원래의 출처를 일일이 밝히지 않았다. 참고문헌을 참고할 수 있을 정도로만 제공하기를 원했던 까닭이다. 다른 하나는 본문에 삽입된 그림들에 대한 것이다. 독자들의 이해를 돕기 위하여 인터넷에 공개되어 있는 여러 그림들과 사진들을 본문에 삽입하였다. 일일이 이용에 대한 동의를 구하지 않았으므로 이 지면을 통해 인터넷에 자료를 게시한 분들의 양해를 구한다.

2003년 봄
김 성 동

주요참고문헌 약어표

강원전 : 강현두, 원용진, 전규찬, 『현대 대중문화의 형성』(서울: 서울대
　　　 학교출판부, 1998)

강현 : 강현두 엮음, 『현대사회와 대중문화』(서울: 나남출판, 1998)

매크 : 매크래켄 지음/이상률 옮김, 『문화와 소비』(서울: 문예출판사,
　　　 1996)

밀너 : 밀너 지음/이승렬 옮김, 『우리시대 문화이론』(서울: 한뜻, 1996)

벤야 : 벤야민, "기술복제시대의 예술작품", 벤야민 지음/반성완 옮김,
　　　 『발터 벤야민의 문예이론』(서울: 민음사, 1983)

보드 : 보드리야르 지음/하태환 옮김, 『시뮬라시옹』(서울: 민음사, 2001)

스토 : 스토리 지음/박모 옮김, 『문화연구와 문화이론』(서울: 현실문화
　　　 연구, 1994)

엘리 : 엘리아스 지음/박미애 옮김, 『문명화과정 I』(서울: 한길사, 1996)

월터 : 월터스 지음/김현미 외 옮김, 『이미지와 현실 사이의 여성들』(서
　　　 울: 또 하나의 문화, 1999)

프리 : 프리드먼 지음/이박혜경 옮김, 『페미니즘』(서울: 이후, 2002)

차 례

제 2 부 대중문화의 논점들

제 1 부

문화란 무엇인가?

제 1 장

영화 『불을 찾아서』

1. 물음과 대답들

이 책이 다루고자 하는 오직 하나의 문제는 '문화란 무엇이며 어떻게 작동하는가?'라는 물음이다. 우리가 이러한 물음에 답한다고 할 때, 그때 '답한다는 행위'가 구체적으로 어떤 의미를 가지는지 한번 생각해 볼 수 있다. 답을 하는 방법에는 두 가지가 있는데, 그 하나는 '어떤 이가 "문화는 이러저러한 것이다"라고 말했다'라고 답하는 것이며, 다른 하나는 '(내가 볼 때) 문화는 이러저러한 것이다'라고 답하는 것이다.

그렇지만 사실 이 둘은 보기처럼 그렇게 큰 차이를 갖는 것은 아니다. 왜냐하면 다른 사람을 인용하지 않고 자신이 스스로 답하는 후자의 방식도 그 실제에서는 다른 사람을 인용하는 전자의 방식과 본질적으로 다르지 않기 때문이다. 왜냐하면 내가 스스로 가지고 있다고 보는 생각이 실제에서는 다른 사람들로부터 비롯되었기 때문이다. 세상에 태어날 때 아무런 생각 없이 태어났다는 점을 고려해 보면 내가 지금 가지고 있는 이 모든 것은 세상에서 비롯된 것일 수밖에 없기 때문이다.

물론 일이 반드시 이렇다면 인류의 삶에 변화가 없었을 것이다. 왜냐하면 하늘 아래 새로운 것이 하나도 없었을 것이기 때문이다. 내가 지금 가지고 있는 모든 것이 세상에서 비롯된 것이기는 하지만 내가 그것에 대하여 고유한 반응을 한다는 점을 또한 무시할 수 없다.[1] 이런 까닭으로 우리는 앞에서 언급한 두 가지 대답 방식을 구분하는 것이다. 따라서 우리는 두 가지 대답 방식이 실제적으로 크게 다르지는 않지만 나름대로 구분할 이유가 있다는 것을 또한 알 수 있다.

하지만 '문화란 무엇이며 어떻게 작동하는가?'라는 물음을 개론적으로 다루고자 하는 이 책에서는 주로 전자의 입장에서 이 물음을 다루고자 한다. 왜냐하면 독자들이 후자의 입장에서 이 물음에 답하고자 할 때 독자들이 자신의 고유한 방식으로 반응할 '세상에서 비롯된 과거의 대답들'을 제공해 주는 것이 이 책의 목적이기 때문이다.

물론 필자도 독자들과 더불어 이러한 과거의 대답들에 대하여 고유한 방식으로 반응하기를 또한 원한다. 그렇기 때문에 이 책은

---

1) 인간 삶의 이러한 측면에 대해서는 다음 책을 참조하라. 김성동, 『인간 : 열두 이야기』(서울: 철학과현실사, 2002), 특히 5장과 12장.

주로 전자의 입장에서 이 물음을 다루고 있을 뿐이지 **전적으로** 전자의 입장에서 이 물음을 다루고 있지 않다. 이런 까닭에 이 책의 곳곳에서 필자는 또한 필자 나름대로의 대답을 전개하고 있다. 하지만 독자에게는 이 또한 '과거의 대답들' 중의 하나가 될 것이다.

2. 장-자크 아노와 『불을 찾아서』

이러한 '과거의 대답들' 중에서 이 책은 우선 프랑스의 영화감독인 아노(Jean-Jacques Annaud)의 『불을 찾아서』(1981)라는 영화를 인용하고자 한다. 아노를 우선 인용하는 까닭은 그가 특별히 탁월한 문화 이론가이기 때문은 물론 아니다. 두 가지 이유가 있는데, 첫째 그가 이 영화를 만들면서 그 나름대로 그 이전의 '과거의 대답들'을 **통합적으로** 잘 반영하고 있기 때문이며, 둘째 이 인용은 이 책의 대부분의 인용과 달리 문자가 아닌 **동영상**이기 때문이다.

이 영화는 로스니(J. H. Rosny SR., 1856～1940)라는 프랑스 공상과학소설가의 동명소설(*La Guerre du Feu*, 1909)에 근거하고 있다. 이런 점에서 이 영화는 20세기 초엽의 문화이해를 반영하고 있는 점이 있다. 하지만 아노는 이 영화를 만들면서 두 전문가의 자문을 받고 있는데, 원시언어에서는 영국의 작가인 버제스(Anthony
Burgess, 1917~93),[2] 그리고
몸짓언어와 제스처에서는 영국
의 동물학자인 모리스(Desmond
Morris, 1928~   )[3]의 도움을
받고 있다. 그렇기 때문에 6년이라는 장기간에 걸쳐 이 영화를 만
들면서 아노는 20세기 후반의 문화이해를 또한 상당히 반영할 수
있었으리라 짐작할 수 있다.

아노[4]는 사실 걸작을 만드는 감독은 아니다. 그러나 늘 문제작

---

2) 인터넷 영풍문고에 의하면 그의 대표작 『클락웤 오렌지』가 우리말로 번역
   되어 있다.

3) 인터넷 영풍문고에 의하여 그의 책 여섯 권이 우리말로 번역되어 있다. 『머
   리 기른 원숭이』, 『바디 워칭』, 『접촉』, 『맨 워칭』, 『아기의 비밀 60가지』,
   『털 없는 원숭이』가 그것들이다. 이 중에서 가장 널리 알려진 책은 물론
   『털 없는 원숭이』이다.

4) 1943년 10월 1일 프랑스 드라베일에서 태어났다. 프랑스 최고의 영화학교
   이덱(IDHEC)을 졸업했으며, 소르본 대학에서 그리스어, 미술, 중세사를 전
   공한 수재였다. 20세에 CF 감독이 된 그는 400여 편의 광고를 만들면서
   참신한 영상파로 각광받았으며, 칸 광고 영화제에서 금상, 은상, 동상을 세
   차례에 걸쳐 수상하면서 광고계의 1인자로 부상했다. 장-자크 아노는 '프랑
   스 영화는 소극장용'이라고 서슴없이 말하며 유럽 통합의 다국적 자본으로
   불가능의 프로젝트만을 선별, 대형 스펙터클로 완성시키는 전략가로 유명하
   다. 그는 언제나 '나 자신은 프랑스 국적의 영화인이 아니라 영화를 하는
   프랑스인'이라고 선언하며 끊임없이 코스모폴리탄적인 영화에 도전해 왔다.
   막대한 성공을 거둔 그의 영화들은 시공간을 종횡무진한다. 원시시대부터
   중세기, 식민지 시대를 아우르고 아프리카, 아시아를 넘나들며 야생 동물만
   으로 영화를 만들기도 한다. 서방세계에서 바라보는 아련한 오리엔탈리즘과
   엑조티즘, 휴머니즘으로 가득 찬 인류학적 관심을 타고난 스타일리스트의
   감각으로 포장하는 솜씨가 뛰어나다. 프랑스보다는 미국을 포함한 외국시장

을 만드는 감독임에는 틀림없다. 그의 영화들은 많은 사람들의 입에 오르내렸으며 영화에 관심이 있는 사람이라면 그의 작품들5)을 들어보았을 것이다. 이런 의미에서 그는 현대의 탁월한 이야기꾼들 중의 한 사람이며, 그런 까닭에 우리는 그의 문화이해에 귀기울여 봄직도 하다. 물론 그가 때로 자신의 고유한 생각을 개진하고 있다는 점 또한 놓치지 말아야 할 것이다.

아노의 영화를 우선 인용하는 둘째 이유는 이미 지적하였듯이 이것이 문자가 아니라 동영상이기 때문이다. 이 책이 인용하는 대부분의 내용은 문자로 되어 있다. 문자는 동영상과 달리 추상적이며 구체적이지 못하다. 그러므로 독자들은 이 책을 읽으면서 내내 머릿속에서 추상적인 사유를 계속하게 된다. 그러나 이러한 추상적 사유를 아노의 동영상에 잠깐씩 축이게 된다면 추상적인 내용들도 구체적인 모습을 다소간 띨 수도 있을 것이다. 이런 이유로 아노의 영화를 우선 인용하고자 한다.

에서 더욱 인기가 높으며 프랑스 영화의 산업적 한계를 넘어섰다는 찬사와 소재주의의 대가라는 비판을 동시에 받고 있다.
출전 http://www.cinephile.or.kr/director/Jean-Jacques%20Annaud.htm

5) 『에너미 앳 더 게이트』(Enemy At The Gates, 2001 미국), 『티벳에서의 7년』(Seven Years In Tibet, 1997 미국), 『용기의 날개』(Wings Of Courage, 1995 미국/프랑스), 『연인』(L'Amant / The Lover, 1991 프랑스/영국), 『베어』(L'Ours / The Bear, 1988 프랑스), 『장미의 이름』(The Name Of The Rose, 1986 이탈리아/서독(구)/프랑스), 『불을 찾아서』(La Guerre Du Feu / Quest For Fire, 1981 프랑스), 『뒤통수 까기』(Coup De Tete / Hothead, 1979 프랑스), 『색깔 속의 흑백』(Noirs Et Blancs En Couleur / Black And White In Color, 1976 서독(구)/프랑스) 출전 같은 곳.

3. 영화『불을 찾아서』

영화『불을 찾아서』는 다음과 같은 서문으로 이 영화에서 그리고 있는 불의 위상을 지적하고 있다.

> 8만 년 전, 광대한 미지의 지형에서 인간의 생존은 불의 소유와 직결되어 있었다. 그들 초기 인간들은 불을 어떻게 피우는지 몰랐기에 불은 커다란 신비의 대상이었다. 불은 자연에서 가져와야 했으며 한번 얻은 불씨는 계속 살려야만 했다. 비바람으로부터 보호해야 했고 다른 부족들로부터 지켜야만 했다. 불은 힘의 상징이자 생존의 수단이었다. 불을 가진 부족만이 삶을 가질 수 있었다.

불은 생명이었다. 그러나 불은 아직 **문화**는 아니었다. 불은 **자연**이었다. 이 영화는 자연으로서의 불이 인공으로서의 불, 문화로서의 불로 어떻게 넘어가는가를 한 종족의 역사의 입장에서 서술하고 있다. 영화에서 그 종족의 이름은 울람(Ulam)이다.

1) 동굴 속에서

울람족은 동굴 속에서 생활하고 있는데 그들은 자연에서 불을 얻어서 사용하고 있다. 울람족은 불을 **발명**하지는 못했지만 적어도 불을 **발견**했다. 하지만 이러한 발견만으로 아직 자연에서 문화로 옮겨가지는 못한다. 이들은 우선 불을 이용하여 늑대들의 쫓아내고 동굴을 데워 따뜻한 잠자리를 누리고 있다. 울람족은 사회적 분업

도 실시하고 있는데, 다른 사람들이 잠자리에 든 동안 보초를 동굴 앞에 세워 불을 지키고 늑대들을 쫓는다. 또 불씨를 지키는 사람을 따로 두어 불이 꺼지는 경우 다시 불을 살려낼 수 있도록 하고 있다.

2) 와가부족의 습격

울람족의 아침은 부산하다. 비록 다른 종족의 냄새가 나는 것 같기는 하지만 눈에 보이지 않았기에 다른 종족의 접근을 알아차리지 못하고 늘 하던 일상사를 계속한다. 어떤 이는 불을 이용하여 고기를 익혀 아침을 먹고, 어떤 이는 다른 이의 털 고르기를 해주고, 어떤 이는 냇가에서 가서 세수를 하며 또 어떤 이는 막대기 끝을 불에 그을려 단단하게 만든다. 그들은 불을 방어와 난방과 요리에 사용할 뿐만 아니라 방어를 위한 무기제조에도 사용하고 있다. 나무를 불에 그을리면 재질이 단단하게 변하므로 적당한 나무를 불에 그을린 다음 이를 돌로 다듬어 날카롭게 만든 울람족의 창은 상당히 치명적인 무기가 된다.

이때 울람족의 불을 훔치러 온 와가부(Wagabou)족의 공격이 시작된다. 와가부족은 조직적인 협공으로 울람족을 공격하는데 동굴 위에서 나무와 돌을 떨어뜨려 공격하는 팀과 냇가로부터 동굴로 공격해 올라오는 다른 팀의 협동작전으로 울람족을 사납게 몰아붙여 불을 얻어가지만 제대로 간수하

지는 못한다.

울람족은 창졸간의 공격에 밀려 달아나게 되는데, 달아나는 부상 입은 울람족과 이미 죽은 와가부족과 울람족의 시체들을 늑대들이 공격한다. 불을 잃은 울람족이 늑대들의 공격을 피하기 위해서 사용하는 지형지물은 물이다. 호수 속의 습지로 도망가 쫓아오는 늑대들을 떼어놓는다. 불씨를 지키는 이는 와가부족의 추적에도 불구하고 불씨를 보존하여 호수 속의 습지로 합류하지만 물을 건너는 중 불씨통이 물에 젖어 불씨마저 꺼트리게 된다.

영화의 이 장면에서 울람족은 우리에게 현생인류의 조상으로 알려진 크로마뇽인이고 털이 많은 와가부족은 크로마뇽인과 동시대에 존재하긴 했지만 결국 크로마뇽인에게 멸종당한 것으로 짐작되는 네안데르탈인이다. 고인류학자들은 네안데르탈인의 두뇌용적이 1,500cc로 크로마뇽인의 1,350cc보다 큼에도 불구하고 정교한 도구들은 오히려 크로마뇽인들에게서 보이고 네안데르탈인에게서는 보이지 않으며 이런 이유로 크로마뇽인들이 네안데르탈인을 압도했을 것으로 보고 있다. 이 영화에서는 네안데르탈인이 크로마뇽인을 공격하는 것으로 나오는데, 영화에서도 보이듯이 크로마뇽인의 무기가 동물의 뼈나 나무 등걸을 사용하는 네안데르탈인의 것보다 탁월했기 때문에 그리고 궁극적으로 네안데르탈인은 멸종했으나 크로마뇽인은 살아남았기 때문에 오히려 그 반대였을 것으로 즉 크로마뇽인들이 네안데르탈인들을 공격했을 것으로 보는 학자들도 있다.

3) 불을 찾아서

불씨를 꺼트린 울람족은 부족의 한 무리의 전사들 즉 나오 (Naoh), 아무카(Amourkar), 가우(Gaw)에게 불을 구해 오도록 한다. 다른 무리의 전사들이 나서 자신들이 불을 구해 오겠다고 주장  하지만 추장은 그들이 아닌 애초의 전사들에게 불을 구해 오도록 한다. 이들은 불을 찾아 길을 떠나지만 온갖 짐승들의 포효소리에 겁을 먹게 된다. 짐승들의 소리에 맞서 고함을 지르지만 사자를 만나 나뭇가지에 매달려 사자를 피하는 신세가 된다. 나뭇잎을 따먹으며 오래 버틴 끝에 사자가 물러나자 비로소 나무에서 내려온다. 시장한 전사들은 새알을 가지고 다툰다.

이때 그들은 연기를 발견한다. 연기가 불이 있는 곳에 있다는 것을 울람족은 익히 알고 있다. 그들은 크잠(Kzamm)족을 만나게 된 것이다. 크잠족이 떠난 곳에서 불씨를 찾지만 불씨를 찾을 수 없다. 시장한 김에 크잠족이 먹다 버린 뼈에 붙은 고기를 먹게 되지만 그 뼈가 다른 인간의 뼈라는 것을 발견하고는 뱉어버린다. 크잠족은 식인종이었던 것이다. 밤중에 다시 크잠 족 야영지에 접근한다. 독수리들로부터 뺏은 동물가죽냄  새로 울람족은 체취를 숨긴다. 다음날 아침 동료들이 크잠족의 일부를 불에서부터 유인해 내었을 때 나오는 남은 크잠족 전사들과의 싸움 끝에 불을 얻게 된다. 나머지 불은 모두 물에 던진다. 크잠족은 이바카(Ivaka)족의 두 인간을 나무에 매달아 놓았는데 하나는 팔뚝 하나를 이미 먹힌 남자이고 다른 하나는 여자이다. 이 여자는 울람족 나오와 크잠족들과의 싸움을 틈타 도망간다.

이 영화의 처음에서나 이 장면에서나 원인류가 다른 존재를 우선적으로 파악하는 감각기관은 후각이다. 현대인들이 주로 시각에 의존하는 데에 반해 이 영화의 감독은 원인류가 주로 후각에 의존하였다고 시사하고 있다. 사자와 인간의 비교도 흥미로운데 인내심에서 인류가 사자보다 한 수 위인 것으로 묘사하고 있다. 새알을 두고 다툼으로써 오히려 서로 손해를 보는 원인류의 무사려도 감독이 그려내고 있는 인간의 영원한 어리석음 같아 보인다.

4) 여자와의 동행

불을 찾아 돌아가는 울람족 전사들에게 도망했던 이바카족의 여인 이카(Ika)가 동행을 청하지만 거절당한다. 아마도 타종족과의 공존은 모든 종족의 금기인 것으로  보인다. 하지만 크잠족들과의 싸움에서 부상을 입은 나오의 상처에 이카가 약초를 발라 치료해 줌으로써 동행이 이루어지게 된다. 불을 얻은 울람족 전사들을 밤에 불을 피우고 좋아하지만 크잠족의 시선을 끌게 되어 아침에 크잠족의 공격을 당하게 된다.

크잠족의 공격 중에 매머드가 나타나게 되는데 크잠족과 매머드 사이에서 진퇴양난에 빠진 울람족의 전사들 중 나오가 풀을 뽑아

 매머드에게 바치며 고개 숙여 길을 구한다. 감독은 여기서 종교의 기원을 보여주고자 하는 듯하다. 매머드 쪽으로 도망치는 울람족 일행들을 크잠족들이 땅을 치며 위협하자 매머드들이 크잠족을 향해 움직인다. 위기에서 빠져나온 이들은 울람족들이 있는 곳을 향하여 길을 계속 간다. 돌아오는 길에 철새의 움직임을 본 이카는 일행을 떠나 자신의 부락으로 돌아간다.

감독은 여자와의 동행 장면에서 우스운  모습, 그것도 자연스러운 우스운 동작과 인위적인 우스운 동작을 구분함으로써 웃음의 기원과 웃음과 관련된 자연과 문화를 먼저 대비시키고 있다. 오이와 비슷한 열매를 따는 울람족 전사는 하나를 주워 올릴 때마다 안고 있던 하나를 다시 떨어뜨림으로써 관객의 웃음을 자아낸다. 우연히 구른 돌멩이가 울람족 전사의 머리를 칠 때 이카가 웃음을 터뜨리는데 영화의 나중에 울람족 한 전사가 다른 전사의 머리에 일부러 돌멩이를 떨어뜨려 웃음을 만들어낸다. 감독은 나중의 이 장면을 위하여 여기에서 복선을 깔고 있다.

5) 이바카족의 부락으로

여자를 떠나보내고 자기 부족으로 돌아오던 나오는 갑자기 이카에 대한 그리움을 느끼게 된다. 이러한 그리움도 감독은 후각을 강조하여 여자가 누었던 풀숲의 냄새를 맡는 것으로 묘사하고 있다.

 그리하여 나오는 이카를 찾아 이바카족으로 향하게 된다. 가는 길에 나오는 처음으로 집과 그릇을 보게 된다. 동굴이나 불이 자연에 있는 것인 데 반하여 집이나 그릇은 자연에는 결코 없는 것이다. 그러므로 나오는 이곳에서 비로소 문화를 발견한 셈이다.

하지만 이바카족의 부락은 접근을 쉽게 허락하지 않는다. 숨어 접근하던 나오는 모래늪에 빠져 화살세례를 받게 되고 포로로 잡혀 이바카족의 씨내리6) 역할을 하게 된다. 나오는 이바카족에게서 놀라운 광경을 목격하게 되는데, 그것은 불을 피우는 기술이었다. 나무를 마찰시킴으로써 마찰열을 이용하여 불씨를 만들고 마침내 큰불을 피우는 기술을 목격한 나오는 이 문화적 기술에 완전히 혼이 빠지고 만다.

나오를 기다리던 울람족의 동료들도 이바카 마을에 접근하다 모래늪에 빠져 포로로 또한 잡혀 오게 된다. 하지만 이바카족들이 잠든 틈을 타서 동료들은 이바카 마을에 안주한 나오를 기절시켜 끌고 또 이바카 마을에서 필요한 물건들을 훔쳐서 나온다. 이를 보고 있던 이카도 길을 안내하여 이들과 함께 이바카 마을을 떠난다.

감독은 울람족을 유럽인으로 이바카족을 아프리카인으로 묘사함으로써 문화가 아프리카에서 유럽으로 옮겨왔다는 인상을 주고 있다. 여하튼 이제 여기에 이르러 '불을 찾아서'는 '불을 만들어'로 바뀌게 된다. 자연에서의 발생한 불이 아니라 인간이 일부러 만든 불

---

6) 여자가 다른 여자를 대신하여 씨를 가지는 것을 씨받이, 남자가 다른 남자를 대신하여 씨를 주는 것을 씨내리하고 한다.

이 등장하게 된다. 발견되는 불이 아니라 발명되는 불이 등장하게
된다. 문화가 시작된다.

6) 집으로

이바카족의 삶을 본 나오는 이제 이바
카족을 흉내내게 된다. 진흙 혹은 숯으로
화장을 하는 것도 더 이상 자연이 아니
다. 돌을 굴려 웃음을 자아내는 것도 더
이상 자연이 아니다. 화장이나 희극은 모
두 문화의 영역들이다. 하지만 울람족 무리들에게 도착하기 전에
불을 찾아 떠났던 전사들은 자신들이 가져온 불을 뺏으려는 울람
족 다른 전사들과 마주치게 된다. 불이 힘이자 생명이라는 점을 생
각한다면 불을 뺏는다는 것은 정권을 뺏는 것에 해당될 것이다.

동족들간의 싸움 중에 불씨를 숨기려던 울람족의 한 전사는 곰
동굴에서 곰의 습격을 받아 심한 상처를 입게 된다. 동료까지 부상
을 입은 전사들은 매우 불리한 처지에 빠지게 되지만 이바카 마을
에서 가져온 화살이라는 일보 전진된 무
기를 사용하여 공격해 온 전사들을 모두
죽이게 된다. 화살은 창과 같이 남자들만
이 사용할 수 있는 도구가 아니라 여자들

까지도 쉽게 사용할 수 있는 무기이다. 감독은 여기서 기술이 자연
적인 무력을 무력화시키고 자연적으로 무력한 여자들까지도 유력
화하는 기술을 부각시키고 있다.

불을 가지고 집으로 돌아온 전사들을 맞이하여 울람족은 기쁨에 취하게 되나 너무 기뻐한 나머지 실수로 불씨를 물에 빠뜨려 다시 불을 잃게 된다. 그러나 나오는 불은 자연에 이미 있는 것을 구해 오기만 하는 것이 아니라 인간이 인위적으로 만들 수 있는 것이라고 설명하며 불을 만들어 보인다. 실제로 나오는 불을 만드는 데 실패하지만 이카가 불을 만들어서 울람족들은 다시 불을 소유하게 된다. 어떤 동료가 부상 입은 동료의 상처를 혀로 핥아 치료하는 가운데, 돌아온 전사는 무용담을 동료들에게 이야기한다. 감독은 의료와 문학의 시작을 시사하는 듯하다.

4. 자연에서 문화로

1) 성적 관계

아노는 이 영화에서 다양한 소재를 통하여 자연으로부터 문화로의 전환을 묘사하고 있다. 영화의 내용을 서술하면서 이러한 점을 이미 지적해 왔지만 이에 대해 좀더 자세히 다루어 보자. 우선 이 영화에서 두드러져 보이는 이러한 전환은 앞에서 일부러 언급하지 않은 한 특별한 소재 즉 성(sex)이다.

아노는 영화에서 세 번에 걸쳐 남녀의 성적 관계를 그리고 마지막으로 그 결과로서 임산부의 달같이 부른 배를 보여주고 있는데, 다른 소재들과 마찬가지로 자연적인 모습으로부터 문화적인 모습으로 넘어가는 과정을 보여주고 있다. 첫째는 와가부족의 습격 직전에 동굴 앞 개울가에서, 둘째는 크잠족에서 불을 뺏어 돌아오는 길에, 셋째는 이바카족에서 탈출하여 돌아오는 길에서, 넷째는 나오와 이카가 보름달을 보며 보름달 같은 이카의 뱃속의 아기를 어루만지는 장면에서이다.

첫째 장면에 대한 시나리오 작가 심산의 서술을 보자.

영화 초반부, 원시인들의 세계에서는 개별적인 사랑이 없다. 정사는 있지만 그것은 집단적인 교미에 불과하다. 어디선가 풍겨오는 암내에 문득 성욕을 느낀 수컷이 다짜고짜 뒤에서 덮치는 식이다. 암컷은 약간 성가셔하면서 짜증을 낼 뿐 교미 자체를 거부하진 않는다.[7]

둘째 장면은 남자가 다른 남자를 제치고, 아니면 여자가 남자를 선택하여 교미하는 장면이다. 이카는 아무카의 교미시도에 저항하는데 그때 나오가 아무카를 쫓고 자신이 이카와 교미한다. 하지만 여기서 아노는 첫째 장면과 같으면서도 다른 교미를 그리고 있다. 즉 나오와 이카는 자세에서는 자연적이지만, 그 내용에서는 자연적 삶 이상의 것 즉 개별적인 사랑을 시사하고 있다.

셋째 장면에서 이러한 관계는 정식화되고 성적 관계의 자세에서도 자연적인 모습과 다른 문화적인 모습을 보이게 된다.

그 사랑은 왜 특별한가? 암컷 일반에 대한 성욕이 아니라

---

7) 심산, "심산의 영화 속 사랑" http://www.rsh.or.kr/cult_1.brd?_28.

특정한 암컷에 대한 성욕이었기 때
문이다. 보편적 교미가 아니라 특수
한 정사. 게다가 그 정사는 등뒤에
서 덮치는 것이 아니라 서로 마주
보면서 이루어진다. '불을 찾는 사내'
는 혼란스런 기쁨에 빠져든다. 인류 역사상 최초의 개별적인
사랑이 탄생하는 순간이다.8)

넷째 장면에서는 이러한 사회적 관계가 개별 가족이라는 독립적
인 단위로 성립하는 모습을 보여주고 있다. 자신과 특별한 관계를
가지는 여자로부터 태어날 자신의 아이를 그 여자와 함께 기다리
는 장면을 아노는 보여주고 있다.

2) 도구의 사용

성적 관계와 마찬가지로 아노가 공들여 보여주고 있는 자연으로
부터 문화에로의 전환은 도구, 특히 무기의 사용이다. 이 영화에는
세 수준의 무기가 존재한다. 와가부족과 크잠족은 동물의 뼈나 나
무의 등걸을 무기로 사용하고 있다. 울람족은 이들보다는 한 단계
나아간 무기를 사용하고 있는데, 그것은 불에 그을린 나무막대기로
만든 창이다. 최고로 발달한 단계의 무기는 이바카족의 활이다. 활
은 창보다 훨씬 긴 사정거리를 가지고 있고 여자도 사용할 수 있
는 용이성을 가지고 있다.

자연으로부터 문화에로의 전환이라는 관점에서 본다면 울람족의

---

8) 같은 곳.

창도 문화적이라고 이야기할 수 있다. 하지
만 침팬지도 울람족까지는 아니라고 하더라
도 도구를 사용하고 있음을 고려한다면 참
다운 의미에서 문화적이라고 이야기하기는
어렵다. 유명한 침팬지 연구자인 구달(Jane
Goodall, 1934~   )에 따르면 침팬지는 흰

개미 굴에 나뭇가지를 집어넣어 흰개미를 잡아먹는데, 이때 침팬지
는 나뭇가지를 줍거나 꺾어서 그냥 사용하는 것이 아니라 나뭇가
지의 이파리와 곁가지를 솎아내어 흰개미를 붙여 꺼낼 낚싯대를
준비한다. 자연물을 가공하여 사용하는 것은 인간에게 고유한 것이
라기보다는 동물에게도 있는 중간단계라고 볼 수 있다.

　　인간의 손에 관하여 집중적으로 연구했던 네이피어(John Russell
Napier)는 손을 통한 도구사용의 단계를 다음과 같이 나누었다.

　　1. 도구 쓰기 : 도구 쓰기는 눈에 띈 물체를 당장의 용도에
　활용하고는 내버리는 즉흥적인 활동이다.
　　2. 도구 고쳐 쓰기 : 도구 고쳐 쓰기는 눈에 띈 물체를 간단
　한 방법으로 고쳐 쓸모를 높이는 활동이다. 사용하고 나면 내
　버리거나 보관한다.
　　3. 도구 만들기 : 눈에 띈 물체를 이미 써봤던 균형 잡힌 방
　식으로 일정한 목적에 맞게 적절한 도구로 만드는 활동이다.[9]

　　네이피어의 견해에 따르면 와가부족과 크잠족의 무기는 도구 쓰
기 단계에, 울람족의 무기는 도구 고쳐 쓰기 단계에, 이바카족의

---

9) 존 네이피어 지음/이민아 옮김, 『손의 신비』(서울: 지호, 1999), p.155.

 무기는 도구 만들기의 단계에 들어가 있다고 볼 수 있다. 영화의 서문에서 불이 힘의 상징이자 생존의 수단이며, 불을 가진 부족만이 삶을 가질 수 있었다라고 했지만, 실제 영화의 전투장면에서 보면 만들어진 무기가 힘의 상징이자 생존의 수단이며, 만들어진 무기를 가진 부족만이 삶을 가질 수 있다고 묘사되어 있다. 창을 가진 울람족의 다른 전  사들과의 싸움에서 나오가 화살을 사용함으로써 이들을 무찌르는 장면은 아노의 기술에 대한 평가를 짐작할 수 있게 한다.

3) 소유 관계

성적 관계나 도구의 사용과 달리 소유 관계는 이 영화에서 그렇게 구체적으로 드러나 보이지 않는다. 그러나 맥락을 쫓아서 소유 관계의 자연에서 문화에로의 변화를 추적할 수는 있다. 소유와 관련한 자연에서 문화에로의 변화는 재화의 공유에서 사유에로의 변화로 이해할 수 있다.

공유에서 사유에로의 이러한 변화의 명확한 예는 영화의 전반부에서 묘사하는 남녀관계와 후반부에 묘사하는 남녀관계의 차이이다. 앞에서 언급한 것처럼 영화가 시작할 때 남녀는 특정한 상대방과 짝을 짓지 않고 집단적으로 짝을 짓는 군혼상태에 있다. 영화에서 어린이를 등장시켰다면 이러한 군혼상태를 좀더 확실하게 보여줄 수 있었을 것이라는 아쉬움이 남는다. 나오가 이바카족에서 씨내리를 하는 장면에서도 나오가 이바카족의 여인들에게 공유되어 있음을 볼 수 있다. 하지만 영화가 끝날 때 나오와 이카는 다른 사람들과 따로 떨어져 그들만의 관계를 가지고 있음을 보여준다. 간단히 말하면 나오는 이카를 사유한다.

사유(private)라는 말의 어원이 다른 사람들의 사용권을 빼앗다(privare)라는 의미의 라틴어에서 왔다는 것을 생각할 때 아노는 다른 사람들의 이카의 사용권을 완전히 빼앗은(deprive) 것임을 볼 수 있다. 바로 이러한 내용을 성적 관계와 관련한 둘째 장면에서 찾아볼 수 있다. 나오는 이카를 탐내는 아무카를 쫓아버리고 이카를 차지하고, 이바카족 부락에서 돌아오는 길에서 나오는 아예 공간적으로도 아무카와 가우를 떼어놓는다. 하지만 마지막 장면에서 볼 수 있듯이 이러한 소유 관계의 변화는 인류의 삶의 가장 근본적인 요소들 중의 하나인 가족의 탄생을 또한 의미한다.[10]

페미니스트들은 이러한 장면이나 해석에 이의를 제기할 것이다. 여성은 결코 소유물이 될 수 없다는 것이 페미니스트의 입장이기 때문이다. (공산주의자들이 사유재산의 성립이 이후 인류를 소유의 질곡으로 밀어 넣었다고 생각하듯이 여성주의자들은 가부장제의 확립이 마찬가지로 여성을 가정이란 감옥에 가두었다고 생각한다. 이런 문제에 대해서는 나중에 다시 검토할 기회가 있을 것이다.)

---

10) 물론 가족의 탄생이 성의 소유관계에만 기인하는 것은 아닐 것이다. 예컨대 사회생물학적인 입장에서 보면 가족제도는 유전자의 전달에 효과적인 제도로서 진화하였다.

여하튼 그렇다면 영화에서 확실하게 드러나지는 않지만 소유물이될 수 있는 것의 공유와 사유를 검토해 보자.

소유물이 될 수 있는 불이나 불씨의 경우를 보자. 이야기의 발단이나 전개는 모두 불씨를 빼앗아 가려는 사람들과 불씨를 지키려는 사람들의 투쟁으로 이루어져 있다. 앞에서 지적한 것처럼 영화에서 모든 사람들은 불씨를 자기만 소유하려고 하지 다른 사람이 사용할 기회를 주지 않으려고 노력한다. 크잠족의 불씨를 빼앗은 나오가 불붙은 나무들을 모두 물 속에 던져 넣는 장면에서 이를 확인할 수 있다. 이를 볼 때 이 영화가 가정하고 있는 불과 관련된 소유 관계는 종족 외에 대해서는 사적인 소유를 종족 내에 대해서는 공적인 소유를 하는 것이라 보인다. 니부어(Reinhold Niebuhr, 1892∼1971)의 『도덕적 인간과 비도덕적 사회』[11]를 연상시키는 가정이다.

그러나 이러한 전제는 영화의 거의 끝부분에 와서는 깨어진다. 나오가 거의 부족에게 되돌아왔을 때 부족의 다른 전사들이 나오

---

11) 이 책에서 니부어가 말하고자 하는 것은 인간은 개인적으로는 도덕적인 존재가 될 수 있으나 일단 집단 속으로 들어가게 될 경우에 그 집단, 사회, 국가는 비도덕적 경향으로 쏠리게 된다는 것이다. 따라서 사회집단이나 국가집단이 자기들의 이익을 위해서는 부도덕도 감행한다고 본다. 즉, 개인간의 분쟁과 집단 간의 분쟁의 경우, 전자의 경우는 종교와 교육에 의하여, 또는 이성과 양심에 호소함으로써 해결하는 일이 어느 정도 가능하나 인종, 민족, 계급 등 사회적 집단간의 경우에는 그 집단적 에고이즘으로 인해 앞서의 수단으로는 결코 억제할 수 없다고 본 것이다.

와 그 일행을 불을 빼앗기 위하여 습격한다. 영화는 울람족 내에서도 불의 소유와 관련하여 뺏고 뺏기는 내부적 투쟁이 시작되었음을 보여주고 있다. 영화 속에서처럼 이러한 내부 투쟁에서 승리한 나오 또한 불에 대한 사유적 권리를 주장할 수 있었을 것이다.

하지만 사실 나오는 불을 빼앗아 온 것 이상의 업적을 이루었다. 물에 빠져 꺼진 불에 망연자실한 동족들에게 자신이 불을 만들 수 있다는 것을 보여준다. 나오는 불을 만들었다. 앞으로 울람족은 더 이상 불씨를 지키려고 애쓸 필요가 없는 것이다. 불은 필요할 때 언제든지 다시 만들 수 있는 것이 되었다. 이런 업적을 이룬 나오가 불에 대하여 어떤 태도를 취했을지 짐작할 수 있다. 나오는 불과 화살로 인하여 지배적인 위치를 차지하였을 것이며 그러한 위치를 유지하기 위하여 불과 화살을 사유하였을 것이다.12)

5. 아노의 『불을 찾아서』

이미 지적했던 것처럼 아노는 문화전문가가 아니다. 그는 영화를 만드는 사람이다. 그러므로 아노의 『불을 찾아서』에는 아노가 받아들인 문화에 대한 과거의 견해가 드러날 뿐이다. 아노의 『불을 찾아서』는 현실이 아니라 하나의 가상이다. 실제로 인류의 문

---

12) 물론 실제 역사에서 철저한 사유제도에 기인하는 지배복종의 관계는 청동기시대에 시작하는 것으로 보고 있다.

화가 그렇게 시작하였을까? 정확히 말하자면 아노가 보여주었던 것이 설사 실제라고 하더라도 이 영화는 문화의 탄생이 아니라 문화의 전파를 보여주고 있을 뿐이다.

그렇다면 실제로 문화는 어떻게 시작되고 전파되고 발전되었는가? 하지만 그 실제는 남아 있지 않다. 그러므로 실제를 다룰 수 있는 방법은 결코 없다. 우리가 가상이 아니라 실제에 대하여 관심을 가진다면 아노와 같이 기존의 견해들에 기초하여 영화를 만든 사람이 아니라 그러한 견해들을 만들어내었던 전문적인 문화연구자들의 업적을 직접 검토해 보는 방법밖에 없다. 이것 또한 결코 만족스러운 길은 아니지만 가능한 최선의 길이다. 이 책의 나머지 부분에서 우리는 이 길을 가려고 한다.

생각거리

1. 우리가 어떤 것을 정의하는 다양한 방법들을 비교해 보고, 그러한 방법들로써 얻게 되는 결론들의 장단점을 따져보자.
2. 어떤 주장을 글로 표현하는 경우와 영상으로 표현하는 경우 전달자가 전달하려는 내용이 수용자에게 어떻게 전달될지를 검토해 보자.
3. 영화『불을 찾아서』에 대한 다양한 비평을 수집하여 비교 검토해 보자.
4. 이 영화에서 찾아볼 수 있는 자연에서 문화로의 전환들을 전부 찾아서 도표로 만들어 비교해 보자.
5. 감독이 이 영화에서 보여주고 있는 여러 가지 편견들을 찾아서 비판해 보자.
6. 우리나라에 있었던 구석기 삶의 흔적을 찾아보자.

읽을거리

다이아몬드 지음/김정흠 옮김,『제3의 침팬지』(서울: 문학사상사, 1996)
데스먼드 모리스 지음/김석희 옮김,『털 없는 원숭이』(서울: 영언문화사, 2001)
니버 지음/이한우 옮김,『도덕적 인간과 비도덕적 사회』(서울: 문예출판사, 1992)

볼거리

아노의 다른 영화들을 감상해 보자.

『에너미 앳 더 게이트』(*Enemy At The Gates*, 2001 미국)

『티벳에서의 7년』(*Seven Years In Tibet*, 1997 미국)

『용기의 날개』(*Wings Of Courage*, 1995 미국/프랑스)

『연인』(*L'Amant* / *The Lover*, 1991 프랑스/영국)

『베어』(*L'Ours* / *The Bear*, 1988 프랑스)

『장미의 이름』(*The Name Of The Rose*, 1986 이탈리아/서독(구)/프랑스)

『불을 찾아서』(*La Guerre Du Feu* / *Quest For Fire*, 1981 프랑스)

『뒤통수 까기』(*Coup De Tete* / *Hothead*, 1979 프랑스)

『색깔 속의 흑백』(*Noirs Et Blancs En Couleur* / *Black And White In Color*, 1976 서독(구)/프랑스)

제 2 장
인간과 문화

1. 문화에의 자각

인간이 '문화를 가지는 일'과 자신이 '문화를 가지고 있음을 아는 일'은 전혀 별개의 사건이다. 문화전문가들로부터 '문화란 무엇이며 어떻게 작동하는가?'라는 물음에 대한 답을 얻으려는 우리로서는 최초의 문화전문가들 즉 최초로 자신이 문화를 가지고 있음  을 알았던 사람들로부터 그들의 문화이해를 구하지 않을 수 없다. 최초로 문화를 인식한 이들은 누구였을까?

모든 서양학문의 전통이 그러하듯이 문화에 대한 논의도 고대 그리스로부터 시작한다. 고대 그리스가 지중해를 장악하고 여러 민족들과 서로 교류하게 되었을 때 그리스인들은 다양한 민족문화들을 접하기 시작하였다. 그리스의 역사가 헤로도토스(Herodotos, BC 484?~430/420)의 『역사』에서 이러한 다양한 민족문화들로부터 받은 그리스인들의 충격을 발견할 수 있다.

> [고대 페르시아의 왕] 다리우스가 그의 왕국을 구축한 후에 근처에 있는 어떤 그리스사람을 불러서 물어보았다. [그리스 사람들은 시신을 화장하는 장례습관을 가지고 있었다.] "내가 돈을 얼마나 주면 너희들이 아버지들이 죽었을 때 그들의 몸  을 먹겠느냐?" 그러자 그들은 아무리 많은 돈을 주더라도 그런 일을 하도록 유혹할 수는 없을 것이라고 대답하였다. 그 다음에 그는 칼라티안(callatian)이라고 불리는 어떤 인도종족을 불러들였다. 그들은 [장례 풍속으로] 아버지를 먹는 사람들이었다. 다리우스는 통역자로 하여금 옆의 그리스 사람들에게 통역하도록 하고서 칼라티안 사람들에게 물었다. "내가 돈을 얼마나 주면 너희들은 아버지들이 죽었을 때 그들의 몸을 불에 태우겠느냐?" 그 인도인들은 크게 외치며 다리우스에게 결코 그런 말을 말도록 청했다.[1]

이러한 충격에서 점차 벗어나면서 그리스 사람들은 자신들의 풍습에 대하여 반성적인 입장을 가지게 되는데, 이러한 결과로 그들은 민주주의라는 새로운 정치형태를 또한 갖추게 되었다. 민주주의적인 삶이 정착되었을 때 그들에게는 전통적인 삶과는 전혀 다른

---

1) Herodotus, *Histories*(http://mcadams.posc.mu.edu/txt/herodotus/), 3.38; 레이첼즈 지음/김기순 옮김, 『도덕철학』(서울: 서광사, 1989), p.31 참조.

새로운 삶의 모습이 드러났다. 특히 법률에 관해서 전혀 새로운 견해를 갖게 되었다. 과거의 전통적인 삶에서 법률은 절대자에 의해 만들어져 전하여 내려오는 것으로서 자연의 이법처럼 결코 변경할 수 없는 것이었다. 그러나 이제 민주주의의 정착과 더불어 법률은 내려오는 것이 아니라 우리가 정하는 것, 결코 변경할 수 없는 것이 아니라 수시로 변경 가능한 것이 되었다. 언제나 지켜야 되는 불씨가 아니라 언제나 새롭게 만들 수 있는 불씨가 되었다.

이리하여 고대 그리스인들은 자연을 뜻하는 피시스(physis)[2]와 문화를 뜻하는 노모스(nomos)[3]를 구분하게 되었다. 우리는 이러한 단어의 뜻을 오늘날의 자연과학의 대표학문인 물리학을 가리키는 영어단어 physics에서 찾아볼 수 있으며, 또 아노미(anomie)와 같은 단어들에서 볼 수 있듯이 규범을 가리키는 영어단어 norm에서 찾아볼 수 있다. 자연의 법은 모든 사회 모든 문화에 하나로 적용되지만, 인간의 법은 앞의 장례의 예에서 보듯이 각각의 사회 각각의 문화에서 각각 만들어져 각각 적용된다는 것이 이러한 구분의 의미였으며, 이러한 입장의 대변자는 흔히 궤변론자(sophist)로 알려져 있는 사람들이었다.

궤변(詭辯)의 사전적 의미는 상대편을 이론으로 이기기 위하여 상대편의 사고를 혼란시키거나 감정을 격앙시켜 거짓을 참인 것처

---

2) 피시스의 원래 뜻은 '태어나다'이다. 태어나서 성장하고 쇠퇴하며 사멸하는 것이 자연이라는 뜻으로, 아리스토텔레스의 정의에 따르면 '그 자체 안에 운동변화의 원리를 가진 것'이다.

3) 노모스의 원래 뜻은 '관습' 혹은 '법'이다. 법은 인간이 이익과 편의를 위해 천부적 자유를 제한할 목적으로 합의를 통해 만든 것이라고 그리스 사람들은 이해하였다.

럼 꾸며대는 말이다. 소피스트라는 영어단어는 그리스어 소피스테스(sophistes)에서 왔는데 이는 현자, 철학자, 실제적인 삶의 지혜를 가르치는 교사라는 뜻을 가지고 있다. 마지막 뜻을 부정적으로 평가할 때 궤변론자라는 이름이 붙게 되는데 '인간은 만물의 척도다'라는 말은 남긴 프로타고라스(Protagoras, BC 485?~414?)가 그 대표자이다. 하지만 프리스(Jakob Friedrich Fries, 1773~1843)와 헤겔(Georg Wilhelm Friedrich Hegel, 1770~1831)에 의하여 이러한 악평은 이미 철학사에서는 수정되었다.4)

이들이 가진 이런 부정적인 뉘앙스의 이름은 바로 피시스와 노모스의 구분을 수용할 것이냐 아니냐에 대한 논쟁에서부터 주어졌다. '너 자신을 알라'라는 말을 남긴 소크라테스(Socrates, BC 469~399)는 소피스트들의 이러한 구분에

이의를 제기하였다. 비록 노모스가 사회에 따라 다르다고 하더라도 그 이면에 피시스와 마찬가지로 모든 사회에 하나로 적용되는 참된 노모스가 따로 있다는 것이 소크라테스의 주장이었다. 이러한 소크라테스의 주장은 그의 제자들, 플라톤(Platon, BC 429?~347), 아리스토텔레스(Aristoteles, BC 384~322)에 의해 계승되었다.

서양사상사는 소크라테스와 그의 제자들에 의해서 장악되었으며, 소크라테스의 반대편에 섰던 소피스트들은 궤변론자라는 악명을

---

4) 프리틀라인 지음/강영계 옮김, 『서양철학사』(서울: 서광사, 1985), p.50.

얻게 되었다. 하지만 오늘날의 관점에서 보면 소크라테스는 이상적인 노모스를 생각한 데 반하여 소피스트들은 현실적인 노모스를 생각한 것으로 보인다. 오늘날에도 우리가 입법 활동을 할 때 최대다수가 동의할 법을 만드는 것을 이상으로 삼아야 한다. 그러나 현실적으로는 늘 만들어진 법률에 대하여 누군가는 이의를 가지게 마련이다.

여하튼 우리는 피시스와 노모스와 관련된 그리스 사람들의 논쟁에서 그리스 사람들이 피시스에 대립하는 노모스, 자연에 대립하는 문화를 발견하였다는 것, 그리고 이러한 발견에 따르면, 자연은 스스로 있는 것인 데 반하여 문화는 인간에 의해 있게 되는 것이며, 자연은 민족이나 사회와 무관하게 통용되는 데 반하여 문화는 시간과 공간에 따라 그 장소 그 시기에 맞는 것만이 통용된다는 것을 알게 된다.

2. 자연과 문화의 복합물로서의 인간

자연이 스스로 있는 것인 데 반하여 문화가 인간에 의해서 있게되는 것이라고 할 때, 문화의 창조자로서의 인간에 대하여 우리는 주목하게 된다. 이런 의미에서 인간과 문화는 결코 따로 떼어서 생각할 수 없는 것들이다. 하지만 인간은 문화와의 연관만을 가지는 존재가 아니다. 인간은 자만하여 스스로를 자연으로부터 분리시키고자 하는 경향이 있기는 하지만, 그래도 여전히 자연의 한 부분이다. 인간이 동물이 아니라고 우겨도 결국 인간은 동물의 왕국의 한 구성원이다. 그러므로 인간은 자연과 문화 양 세계의 시민이며, 자연과 문화의 복합물이라고 말할 수 있다.

하지만 인간이 애초부터 자연과 문화 양 세계의 시민이었던 것은 아니다. 먼 과거이기는 하지만 인간은 언젠가 자연계의 시민으로부터 문화계의 시민으로 넘어왔을 것이다. 언젠가 불을 찾던 인간이 불을 만들게 되었을 것이다. 인간이 자연과 문화를 가로질렀던 그 사건은 언제 일어났던 것일까? 아노가 『불을 찾아서』에서 보여주고 있는 것처럼 8만 년 전에 그 일이 일어났을까? 화석인류를 연구하는 고인류학자들에 따르면 이 사건은 대략 175만 년 전에 일어났다고 한다.

> 루이스 리키와 메리 리키가 1960년에 탄자니아의 올두바이 골짜기에서 중대한 발견을 했다. 지층 I(골짜기 표면에 노출된 가장 낮은 지층)에서 단순한 모양의 도구를 포함한 … 수많은 손과 발 뼈 … 가 발견되었다. 이 화석을 '손쓴 사람'이라는 뜻의 호모 하빌리스라고 부르게 된 것도 여기서 나온 도구 때문이었다.[5]

인류 진화의 역사에서 인간이 자연에서 벗어나서 인간에 의해서 있게 된 무엇인가를 보여준 것은 바로 187만 년 전의 아르곤 칼륨을 포함하고 있는 호모 하빌리스(homo habilis)의 두개골[6]과 같이 발견된 도구들 바로 그것들이었다. 인류가

---

5) 네이피어, pp.122~23.

6) 같은 책, p.125.

만들어낸 문화적 산물 제 1 호라고 부를 수 있는 것은 호모 하빌리스가 사용했다고 보이는 '조약돌 도끼'[7] 바로 그것이었다. 하지만 이것이 정말 최초의 문화적 산물인가? 문화가 여기서 시작된다고 할 때 우리는 조금 더 신중할 필요가 있다.

> 훈련받지 않은 눈으로 보면 조약돌 도끼는 자연의 작용으로 조각이 난 돌하고 똑같아 보인다. 하지만 이들이 의심의 여지가 없는 가공품이라는 데는 두 가지 강력한 근거가 있다. 첫째, 수천 개의 표본에서 유사한 조각 기술이 놀라울 정도로 일관적으로 반복되어 나타난다. … 둘째, 사용된 재료는 항상 그 지점에 자연적으로 나타나는 것이 아니다. 올두바이에서 사용된 재료에는 용암과 규암이 포함되어 있는데, 이들 물질은 분명히 사람이 옮긴 것이다.[8]

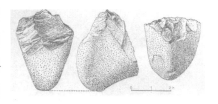

이 조약돌 도끼는 사람이 옮겨온 돌을 서로 부딪치게 함으로 만들어졌다. 이는 자연의 작용이 아니라 인간의 인공이 가해진 최초의 문화적 산물이다. 이 조약돌 도끼는 나중에 손도끼로 개선되어 발전되어 나갔다. 하지만 여기서 우리는 다시 의문을 제기할 수 있다. 왜 침팬지는 자연으로부터 문화에로 넘어가지 못하고 인간만이 자연으로부터 문화에로 넘어가게 되었는가? 인간이 자연으로부터 문화에로 넘어가는 데에 결정적인 기여를 한

---

7) 같은 책, p.169.
8) 같은 책, p.171.

것은 인간의 손과 두뇌이다. 침팬지도 다른 포유류와 비교해 본다면 인간과 아주 흡사한 손과 두뇌를 가지고 있다. 그러나 침팬지가 아닌 다른 포유류와 침팬지가 서로 다른 만큼, 침팬지와 인간도 또한 서로 다르다.

조약돌도끼는 인간이 손을 사용했다는 증거가 된다. 하지만 인간의 손 중에서도 손은 엄지손가락이다. 인간이 조약돌도끼를 만들어 사용할 수 있었던 것은 엄지손가락과 다른 손가락이 180°로 마주볼 수 있다는 사실 즉 '맞붙임구조'에 의존하고 있다. 물론 침팬지도 엄지를 가지고 맞붙임구조를 가지고 있지만 인간의 것처럼 완벽하지 못하다. 특히 인간보다 짧은 엄지손가락과 훨씬 긴 검지손가락이 침팬지의 손동작을 아둔하게 만든다. 그래서 침팬지는 도구를 고쳐 쓸 수는 있지만 도구를 만들어 쓰지는 못한다.[9] 그러므로 문화는 인간에 의해서 만들어지지만, 좀더 자세히는 손에 의해서, 더욱 자세히는 엄지손가락에 의해서 만들어진다.

하지만 인간과 침팬지의 차이는 이러한 손의 차이에서만 비롯되는 것은 아니다. 침팬지의 두뇌용량은 380cc인 데 반해 호모 하빌리스는 630cc이고 현재 우리는 1,400cc 정도이다. 침팬지의 두뇌용량도 체중과 비교해 볼 때 다른 포유류의 두 배에 가까운데 그 이유는 원숭이의 수상생

---

9) 같은 책, p.155.

활 때문이라고 한다. 즉 다른 포유류는 대지라는 2차원적인 공간에서 생활하는 데 반해 원숭이는 나무라는 3차원적인 공간에서 활동하기 때문에 정확한 시각과 정확한 손동작이 필요했고 이러한 필요에 적응하여 두뇌도 증대되었다고 학자들은 설명한다.[10)

하지만 인간은 단순히 나뭇가지를 붙잡는 데서 끝나지 않고 나뭇가지를 들고서 과일을 따거나 뿌리를 캐는 복잡한 동작을 하게 된다. 이러한 동작의 복잡성이 다시 인간의 두뇌를 계속 증대시켜 왔다. "도구 제작과 대뇌 용량은 상호 되먹임적이다. 즉 도구 제작은 대뇌 용량의 증대를 요구하고, 대뇌 용량의 증대는 더 효율적인 도구 제작을 가능하게 한다. 도구 제작자인 호모 하빌리스에게는 이 되먹임 작용이 일어남으로써 급속한 대뇌 용량의 증대가"[11) 이루어졌다. 두뇌의 기여를 무시하려 하지 않는다면, 우리는 인간이 손과 두뇌를 통하여 자연에서 문화에로 큰 발자국을 내디뎠다고 말해야 할 것이다.

물론 이렇게 인간이 자연으로부터 문화에로 건너왔다고 해서 자연으로부터 완전히 벗어난 것은 아니다. 비유적으로 표현하자면, 한쪽 발을 문화에 내디뎠을 뿐, 다른 한쪽 발은 여전히 자연에 두고 있다. 이런 까닭으로 자연과 인간과 문화는 결코 따로 떼어서 해명할 수 없는 서로 얽혀 있는 복합체일 수밖에 없다. 이런 까닭에 문화에 초점을 맞추는 이 책 또한 자연과 인간에 대해서도 동시에 초점을 맞추어야만 한다.

---

10) 조용현, 『정신은 어떻게 출현하는가?』(서울: 서광사, 1996), p.78.
11) 같은 책, p.85.

3. 자연의 극복으로서의 문화의 세 영역

호모 하빌리스 이후에 인류는 계속 진화해 왔는데, 약 50만 년 전에는 곧선사람인 호모 에렉투스(homo erectus)가 등장하였으며, 약 5만 년 전에는 현생인류의 조상인 슬기사람 즉 호모 사피엔스(homo sapiens)가 드디어 등장하였다. 호모 에렉투스의 두뇌용량은 1,000cc 정도이고 호모 사피엔스는 오늘날 우리와 비슷하다.

호모 하빌리스가 인간에 의해 있게 된 것을 최초로 제시한 이후 인간은 긴 역사 동안 계속하여 많은 문화적 산물을 생산해 내었는데, 픽션이기는 하지만 『불을 찾아서』에서 8만 년 전의 사람들을 불과 화살을 만들었다. 하지만 그러한 문화  적 생산이 결정적인 계기를 갖게 된 것은 지금으로부터 7천여 년 전인 이집트문명의 발생기였다. 역사학자인 토인비(A. J. Toynbee, 1889~1975)는 이러한 결정적인 문화적 계기를 지적하고 있다.

> 옛날에 녹지대였던 사하라 지방이 건조해 버리자, 거기 살았던 주민들의 일부가 남쪽으로 이주해서, 거기서 다시 비슷한 외적 환경을 발견하고 예전과 비슷하게 살아갈 수 있었다. [이들은 예컨대 오늘날 에티오피아인들의 선조들이다.] 그러나 다른 일부의 주민들은 그 장소에 그대로 남아서 그들의 생활 방식을 바꾸어 가지고 변해 버린 사막의 조건에서도 계속 살아갈 수 있었다. 이로써 그들은 이주해 간 사람들보다 더욱 창조적인 인간이 되었다. [이들은 예컨대 오늘날 베두인족들의 선조들이다.] 그러나 그들도 적응한 것에 불과하다. 이와 다르게 제3의 그룹은 ─ 이집트인들인데 ─ 토지를 비옥하게 하기

위해서 나일 강의 펄과 물을 이용할 것을 생각해 내었다. [이들이 바로 오늘날 이집트인들의 선조들이다.][12]

조약돌도끼를 만들어냄으로써 자연으로부터 문화로 건너온 인류는 불과 화살의 발명에 이어서 관개장치인 용두레(shaduf)를 만들어냄으로써 우리가 일반적으로 문명이라고 부르는 삶의 방식을 창조해 내기에 이르
렀다. 이집트문명이 지중해를 건너 그리스에 이르렀을 때 그리스인들은 드디어 피시스와 노모스를 구분하는 자의식적인 단계에 이르렀던 것이다. 하지만 그리스인들은 단순히 피시스와 노모스를 구분하는 데서 그치지 않았다. 그들은 노모스를 여러 가지로 구분하기 시작하여 오늘날에 이르도록 하였다고 보이는데, 우리는 그것들을 문화의 세 하위영역이라고 이야기할 수 있다.

문화의 첫 영역은 호모 하빌리스의 조약돌도끼나 이집트인들의 용두레인 샤두프에서 볼 수 있는 것처럼 기술문화이다. 기술문화는 가혹한 인간의 생존조건에서 인간들이 살아남기 위하여 도구들을 개발함으로써 시작되었다. 호모 하빌리스는 당시의 다른 인종들과 달리 척박한 토양에 살았기 때문에 보다 더 효과적으로 수렵채취 생활을 하기 위해서 조약돌도끼를 개발할 수밖에 없었다. 이집트인들은 나일강 유역의 사막화라는 자연환경의 변화에 대응하여 용두레를 개발함으로써 위기를 기회로 만들었다. 그리스인들은 이러한 기술에 테크네(techne)[13]라는 이름을 붙였는데 오늘날 기술을 뜻

---

12) 란트만 지음/진교훈 옮김, 『철학적 인간학』(서울: 경문사, 1977), p.184.

하는 영어 technology에서 그 흔적을 찾아볼 수 있다.

문화의 둘째 영역은 역사가 헤로도토스가 관심을 가졌던 것과 같은 **윤리문화**이다. 인간은 자기 바깥의 자연을 극복해 나갔을 뿐만 아니라 자기 속의 자연 또한 극복해 나갔다. 이집트에서 노예로 생활하다 모세와 더불어 이집트를 빠져나온 유대인들에게 모세가 전한 하느님의 계율 십계명[14]은 인간이 자신 속의 자연을 극복해 나가고 있는 모습을 우리에게 보여준다. 조약돌도끼나 용두레처럼 십계명도 인간으로 말미암아 존재하는 것이며 전자가 외적 자연을 극복하게 해준다면 후자는 내적 자연 즉 인간의 본능과 욕망을 극복하게 해줌으로써 인간을 고통에서 건져준다. 그리스 사람들은 이러한 윤리에 프라시스(praxis)[15]라는 이름을 붙였는데 오늘날 사회적 관례를 뜻하는 영어 practice에서 그 흔적을 찾아볼 수 있다.

문화의 셋째 영역은 오늘날까지 기술이나 윤리처럼 문화로부터 멀리 나아가지 않고 남아 문화적 삶을 대표하고 있는 **예술문화**이다. 호모 하빌리스와 고대 이집트인들이 보여준 기술은 곧 창조였다. 윤리문화에서 볼 수 있었듯이 이러한 창조가 내적 자연을 향해 있을 때 한편으로는 윤리가 나타나고, 다른 한편으로는 예술이 나

---

13) 테크네는 그리스 시대에는 기술이라는 뜻과 더불어 기예 즉 예술이라는 뜻도 같이 가지고 있었다고 한다. 오늘날에도 기술은 그것이 건축기술이든 기계기술이든 무엇이든지간에 늘 디자인 예술과 함께 하고 있다. 하지만 영역의 분화로 기술과 예술은 이제 따로 다루어지고 있다.

14) 어떤 신을 어떻게 섬겨야 할지, 부모와 타인들과 이성에 대하여 어떤 태도를 가져야 할지, 다른 사람의 소유에 대해서 어떤 태도를 가져야 할지를 십계명은 구체적으로 지적하고 있다.

15) 프라시스는 그리스 시대에는 판사의 판결에 의해 집행되는 강제절차를 의미했다. 이렇게 강제되는 것은 인신의 구속 또는 재산의 몰수였다.

타난다. 기술과 윤리가 인간에 의한 것이기는 하지만 여전히 자연의 필연성에 의존하고 대항하여 존립하는 것이라면, 예술은 이러한 필연성으로부터 상대적으로 자유로운 순수 문화적 현상이라고 볼 수 있다. 예술적 삶은 인간에게 감동을 안겨줌으로써 인간을 고통으로부터 행복으로 들어올린다. 그리스 사람들은 이러한 예술에 포이에시스(poiesis)[16]라는 이름을 붙였는데 오늘날 시를 뜻하는 영어 poet에서 그 흔적을 찾아볼 수 있다.

고대 그리스인들의 피시스와 노모스의 구별, 그리고 노모스에서의 테그네와 프락시스와 포이에시스의 구별은 오늘날에도 여전히 유효하다. 예로 든 영어단어들이 이러한 통시적인 타당성을 시사하고 있다. 2,500여 년의 인류의 삶 속에서  그 구체적인 내용에 다소간의 변화가 없었던 것은 아니지만, 소가 경운기로 바뀌었다고 하더라도 벼농사를 짓는 방법은 변함이 없듯이 인류는 기술과 윤리와 예술로써 자신의 삶을 꾸려나가고 있다는 점에서는 변화가 없다. 그때나 지금이나 우리는 철기시대에 살고 있으며, 지금 우리가 가지고 있는 온갖 문화적 산물의 원시적인 형태는 그때에도 이미 다 있었다. 발굴된 로마시절의 교역도시 폼페이(Pompeii)의 유적을 방문하게 되면 그 당시의 사람들의 삶과 우리들의 삶이 거의 차이가 없음을 보고 놀라게 된다.

---

16) 포이에시스는 두 가지 큰 의미가 있다. 인간과의 교섭인 행위를 의미하는 프락시스와 대립하여 사물과의 교섭인 생산을 의미하기도 하지만, 이 맥락에서처럼 시를 의미하기도 한다.

이런 까닭으로 우리가 문화를 생각할 때 유의해야 할 점이 하나 있다. 그것은 기술과 윤리와 예술이 서로 무관한 독립적인 영역이라는 오해이다. 과거에는 그것들이 하나였을지 모르지만 오늘날에  는 그것들이 따로 있다는 오해가 바로 그것이다. 물론 시각에 따라 그렇게 보는 것이 전혀 불가능하다고 말할 수는 없겠지만 일반적으로 말해서 이들 세 영역은 문화 즉 인간에 의해 존재하는 것이라는 분모를 공유하고 있기 때문에 결코 분리하여 생각할 수 없도록 서로 얽혀져 있다. 셰익스피어(William Shakespeare, 1564~1616)의 희곡 『베니스의 상인』에서 재판관 포샤가 샤일록에게 살을 떼어내되 피 한 방울도 흘리지 않고 떼어내라고 한 것처럼 문화에서 그 어떤 부분을 떼어내든지간에 다른 부분들이 묻어 나오게 마련이다. 문화를 이해할 때 바로 이러한 상관성을 또한 고려해야 한다.

4. 이상으로서의 문화

문화는 이처럼 자연에 대립하는 것으로, 그리고 기술과 윤리와 예술이라는 하위범주를 가지는 것으로 생각할 수 있는 반면에, 또한 동시에 추구해야 할 이상이라는 의미를 가지고 있다. 인류가 문화적 자의식을 가진 이후 문화적 삶은 야만적 삶에 대비하여 늘 추구해야 할 이상이었다. 물론 이러한 이상으로서의 문화는 상대적으로 사용되었다.

예컨대 말만 하기보다는 글도 사용할 수 있을 때 우리는 문자문화를 가지고 있다고 말한다. 하지만 말과 글이 있다고 하더라도 그 말과 글로써 인간의 삶의 다양한 모습을 설득력 있게 그려낼 수 있을 때 우리는 그 시대에 문화가 꽃피웠다고 말한다. 그러한 찬란한 문화는 과거보다 많은 사람들이 그 문화를 누림으로써 성가를 드높이게 된다. 이러할 때 문화는 물론 주로 예술문화이다. 하지만 문자가 기록되도록 펜이 개발되고 많은 사람이 누리도록 인쇄술이 개발된다면 여기에는 기술문화가 개입된다. 또 그리하여 고상한 말투와 비속한 말투가 구분되게 된다면 여기에는 윤리문화가 개입된다.

20세기 이전에 여성이 가졌던 사회적 지위는 민족문화적 차이에도 불구하고 대개 열악한 상황에 있었다. 가부장적인 사회체제 속에서 여성은 자신들의 성(gender)적인 삶에 충실해야 했다. 여성이 그러한 굴레에 도전한다는 것은 남성들은 물론이고 여성들 자신들에 의해서도 엄하게 제재를 받았다. 오늘날까지도 어떤 민족문화에서는 아직도 여성이 남성에게 종속적이고 인격으로서의 충분한 가치를 가지고 있지 못하다. 이러할 때 문화는 물론 주로 윤리문화이다. 하지만 이런 문화권 속에서 여성의 인격성을 표현하는 예술문화의 발전을 기대하기는 어렵다. 마찬가지로 이런 문화권 속에서 여성들의 인격적인 삶과 관련된 다양한 기술문화의 발전 또한 기대하기 어렵다.

우리가 문화적인 사무실이나 주택이라고 말할 때 그러한 사무실이나 주택은 어떠한 공간인가? 물론 문화예술적인 환경이 좋은 사무실이나 주택을 말할 수도 있다. 그렇지 않다면 그러한 사무실이  나 주택은 첨단 기술 장치가 구비된 사무실이나 주택을 말할 것이다. 펜은 타자기와 워드프로세서로 바뀌었다. 주판은 계산기와 스프레드시트로 바뀌었다. 전화기와 복사기와 팩스와 인터넷으로 무장된 사무실에서 근무하던 사람이 기술문화가 뒤떨어진 오지나 다른 나라에 가게 되면 자신의 사무실의 문화시설들을 그리워하게 된다. 캠핑 나온 문화주택의 거주자들도 서너 날을 야외에서 지내다보면 같은 그리움을 가지게 된다. 이러할 때 문화는 주로 기술문화이다. 하지만 기술은 늘 도구이다. 전화는 부모님께 안부를 전하는 효도의 이기이다. 워드프로세서나 그래픽 또는 오디오비디오 유틸리티는 현대의 문화예술가들의 창작의 수단이다.

여하튼 우리가 어떤 문화적 상황에 처하든간에 우리는 늘 자신에 대하여 반성하며 더 나은 문화를 추구한다. 우리는 현재의 삶이 야만적이며 미래의 삶이 문화적이라고 지칭한다. 자신의 삶이 영원불변한 피시스가 아니라 상시가변적인 노모스라는 것을 인간은 이미 발견했다. 그러한 발견 이후 인간은 자신의 대한 비판과 이에 기초한 더 나은 삶의 추구를 멈추지 않는다. 이때 더 나은 삶을 가리키는 말, 그것은 문화적 삶이다.

물론 문화적 삶이 언제나 미래의 삶만을 가리키는 것은 아니다. 때로 우리는 과거의 삶이 지금의 삶보다 문화적이었다고 말하기도 한다. 오늘의 문화예술이 상업적이고 향락적이고 말초적이라는 비판이 무성하며, 오늘의 윤리문화는 인간의 인간성을 지켜내지 못하고 있다는 탄식 소리가 높고, 오늘의 기술문화는 환경을 착취하고 파괴함으로써 궁극적으로 인간의 삶을 담보해 내지 못한다고 성토되고 있다. 그러나 이렇게 과거의 높은 수준의 문화를 이야기할 때도 결국 우리는 과거로 돌아가지 못한다. 우리는 미래를 향해 서 있으며 미래의 더 나은 삶은 회복되는 것으로든 지향되는 것으로든 보다 더 문화적인 삶으로 기대된다.

5. 20세기의 문화적 전환

우리는 21세기를 문화의 세기로 부르고 있다. 우리가 21세기를 문화의 세기라고 기대하고 있는 이유는 무엇인가? 20세기가 야만의 세기였기 때문인가? 어떤 의미에서는 그렇다.

오랜 역사 속에서 인간은 다양하고 수많은 모습의 문화들을 만들어왔지만, 역설적으로 근대 사회와 현대 물질문명의 발전 속에 오히려 인간이 문화로부터 소외되는 결과가 초래되었다. '문화의 세기'란 이처럼 자신이 만들어낸 문화로부터 소외되어 온 인간이 인간의 존재다움을 되찾고 문화의 중심에 다시 설 수 있도록 만들어주는 시대를 말한다. 즉 개개인들의 존엄성이 존중되는 바탕 위에서 인간다운 본래적 가치를 창출하여 가는 시대인 것이다.17)

하지만 20세기는 단순한 야만의 세기는 아니었다. 비록 문화로부터 인간이 소외되었다고 하더라도 어떤 세기보다도 큰 문화적 성취를 이룬 세기였다. 우리가 21세기를 문화의 세기로 기대할 수 있는 까닭도 20세기가 바로 그러한 문화적 성취의 세기였기 때문이다. 이런 까닭으로 21세기의 문화는 20세기의 문화적 전환을 전제하지 않고서는 이해될 수 없다.

기술문화에서 본다면 20세기는 인류 역사에서 특히 기록할 만한 세기였다. 어떤 미래학자는 19세기까지 인류가 축적해온 지식보다 더 많은 지식이 20세기에 생산되었다고 말하기도 했지만, 기술문화적 관점에서 가장 괄목할 전환은 **수공업적 생산방식**에서 **과학기술적 기계공업적 생산방식**으로의 완전한 전환이었다. 과거의 생산이 장인들의 솜씨에 의거해 있었다면 근대의 생산은 공장의 기계들에 의거해 있다. 물론 공장의 기계들은 근대적 과학기술의 산물들이다. 이런 차원에서 기술은 20세기의 중요 관심사로 대두되었다.[18]

물질문명은 가시적이고 물리적인 것으로서 인류에게 직접적으로 충격을 주었지만, 이에 못지않게 인류의 삶을 바꾸어 놓은 것은 또한 윤리문화이다. 그리스인들도 지중해의 여러 문화를 접하고서 문화적 충격을 받았지만, 20세기 기술문화의 발달에 따른 수송과 통

---

17) 김성재, "21세기 문화정책의 방향".
   출전 http://www.mct.go.kr/uw3/dispatcher/korea/news/announcement_v.html ?oid=@12787|4|6

18) 미국의 과학철학회는 약 100년의 역사를 가지고 있으며, 기술철학회는 약 30년의 역사를 가지고 있는 젊은 학회들이다.

신의 발달은 인류에게 전 세계적인 충격을 주었다. 인류는 이러한 충격을 한참 성공을 거두던 과학적 반성의 입장에서 수용하였는데, 그 결과는 인습적 윤리문화를 버리고 합리적 윤리문화를 선택하는 것이었다. 합리성의 의미에 대하여 여전히 논란이 있기는 하지만, '합리적이지 않다'라는 표현은 앞 절의 의미에서 '문화적이지 않다'라는 표현과 같은 의미로 사용되게 되었다.

이러한 기술문화와 윤리문화의 변화에 힘입어 예술문화 또한 그에 못지않은 전환을 이루었는데, 이는 민족적이고 귀족적인 문화로부터 지구적이고 대중적인 문화로의 전환이라고 부를 만하다. 근대 이전에 각 민족은 민족고유의 문화적 삶을 유지하고 있었으며, 문화는 또한 소수의 선택받은 사람들의 향유물로 간주되곤 했다. 하지만 근대세계와 더불어 민족문화는 다른 민족문화들과의 문화접변을 피할 수 없게 되었으며, 문화적인 삶을 누리는 인구의 수는 폭발적으로 늘어났다. 이제 대부분의 사회는 다문화적인 상황에 놓이게 되었고 동시에 대중문화를 특징으로 하는 대중사회로 전개되었다.

이러한 우리의 21세기적 문화적 자각은 그리스인들의 문화적 자각이라는 전통의 연장선상에 있다. 다음 장에서는 문화적 자각에 대한 우리의 이해를 좀더 세밀하게 하기 위하여 '문화'와 '문명'을 구분하는 근세의 문화적 자각을 살펴보고자 한다.

생각거리

1. 소피스트와 소크라테스의 자연과 문화에 대한 의견의 차이를 설명해 보자.
2. 인간이 침팬지와 달리 문화적 존재로 진화한 이유를 나열해 보자.
3. 그리스어 테크네, 포이에시스, 프락시스가 각각 의미하는 것을 찾아 보자.
4. 토인비가 말하는 이집트인들의 창조적 응전의 내용을 같은 지역에 살았던 다른 사람들과 비교하여 설명해 보자.
5. 『불을 찾아서』에서 기술적, 윤리적, 예술적 측면을 구분해 보자.
6. '새로운 유행'과 '새로운 문화'가 어떻게 구분되는지를 설명하는 짧은 에세이를 작성해 보자.
7. 20세기에 결정적으로 이루어졌던 문화적 전환들을 정리해 보자.

읽을거리

제인 구달, 『인간의 그늘에서』(서울: 사이언스북스, 2001)
네이피어 지음/이민아 옮김, 『손의 신비』(서울: 지호, 1999)
조용현, 『정신은 어떻게 출현하는가?』(서울: 서광사, 1996)
김성동, 『인간 : 열두 이야기』(서울: 철학과현실사, 2002)

볼거리

내셔널 지오그래픽 비디오 클래식: 동물편에 있는 『야생의 침팬지』를 통해서 제인 구달의 침팬지 연구에 대해서 알아보자.

제 3 장

문화와 문명

1. '문화'와 '문명'

'문화'와 '문명'은 같은 뜻으로도 사용되기도 하고 다른 뜻으로 사용되기도 한다. 일반적인 용례에서 **문화와 문명**이 어떻게 구분되는지를 '이집트문명'과 '이집트문화'라는 말로 생각해 보자. 이집트문화와 이집트문명은 이집트인의 삶 중의 어떤 것을 가리킨다. 이집트문화와 이집트문명이 각각 가리키는 것을 구분해 보자.

문명(civilization)은 시민을 뜻하는 라틴어 civis에서 유래하였다. 그러므로 이 단어는 도시의 성립이라는 역사적 사실과 관련이 되어 있다. 역사의 초창기에 도시는 정치 중심지로서의 도읍(都邑)과 상업 중심지로서의 저자(市場)의 역할을 함께 지니고 성립하는데 이러한 일은 보통 어떤 기술적 도약과 더불어 일어났다고 본다. 그 기술적 도약이란 바로 청동기의 개발이다. 청동기를 개발하고 사용함으로써 인류는 촌락적인 삶으로부터 도시적인 삶으로 삶의 형태를 바꾸어간 것이다.

우리가 '이집트문명'에 대하여 이야기할 때 우선 떠올리게 되는 것은 세계 5대 문명의 발상지 중의 하나인 고대 이집트문명이다.

하지만 우리는 현대 이집트문명이라는 표현을 거의 사용하지 않는다. 사용할 수 없는 것은 아니겠지만, 자연스럽지 않은 표현으로 느낀다. 역사적으로 분명히 이집트 사람들이 고대 이후에도 끊임없이 새로운 기술문명을 사용하였겠지만, 그들이 사용한 기술문명은 예컨대 그리스나 이슬람이나 영국의 기술문명이었을 것이다. 그러므로 우리는 현대 이집트문명이라는 표현을 사용하지 않는다. 오히려 현대문명이라고 할 때는 거의 서구의 기술문명을 가리키게 된다. 그러므로 문명이라는 개념은 어떻든 기술문화와 관련이 있다.

이에 반하여 '이집트문화'는 약간 다른 의미를 가진다. 고대 이집트인들이 새로운 문명을 건설하고 그것과 관련하여 고유한 문화적 삶을 살았지만, 역사의 흐름과 더불어 이집트는 고대 이집트의 삶의 방식 위에 다양한 다른 민족의 삶의 방식을 또한 받아들였다. 비록 수입된 기술문명의 영향을 받았다고 하더라도, 그리고 기술문명의 수입과 더불어 대개 그 기술문명이 유래한 민족의 예술문화와 윤리문화도 또한 수입하게 마련이라 하더라도, 현재 이집트인의 삶의 방식은 현대 이집트 문화이지 다른 어떤 것일 수 없다.[1) 그러므로 고대의 이집트문화를 생각할 수
있다면 또한 동시에 현대의 이집트문화도
생각할 수 있다. 이에 반해 앞에서 지적
한 것처럼 현대의 이집트문명은 그 정체
를 생각하기 어렵다. 현대 이집트에서는 기술문화와 관련된 근본적
인 비약이 없었기 때문일 것이다.

문화(culture)는 경작을 뜻하는 라틴어 cultura에서 유래하였다.
앞의 논의를 쫓아가 본다면 이집트문화는 이집트가 그 기술문화를
자체적으로 발달시켰든 아니면 다른 민족과 지역으로부터 차용했
든간에 어떤 특정한 기술문화와 더불어 전개시키는 이집트의 윤리
문화와 예술문화를 뜻한다. 이를 일반화하여 생각한다면 문화는 자
연에 대비되는 인간 활동 일반을 뜻하고 문명은 기술문화의 도약
을 중심으로 새롭게 구성되는 문화의 한 특정한 모습을 지칭한다.

우리가 산업혁명 이후의 유럽의 문명과 문화를 문제삼는다면,
이러한 시각에서 '유럽의 문명'이라는 이름 아래서는 유럽에서는
개발되었으나 지구의 여타지역에서 개발되지 못했기에 그러한 여
타지역으로 퍼져나간 기술적 성과들을 주로 이야기하게 될 것이고,
'유럽의 문화'라는 이름 아래서는 그러한 발달된 기술을 수입한 지
구의 여타지역의 삶이 아니라 그러한 기술을 발달시키고 전파시킨

---

1) 『불을 찾아서』에서 울람족은 이바카족으로부터 불을 만드는 기술과 더불어
   얼굴과 몸에 화장하는 풍습을 함께 받아들인다. 울람족의 불피우는 기술은
   이바카족의 문명이지만, 울람족이 화장하는 무늬는 예컨대 이바카족과는 다
   른 울람적일 수 있다. 기술문화는 보다 더 피시스적이지만 예술문화나 윤리
   문화는 더 노모스적이다. 물론 기술문화와 윤리예술문화는 상호영향을 주고
   받는다는 점 또한 간과해서는 아니 된다.

유럽인들이 유럽에서 보여준 윤리 및 예술문화를 이야기하게 될 것이다. 문화와 문명은 일단 이러한 방식으로 구분될 수 있다.

그렇다면 문명과 문화가 같은 뜻으로 사용되는 경우는 어떠한 때일까? 크게 두 경우가 있다고 보이는데, 하나는 그것이 야만에 대립하여 사용되는 경우이다. 도시민(citizen)들은 자신들이 이미 벗어난 촌락의 삶의 방식을 가지고 있는 이방인들을 야만인 (barbarian)이라고 부르고 자신들을 야만인들과 구분하여 문명인 내지 문화인이라고 부르게 되는데, 이럴 때의 문명과 문화는 야만에 대립한다는 같은 의미로 사용된다. 역사적으로 보면 어떤 사람들이 자신들의 삶의 방식에 우월성을 부여하려 했을 때 그 우월성을 문화나 문명이라는 단어로 표현했다는 것을 볼 수 있다.

바르바르라고 이야기하는 사람, 즉 알아들을 수 없는 소리로 말하는 사람이라는 뜻의 야만인(barbarian)이라는 단어는 그리스인들

이 이방인들을 칭할 때 사용한 단어이다. 그리스인들은 문화의 다양성을 발견하기도 했지만 또한 동시에 진리의 단일성을 발명한 사람들이기도 하다. 소피스트의 철학이 아니라 소크라테스의 철학이 그리스철학의 주류를 이루었기 때문에 그리스인들과 그 전통을 계승한 서양인들은 자신들의 문화를 문화 일반 내지 진리로, 다른 사람들의 문화를 야만으로 보는 태도를 견지하였다.

하지만 이는 그리스인들만의 약점은 아니었다. 이는 여러 민족이 일반적으로 보이는 자기민족중심주의(ethnocentrism)적인 태도였다. 자민족중심주의란 다른 문화들을 자신의 문화로 해석하려는

경향이다.2) 이러한 경향은 선사시대에는 현저하
지 않았으나 문명의 발생과 산업혁명을 통해서
특히 현저하게 되었다. 한때는 인류학자들조차도
문자가 없는 부족들의 생각방식이 서구의 방식
과 상통하지 않는다는 이유로 도덕적이고 논리
적이지 않다거나 이상하고 외고집적이라고 주장하였다. 하지만 오
늘날에는 인류의 자기반성적 노력과 교통과 통신의 발달로 인하여
이러한 경향은 많이 축소되었다. 하지만 여전히 남아 있다.

중화사상을 내세웠던 중국인들도 자신들을 제외한 사방의 사람
들 즉 동이(東夷), 서융(西戎), 남만(南蠻), 북적(北狄)들을 모두 야
만인으로 간주하였다. 이러한 생각에 세뇌된 조선의 선비들도 우리
의 풍습을 오랑캐의 풍습으로 보고 보다 문화적이고 문명적인 중
국의 풍습을 받아들이자고 주장하기도 했다. 예컨대, 정치제도나
복제, 심지어는 음악도 중국식으로 하였다.3) 이러한 경향은 오늘날
우리에게는 과거처럼 공공연하지는 않지만 여전히 지속되고 있다.
다만 그 문명의 기준이 중국에서 서양으로 바뀌었을 뿐이다.

자신이 교양이 있다(cultivated)거나 촌스럽지 않다(fashionable)
하다고 말할 때 도사리고 있는 함정은 바로 이와 같은 것이다. 자

---

2) 이러한 입장의 강화된 형태를 우리는 문화제국주의라고 부를 수도 있다.
3) 현대인의 입장에서 보면 남이 보는 앞에서 성행위를 하는 것은 야만적인 것
   이다. 하지만 『불을 찾아서』에서 이바카족이나 울람족에게서는 그렇지 않
   았다. 이바카족의 여인들에게는 울람족의 남자들이 여자들의 뒤에서 성행위
   를 하는 것은 야만적이었다. 하지만 울람족의 사람들에게는 그렇지 않았다.
   야만적이라고 하는 것은 윤리문화나 예술문화에서는 적용하기 어려운 때가
   많다.

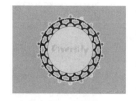신의 삶의 방식을 다른 이들의 삶의 방식보다 우위에 놓는 것, 그리하여 자신의 부분적인 우월성을 전적인 우월성으로 확대시키는 것, 바로 이런 것이다. 어떤 의미에서 기술문화와 관련해서는 이러한 비교나 구분이 가능할 수도 있다. 그러나 예술문화나 윤리문화와 관련해서 이러한 구분을 하기가 어렵다. 장미꽃과 백합꽃 중에서 어떤 꽃이 더 아름답다고 이야기하기 어려운 것과 같다.

그러므로 문화나 문명을 윤리문화나 예술문화 중심으로 이야기할 때 우리는 일반적으로 **문화상대주의**(cultural relativism)적인 입장을 취하게 된다. 인간이 비록 많은 공통점을 가지고 있기는 하지만 그러한 공통점을 실현하는 방법은 문화적으로 다양하다. 신을 섬기는 방식이 그렇고 윤리적으로 행위하는 방식이 그렇다. 그러므로 문화상대주의는 각각의 문화가 그 자체로서 이해되고 평가되어야 한다는 입장을 취한다. 이런 입장을 취할 때 한 문화에서는 비도덕적인 것이 다른 문화에서는 도덕적이거나 도덕적으로 중립적일 수 있다. 이런 입장을 따를 때 우리는 어떤 문화가 다른 문화보다 우월하거나 열등하거나 고등하거나 하등하다고 비교할 수 없게 된다. 오늘날 인류학자들은 문화간의 비교가 비과학적이거나 주관적이라고 보고 있다.

문화와 문명이 같은 의미로 사용되는 둘째 경우는 첫째 경우와 같으면서도 다른 경우이다. 이번에는 자신의 삶의 방식보다 다른 사람의 삶의 방식을 선호하는 경우인데, 즉 오리엔탈리즘(orientalism)이나 옥시덴탈리즘(occidentalism)을 말할 때 우리는 문화나 문

명을 굳이 구분하지 않는다. 그것이 동양인들이나 서양인들의 삶이라면 문화나 문명을 구분하지 않고 그러한 삶에 상대적으로 큰 가치를 부여할 때 우리는 오리엔탈리즘이나 옥시덴탈리즘이라는 이름을 붙이게 된다.

물론 이러한 문화와 문명에 대한 논의는 언어사용의 문제이다. 언어는 피시스적인 것이 아니라 노모스적인 것이기 때문에 그것에 대하여 한 가지로 규정할 수는 없다. 다만 역사적으로 그러한 노모스가 어떻게 전개되어 왔는가에 대해서 이야기할 수 있을 뿐이다. 하지만 이러한 역사가 앞으로 그러한 노모스가 어떻게 전개될 수 있을지를 선규정하고 있기는 하다. 이제까지의 문화와 문명에 대한 논의는 앞으로의 논의를 위한 하나의 잠정적인 지평으로서 기능할 수 있다.

2. 봉건으로부터 문명에로

18세기에 이르러 서구사회는 결정적인 변혁을 보이게 되는데, 이러한 변혁의 수행자들은 자신들의 삶의 방식을 새로운 삶의 방식 즉 문화적이고 문명적인 삶이라고 주장하였다. 이제 문화 내지 문명이라는 개념은 새로운 의미 즉 반봉건이라는 의미를 얻게 된다. 과거에 문화나 문명이라는 개념이 이민족과 구별하기 위하여 제기되었다면, 18세기에 문화나 문명이라는 개념은 이민족은 물론이고 자신의 과거와 자신을 구별하기 위하여 제기되었다.

서양의 『문명화과정』(1939)에 대하여 자세히 연구했던 엘리아스(Norbert Elias, 1897~1990)는 문명이라는 말이 1760년 프랑스의 경제학자인 미라보(Victor Riquetti Marquis Mirabeau, 1715~89)에 의해서 처음으로 사용되었다고 밝히고 있다.4)

문명이 무엇이냐는 질문을 받으면 대부분의 사람들은 다음과 같이 대답할 것이다. 태도의 온화함, 도시적 세련미, 정중한 태도 그리고 예의는 세세한 일상의례 속에 자리잡고 있다는 지식의 유포 등이 문명이라는 것이다. 이 모든 항목이 내게는 미덕의 가면으로 보일 뿐 미덕의 진정한 얼굴은 아닌 것 같다. 문명이 사회에 미덕의 겉치레뿐 아니라 그 본질까지 주지 못한다면, 사회를 위해서 아무런 의미도 없다.(엘리 152~53 재인용) (강조는 인용자)

미라보의 이러한 발언에서 우리는 문명에 대한 두 이해를 감지할 수 있다. 첫째는 미라보 이전의 문명이해 즉 봉건귀족들의 문명이해이다. "궁정인들이 … 자신들의 행동의 독특한 점을 부각시키거나, 사회적으로 낮은 계층 사람들의 단순한 풍속과 견주어 우월한 자신들의 풍속을 강조하기 위해 사용하는 개념"(엘리 154)으로서의 문명이다. 둘째는 이러한 과거의 문명이해를 비판하고 참된 문명이라고 제시하는 미라보 자신의 문명이

---

4) 엘리아스 지음/박미애 옮김, 『문명화과정 I』(서울: 한길사, 1996), pp.152~53 재인용. 앞으로 이 책에서 인용할 때는 (엘리 ??)로 표시한다.

해이다. 미라보가 미덕이라고 표현한 이것의 정확한 정체는 그의 경제이론인 중농주의적 입장에서 나타난다. 엘리아스는 중농주의자들의 입장을 이렇게 정리하고 있다.

> 통치자들이 … 전권을 가지고 **자의적으로** 모든 인간관계를 조종한다는 것은 옳지 않다. 고유의 법칙을 가진 사회와 경제는 정부와 권력의 비이성적인 영향력 행사에 대항한다. 그러므로 계몽된 합리적 행정조직을 만들어 사회과정의 '자연법칙들', 즉 **이성**에 맞게 통치해야 한다는 것이다.(엘리 160) (강조는 인용자)

인용문에서 볼 수 있는 것처럼 18세기의 문명론자들이 우선 강조한 것은 자의에 반하는 이성이다. 그들은 사회현상도 자연현상처럼 일정한 법칙을 가지고 있으며 이러한 법칙을 따르지 않고서는 사람들에게 유익이 될 수 없다고 보았다. 이런 의미에서 그들은 소피스트보다는 소크라테스적 전통의 계승자들이다.

그 당시 군주들은 중상주의 정책을 취하고 있었는데, 이는 국가의 부를 축적하기 위해서는 관세 등의 정책을 통하여 보호주의무역을 해야만 한다는 것이었다. 그러나 케네(François Quesnay, 1694~1774)와 같은 프랑스의 중농주의자는 "거래의 자유, 특히 곡물거래의 자유

를 요구했다. 왜냐하면 그는 자율적인 조정이나 여러 세력들의 자유로운 활동이, 전통적인 위로부터의 통제와 지방과 지방, 나라와 나라간의 수없이 많은 교역장애보다는, 소비자와 생산자에게 보다

더 유익한 질서를 창출한다고 생각"(엘리 160)하였기 때문이다.

　이러한 케네의 통찰에서 우리는 18세기 문명론자들의 다른 강조점을 발견할 수 있는데, 그것은 소비자와 생산자 즉 사람들의 유익이다. 군주의 유익이 아니라 사람들의 유익을 주장하는 이러한 입장은 영국의 벤

담(Jeremy Bentham, 1748~1832)과 밀(John Stuart Mill, 1806~73)에 의해서 공리주의로 정식화되었다.

> 　공리주의적 세계관에 따라 이해되는 사회는 관념적으로든 실제로든 서로 개별적이고 합리적인 사고를 하는 원자화된 개인들로 구성되어 있는 사회이며, 이런 사회에서 각각의 개인은 어느 모로 보나 전적으로 고통을 회피하고 즐거움과 유용성을 추구하는 존재다. 따라서 훌륭한 사회는 개개인이 자신의 즐거움을 추구하는 것을 제약하지 않는 사회이며 … 또한 가능한 한 자유경쟁에 의해 시장이 성립하고 정부는 단지 그러한 시장이 자유롭게 기능할 수 있는 법적인 틀을 만들어주는 역할만 하는 그런 사회이다.[5] (강조는 인용자)

　프랑스의 중농주의자들이 군주의 자의에 대하여 우주의 합리적 법칙을 대비시킨 것처럼 영국의 공리주의자들은 봉건귀족의 특권에 대하여 개인의 자유와 행복 즉 공리를 대비시킨다. 이렇게 보면

---

5) 밀너 지음/이승렬 옮김, 『우리시대 문화이론』(서울: 한뜻, 1996), p.29. 앞으로 이 책에서 인용할 때는 (밀너 ??)로 표시한다.

현대문명의 태동기에 영국과 프랑스의 문명론자들이 문명의 본질로 파악한 것은 **합리성**과 **공리성**이다. 너무나 당연한 것으로 전제되어 간과되는 현대문명의 두 내용이 18세기에는 결코 당연한 것이 아니었다는 점을 새삼 주목하게 된다. 새로운 문명을 대변했던 프랑스 백과전서파의 한 사람이었던 돌바크(Paul Henri Dietrich Baron D'holbach, 1723~89)는 봉건적 삶으로부터의 전진을 다음과 같이 주창하였다.

> 사려 깊지 못한 군주들이 언제나 휘말리는 지속적인 전쟁보다 공공의 행복, 인간 이성의 진보, 인간의 전체 문명에 더 커다란 장애물은 없을 것이다.(엘리 164 재인용)

> 인간의 이성은 이제까지 충분히 행사되지 못했다. 인간의 문명 또한 아직 완성되지 않았다. 수도 없이 많은 장애물들이 지금까지 유익한 지식의 발전을 저해했다. 이 지식의 진보만이 유일하게 우리의 정치, 우리의 법, 교육, 우리의 제도와 도덕을 완성하는 데 기여할 것이다.(엘리 164 재인용)

돌바크는 1774년 『사회체계』(*Systéme sociale*)라는 책에서 위와 같이 '인간의 문명이 아직 완성되지 않았다'고 지적하였다. 그렇다면 현대는 이러한 문명이 완성된 시대인가? 어떤 민족도 이 물음에 대하여 '그렇다'라고 대답할 수는 없다. 물론  상대적으로 더 완성되었다거나 덜 완성되었다고 주장할 수는 있을 것이다. 하지만 최종적으로 완성되었다고 말할 수는 없다. 왜냐하면 합리성과 공리성은 인간에게서는 결코 완성될 수 없는 이상적인 과제에 속하기 때문이다. "사회는 '문명'의 과정에서 어느 일정한 단계에 도달하였다. 그러나 그것으로 충분하지 않다. 그곳에 머물러서는 아니 된다. 그 과정은 계속되어야 하고, 계속되도록 재촉해야 한다."(엘리 165)

3. 문명에서 문화에로

18세기의 개혁론자들이 그렇지만 모두 하나의 목소리를 내었던 것은 아니다. 그들 각각이 처했던 정치적 상황에 따라 개혁의 방향에 대해 또한 각각 다른 목소리를 내기도 했다. 개혁론 내부의 이러한 이견이 문명과 문화라는 두 개념의 분화를 촉진시켰다. 엘리아스는 이러한 구분을 다음과 같이 요약하고 있다.

> '문명'의 의미가 서구의 모든 나라에서 항상 동일하지는 않다. 특히 영국과 프랑스에서 사용되는 이 개념의 의미와 독일에서 사용되는 의미의 차이는 현격하다. 영국과 프랑스에서 이 개념은 자국의 중요성에 대한 자부심, 서구와 인류 전체의 **진보에 대한 자부심**을 담고 있다. 그 반면 독일어권에서는 '문명'은 아주 유용한 것이기 하지만 단지 이류급에 속하는 것, 다시 말하면 단지 인간의 외면과 인간 존재의 피상적인 면만을 의미한다. 독일인들이 자기 자신을 해석하며, 자신의 업적과 **자신의 존재에 대한 자부심**을 표현하는 일차적인 단어는 '문화'이다.(엘리 106) (강조는 인용자)

독일인들이 문명을 이류적인 것으로 파악하는 것은 그들이 문명과 문화를 구분하였기 때문이다. 영국인들이나 프랑스인들에게서 문명은 정치적, 경제적, 종교적, 기술적, 도덕적, 사회적 사실들을 모두 아우른다. 그러나 독일인들에게서 문화는 정신적, 예술적, 종교적 사실들만을 가리키며, 따라서 정치적, 경제적, 사회적, 기술적 사실들은 다른 종류의 것으로 치부된다. 엘리아스는 독일의 개혁론자들이 이렇게 나아갈 수밖에 없었던 이유가 그들의 정치적인 입장에 있었다고 보고 있다.

> 프랑스에서 시민계층은 이 당시 벌써 정치적 역할을 담당하였지만, 독일에서는 그렇지 못했다는 것이다. 독일 지식인층이 정신과 이념의 영역에만 머물러 있었던 반면, 프랑스에서는 모든 인간적인 문제들과 더불어 사회적, 경제적, 행정적, 그리고 정치적 문제들도 궁정귀족 지식인층의 사상적 대상이 될 수 있었다. 독일의 사고체계는 프랑스와는 달리 순수한 연구였으며, 그들의 사회적인 활동장소는 대학이었다. 중농주의를 산출한 사회적 토대는 궁정과 궁정사회였다.(엘리 159)

영국과 프랑스의 개혁론자들은 사회의 의사결정에 실제적으로 참여하는 시민계급의 대변자들이었던 반면, 독일의 개혁론자들은 아직 형성되지 않은 시민계급을 형성시켜 나가고자 했던 이론적 지식인이었던 점이 각각 강조점을 달리하게 했던 것이다. 독일의 개혁론자들은 모든 정치적 활동에서 배제되었고 아직 궁정세력을 실제적으로 압도할 수 없었다. 그들은 자기 존재의 정당성을 정신적, 학문적, 예술적 업적에서만 찾을 수밖에 없었으며 그들이 궁정세력에 대해 할 수 있는 일은 그들을 비웃는 일에 불과했다. 근세

서양철학의 대표자인 칸트(Immanuel Kant, 1724~1804)조차도
이러한 처지에서 예외는 아니었다.

> 우리는 예술과 학문에 의해 높은 수준으로 교화되었으며,
> 우리는 번거로울 정도로 각종 사회적인 예의범절로 문명화되
> 었다. … 도덕성의 이념은 문화에 속한다. 이 이념의 사용이
> 단지 명예욕을 위해 도덕의 모방과 외면적인 예절로만 흐른다
> 면, 그것은 단순한 문명화를 의미한다.(엘리 112)

앞 절에서 미라보가 참된 문명을 이야기하면
서 문명의 가면을 비판하였듯이, 칸트 또한 외
면적인 예절을 비판하고 있다. 하지만 미라보가
중농주의라는 경제적인 입장에서 합리주의를 주
장했던 것과 달리 칸트는 도덕적인 입장에서 합
리주의를 주장하였다. 미라보와 칸트는 궁중인들을 비판하고 합리
주의를 주장하는 점에서는 공통점을 보이지만 합리주의의 지향점
이 다소간 다른 것을 볼 수 있다.

칸트가 말하는 문화의 본질로서의 인격적 도덕성이 물론 엘리아
스가 말하는 정치적인 배경만의 산물은 아니다. 엘리아스는 문명화
과정에 대하여 자세한 통찰을 하고 있기는 하지만 정치경제적인

요소만을 강조하는 잘못을 범하고 있다. 배
고픈 소크라테스와 배부른 돼지의 양자택
일의 상황에서 배고픈 소크라테스를 택하
는 정신존중의 전통이 또한 칸트가 생각하
는 문화의 전통이 되고 있다. 직업적인 교

사가 아니었던 소크라테스적인 전통에서 디오게네스가 견유학파를 창시한 이후 서구문명에는 부와 권력에 대비되는 정신존중의 전통이 늘 있어왔다. 그러나 독일의 문화개념은 이러한 도덕적 합리주의를 넘어서는 측면이 있다.

질풍노도(Sturm und Drang)라고 불렸던 독일의 낭만주의자들은 칸트의 보편주의를 거부하고 개별주의를 내세우게 되는데, 문화와 관련하여 이러한 경향의 대표자는 칸트의 영향을 일찍이 받았으나 나중에 그를 거부하게 된 헤르더(Johann Gottlied Herder, 1744~1803)였다. 계몽주의가 제시했던 인류의 통일성이라는 개념과 진보에 대한 믿음에 대항하여 헤르더는 인간사회들의 다양성과 사회들이 가지는 가치들의 불가공약성을 강조하였다.

　인류는 풍부한 천성과 능력을 지녔기 때문에, 자연 속의 모든 것이 가장 확실한 개체성에 근거하고 있듯이 수많은 훌륭한 천성이 지구상에서 수백만 가지로 출현할 수 있었다.6)

　우리가 이제까지 몇몇 나라들을 통해서 파악했던 진행 과정은 그 나라가 추구했던 목적이 장소, 시간, 환경에 따라서 매우 다름을 보여준다. 중국인의 목적은 훌륭한 정치 도덕이었다. 인도인의 목적은 은둔적 순수, 차분한 근면, 인내였다. 페니키아인의 목적은 항해 정신과 상업적 근면이었다. 그리스인의 문화, 특히 아테네의 문화는 관습과 예술에서, 학문에서,

---

6) 헤르더 지음/강성호 옮김, 『인류의 역사철학에 대한 이념』(서울: 책세상, 2002), p.42.

정치 제도에서 관능적 미를 추구했다. 스파르타와 로마 사람들은 조국에 대한 애국주의와 영웅적 애국주의라는 덕목을 획득하려고 노력했다. 그러나 두 나라의 사람들은 전혀 상이한 방법으로 노력했다. 이들은 대부분 장소와 시간의 영향을 받기 때문에 이들 중 누가 더 뛰어난 국민적 명성을 지녔는지 비교하기는 어렵다.[7]

그러므로 그에 따르면 역사적 진보에 대하여 논의의 여지가 없는 방식으로 이야기하는 것은 불가능하다. 또 그에 따르면 우리가 우리인 것은 우리가 속해 있는 집단 덕분이며, 우리의 활동과 자기표현이 가치가 있는 것은 그것들이 개별적 행위 주체나 그 주체가 속하는 집단의 개성을 표현하기 때문이다. 인간사회들의 유기체적 성질과 사회들과 문화들간의 상호작용을 강조하면서 헤르더는 중앙집중화, 관료제, 문화적 다양성의 제거, 그리고 무엇보다도 제국주의를 거부했다.[8]

헤르더의 문화상대주의적인 주장은 다음과 같이 요약될 수 있을 것이다. 첫째, 개인이나 개인이 속하는 민족은 그 존재의 고유한 삶 자체가 일차적 목적이며 그 외의 것들은 부차적 가치를 갖는다. 둘째, 이런 까닭에 일정한 기준에 따라 개인이나 민족의 삶을 비교하여 선진여부를 따지는 것은 일차적인 것을 무시하고 부차적인 것을 주목하는 잘못을 범하게 된다. 셋째, 따라서 각 개인이나 민족의 고유한 삶의 방식은 존중되어야 한다. 헤르더는 특히 서구의

---

7) 같은 책, p.43.

8) Anthony O'Hear, "Culture", *Routledge Encyclopedia of Philosophy* (London: Routledge, 1998).

식민지 문화에 대한 멸시와 파괴에 대하여 비판하였다.

　　　　　이제까지 유럽인들이 무방비의 의
심 없는 사람들 앞에서 자신들의 [양
심을] 훼손하지 않고서 들어간 나라
의 이름을 당신은 들 수 있는가? …
지구의 이쪽 사람들 즉 유럽인들은
가장 현명하다고 할 것이 아니라 가장 거만하고 공격적이며
돈만 밝힌다고 해야 할 것이다. 유럽인들이 식민지 사람들에
게 준 것은 문명이 아니라 그 사람들이 어디에서나 성취할 수
있었을 고유한 문화토대의 파괴이다.[9]

이렇게 하여 독일의 문화개념은 칸트에 의하여 **인격적 도덕성**을,
헤르더에 의하여 **민족적 고유성**을 그 내용으로 갖추게 되었다. 하
지만 19세기 영미에서도 문명과 문화를 구분하는 학자들이 나타나
게 되는데, 이는 영미에서 진행된 새로운 삶의 방식에 대한 반성에
서부터 비롯되어 독일의 문화개념을 보다 더 구체화시키는 결과를
가져왔다.

19세기의 영국 문화론자들이 주목한 것은
산업문명의 발전 속에 전개된 기계론적 세계관
의 우세였다. 콜리지(Samuel Taylor Coleridge,
1772~1834)는 칸트의 영향을 받아 문화와 문
명을 구분하였다. 칸트는 인간의 정신능력을

물질적 삶과 관련되는 사실적 계산능력인 오성(Verstand)과 정신적

---

9) 같은 곳 재인용.

삶과 관련되는 도덕적 판단능력인 이성(Vernunft)으로 구분하였는데, 콜리지는 이에 상응하여 오성능력의 구현인 문명과 이성능력의 구현인 문화를 구분하였다. 그는 일반적 인간성의 개발(cultivation)과 단순하게 외적인 문명(civilization)을 구분하였는데, 이럴 때 문명이란 진보가 인간 그 자신보다는 사물에 의해서 측정되는 것이다.[10] 이런 관점에서 보면 문명의 진보가 계속 이루어진다고 하더라도 문화의 진보 즉 인간성의 개발은 정체되거나 퇴보할 수도 있다.

이러한 반성을 보다 더 극단적으로 몰고 간 이는 아놀드(Mathew Arnold, 1822~88)이다. 그는 1869년의 『교양과 무정부』라는 책에서 "교양(culture)은 … 인류에게 완성이라는 중요한 기능을 지니고 있다. 그리고 이 기능은 현대의 문명 전체가 기계적이며 비본질적인 것이 되어 가는 이 시점에서 특히 중요하다"  (밀너 53)라고 지적하면서 이러한 문명을 순화시킬 교양인이란 "자신이 속해 있는 계급 정신에 충실하지 않고 주로 일반적인 인문적 정신, 다시 말해, 인간적 완성에 대한 사랑으로 이끌리는 사람들"(밀너 54)이라고 주장하였다. 이러한 아놀드의 교양인 즉 문화인 개념은 지나치게 고급문화를 강조하는 것으로 보이기는 하지만, 최선의 것을 찾으려고 하는 것이 비판의 목적이라는 그의 주장처럼 문명에 대한 한 비판으로서는 유효하다.

---

10) Raymond Williams, "Culture and Civilization", *The Encyclopedia of Philosophy*, vol. 2(New York: Macmillan, 1967).

4. 반문명주의

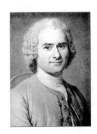
문명에 대한 비판은 독일적인 전통에서만 있는 것이 아니다. 계몽주의자들과 한때 뜻을 같이하기도 했던 프랑스의 자연주의자 루소(Jean-Jacques Rousseau, 1712~78)는 인간의 문명이나 문화적인 삶 그 자체가 인간의 자연성의 상실에서 비롯된 것이기 때문에 문명이나 문화는 사악한 것이거나 아니면 잘해야 불필요한 것이라고 주장한다. 그의 문명비판의 핵심은 인간이 자신을 주목하지 않고 다른 사람을 주목함으로써 모든 불행이 생겨난다는 것이다.

사실상 이 모든 차이의 참된 원인은 다음과 같은 것이다. 즉 미개인은 자기 자신 속에 살고 있다. 그러나 사회에 사는 사람은 언제나 자기 밖에 있으며 타인의 의견 속에서만 살아간다. 이를테면 타인의 판단에 의해서만 그는 존재의 감정을 느끼는 것이다.[11]

루소에 따르면 자연과 문명의 차이란 우리가 자신을 어떻게 평가하느냐의 차이인데, 문명인은 자신을 다른 사람의 판단에 의해 평가하는 데 반해 자연인은 이를 하지 않는다는 것이다. 자연인은 자신을 평가하는 따위의 불필요한 일을 하지 않는다는 것이다. 왜냐하면 자연인에게는 자존심(amour propre)이라는 문명적인 원리

---

11) 루소 지음/최현 옮김, 『인간 불평등 기원론·사회계약론』(서울: 집문당, 2002), p.114.

가 없기 때문이다. 동물이나 사회화가 덜 된 어린아이에게는 자존심이 없다는 것을 볼 수 있다. 그들에게 있는 것은 자존심이 아니라 자기애(amour de soi)와 동정심(pitié)이다.

자존심과 자기애를 혼동해서는 안 된다. 이 두 개의 정념은 그 성질로 보거나 그 효과로 보아 크게 다른 것이다. 자기애는 하나의 자연적인 감정으로 이것이 모든 동물을 그 자기 보존에 관심을 갖게 하고, 인간의 경우에는 이성에 의해 유도되고 동정심에 의해 변모되어 인간애와 미덕을 낳는 것이다. 자존심은 사회 속에서 생기는 상대적이고 인위적인 감정에 지나지 않으며, 그것은 각 개인에게 자기를 어느 누구보다도 존중하도록 하며 사람들이 서로에게 행하는 모든 악을 일으키게 하는 동시에 명예의 참된 원천이 되는 것이다.
이와 같은 점을 잘 이해하면 우리의 원시상태, 즉 참된 자연 상태에서는 자존심이 존재하지 않는다고 나는 말하고 싶다. 왜냐하면 개인으로서의 인간은 누구나 자기 자신을 관찰하는 오직 한 사람, 우주에서 그에게 관심을 갖고 있는 오직 한 사람의 존재, 자기를 그의 가치의 오직 한 사람의 심판자로 간주하기 때문에 그가 할 수 없는 비교라는 것에 그 근원을 두는 감정이 그의 마음속에 싹튼다는 것은 불가능한 일이기 때문이다.[12]

그렇다면 비교라는 이러한 문명적인 원리는 어떻게 해서 인간에게 주어지게 되었던가? 루소에 의하면 그것은 인간이 모여 살게 됨으로써 비로소 생겨나게 되었다. 모여 살게 됨에 따라 "가장 아름다운 노래를 부르거나 춤을 제일 잘 추거나 얼굴이 제일 잘 생

---

12) 같은 책, pp.157~58.

긴 사람, 가장 건강한 사람, 재주가 가장
뛰어난 사람 혹은 제일 말을 잘하는 사람
이 가장 중요시되었다. 이것이 불평등에의,
그리고 악덕에의 제일보였다. 그 최초의 선
택에서 한쪽에서는 허영과 경멸이, 다른 쪽에서는 치욕과 선망이
생겼다."13)

　이렇게 하여 인간은 과거에는 자신의 보존 그 자체가 행복이었
지만 이제는 그것을 넘어서서 남보다 나아야만 행복하며 그렇지
못한 경우에는 불행을 느끼게 되었다. 루소는 이렇게 남보다 나을
수 있는 영역을 네 가지 즉 재산, 신분, 권력, 능력으로 구분하였
다. 결국 이러한 영역에서의 우열로 인한 불행을 피하기는 위해서
남보다 많은 것을 "갖고 있거나 또는 적어도 갖고 있는 체하는 것
이 필요하게 되었다. 다시 말해서 자기에게 이익이 되기 위해서는
실제의 자기와는 다른 듯이 보일 필요가 있었다. 그리하여 있는 것
(존재)과 보는 것(외모)이 전혀 다른 것이 되었다. 그리고 이 구별
에서 그럴 듯한 위엄과 기만적인 책략과 여기서 빚어지는 모든 악
덕이 얼굴을 내밀었다."14)

　　만약 여기서 좀더 상세히 그 내막을 파헤친다면 … 네 종류
　　[부, 신분, 권력, 개인적인 능력]의 불평등 속에서 개인적인 특
　　질이 다른 모든 특질들의 기원이라는 것을 그리고 부는 그와
　　같은 특질들이 결국은 귀착되는 최후의 특질임을 나는 보여줄

---

13) 같은 책, p.83.
14) 같은 책, p.89.

수 있었을 것이다. 왜냐하면 그것은 가장 직접적인 안락을 위해 유용하며 가장 쉽사리 사람에게 전할 수 있으므로 인간은 다른 모든 것을 사들이려는 의도에서 자유롭게 이것을 사용하기 때문이다.15)

루소는 문명의 성립과 더불어 인간의 우열이 여러 영역에서 드러나지만 궁극적인 우열이 드러나는 곳은 재산이라고 보았다. 재산이 인간의 문명적 특질을 구성하는 가장 기본적인 요소라고 보았던 것이다. 『인간 불평등 기원론』(1755)에서 가장 자주 인용되는 다음 구절에서 루소는 문명의 폐해를 단적으로 지적하고 있다.

어떤 토지에 울타리를 두르고 "이것이 내 것이다"라고 선언할 것을 처음으로 생각해 내고, 그것을 그대로 믿을 정도로 얌전한 사람들을 맨 처음에 발견한 자는 시민사회[문명]의 참된 창립자였다. 그 말뚝을 뽑아 버리거나 도랑을 메우면서, "그런 사기꾼의 말을 듣지 말게, 과일은 만인의 것이며 토지는 누구에게도 속해 있지 않다는 것을 잊어버리면 그야말로 자네들은 신세를 망치네"라고 동료들을 향해 외친 자가 있었던들 그 사람은 얼마나 많은 범죄와 전쟁과 살인에서 벗어나게 하고 또 얼마나 많은 참상과 공포를 인류에게 면하게 해주었을까?16)

루소에게 문명은 외모만이 도덕과 정의를 내세울 뿐 실제에서는 약탈과 착취가 자행되고, 전쟁과 살육으로 가득 차 있으며, 참상과

---

15) 같은 책, pp.108~9.
16) 같은 책, p.75.

공포로 얼룩진 야만 그 자체였다. 그렇다면 우리는 어떻게 해야 하는가? 자존심에 근거하는 문명은 이러한 비극을 구조적으로 내포하고 있기는 하지만 우리가 다시 자연으로 돌아갈 수는 없다. 그러므로 우리는 이러한 문명 속에서 행복을 회복할 길을 찾아야만 한다.

이러할 때 생각할 수 있는 한 가지 방식은 칸트가 제시한 것처럼 우리의 도덕적인 실천이성을 활용함으로써 목적의 왕국17)을 이루는 것이다. 루소 또한 이성적 능력을 인정하고 있기는 하지만 루소는 이러한 이성이 인간의 자연적 성향인 동정심과 결합함으로써 비로소 인간애와 미덕에 이른다고 보고 있다. 이런 의미에서 루소는 계몽주의자들의 문명개념과 더불어 칸트의 문화개념까지도 부정하고 있다. 루소의 이러한 문명비판은 비판으로서 뿐만 아니라 분석으로서 문화와 문명에 대한 이해를 넓혀주고 있다. 하지만 실제 역사는 루소의 희망대로 전개되지 않았다. 문명에 대한 비판이 그 세력을 완전히 잃은 것은 아니었지만 기독교회가 로마제국과 그 이후 많은 세속의 권력과 같이 갔던 것처럼 비판세력도 그 비판의 대상이 주류를 이루는 가운데 역사에 동행하였다. 다음 장에서 우리는 이러한 역사적 주류를 살펴보게 될 것이다.

---

17) 칸트는 인과율(因果律)이 지배하는 '자연의 왕국'에 대하여, 자유가 지배하는 도덕의 세계를 '목적의 왕국'이라고 이름지었다. 즉 목적 자체로서 절대적 가치를 가진 모든 인격이 공통의 객관적 법칙(도덕률)에 의해 결합, 하나의 공동체를 형성할 경우 그것을 목적의 왕국이라고 부른다

생각거리

1. 일상어법에서 문화와 문명이 어떻게 구분되는지 예를 들어서 검토해 보자.
2. '문화상대주의'와 '문화제국주의'에 대하여 조사해 보자.
3. 영국과 프랑스의 문명주의자들의 문명개념을 설명해 보자.
4. 독일의 문명비판적 문화론자들의 문화개념을 설명해 보자.
5. 루소의 자연주의와 동양의 자연주의 즉 노자와 장자의 사상을 비교해 보자.
6. amour de soi와 amour propre의 의미를 알아보자.

읽을거리

엘리아스 지음/박미애 옮김, 『문명화과정 I, II』(서울: 한길사, 1996)
루소 지음/최현 옮김, 『인간 불평등 기원론·사회계약론』(서울: 집문당, 2002)
헤르더 지음/강성호 옮김, 『인류의 역사철학에 대한 이념』(서울: 책세상, 2002)

볼거리

롤랑 조페 감독의 『미션』을 보고 이 영화에서 대비시키는 문명과 문화의 의미를 구분해 보자.

제 4 장

시민사회와 시민문화

1. 16세기 영국의 궁중문화

이 책이 다루고자 하는 문제
는 '문화란 무엇이며 어떻게 작
동하는가?'라는 물음이지만, 오늘
날의 문화는 대중문화를 특징으
로 하고 있기 때문에, 결국 이

책은 '대중문화란 무엇이며 어떻게 작동하는가?'라는 물음을 묻게
된다. 다음 장에서 대중문화에 대한 물음을 제대로 묻기에 앞서,
이 장에서는 우리가 현재 누리고 있는 대중문화가 어떻게 오늘날
과 같은 모습을 갖추게 되었는가에 대하여 먼저 살펴보고자 한다.

이 장에서의 논의는 주로 캐나다의 인류학자인 매크래켄(Grant McCracken, 1951~   )의 책『문화와 소비』[1]에서 가져왔다. 매크래켄은 또 자신의 논의를 매켄드릭[2]과 윌리엄스[3]로부터 가져오고 있다.

18세기는 산업혁명의 시대로 알려져 있고, 이러한 산업혁명은 20세기에 유럽과 미국을 벗어나 전 세계로 번져나갔다. 이러한 산업혁명에서 기술문화적인 발전이 결정적인 기여를 했다는 것 또한 잘 알려져 있다. 산업혁명의 연료가 된 석탄채굴의 배수를 위한 펌프, 철광석의 제련을 위한 코크스화로, 물자수송을 위한 증기기관, 증기기관으로 가동되는 역직기 등이 이러한 산업혁명의 원동력이었다.

하지만 산업혁명(industrial revolution)만으로 역사를 해석하는 것은 충분하지 못하다. 왜냐하면 산업혁명은 근대적 삶의 방식의 기술문화적인 측면만을 보여줄 뿐 윤리예술문화적인 측면을 제대로 보여주지 못하기 때문이다. 물론 산업혁명은 정치사회적인 변동을 가져왔다. 시민계급을 탄생시켰고, 궁극적으로는 대중사회를 성립시켰다. 하지만 이러한 기술문화는 제 스스로 발달에 나선 것이

---

1) 매크래켄 지음/이상률 옮김,『문화와 소비』(서울: 문예출판사, 1996). 앞으로 이 책에서 인용할 때는 (매크 ??)로 표시한다.

2) Neil McKendrick, John Brewer, and J. H. Plumb, *The Birth of a Consumer Society: The Commercialization of Eighteenth-Century England* (Bloomington: Indianna University Press, 1982).

3) Rosalind H. Williams, *Dream Worlds: Mass Consumption in Late Nineteenth-Century France*(Berkeley: University of California Press, 1982).

아니라 윤리예술문화적인 자극을 통하여 또한 촉진되었다.

현대 산업사회에 살고 있는 우리를 기준으
로 생각하면 대중문화는 미국의 경제학자 갤
브레이스(John K. Galbraith, 1908~   )가 그
의 저서 『풍요로운 사회』(1985)에서 주장했
듯이 의존효과(dependence effect)에 의거하
고 있다. 의존효과란 인간의 자연적인 필요에 의해서 일어난 본래
의 욕망(original wants)은 완전에 가깝게 충족되었기 때문에 풍요
로운 사회는 생산의 계속을 위하여 인위적으로 조작된 욕망
(contrived wants)에 의존하게 된다는 것이다. 본래의 욕망은 생물
로서의 자기애 때문에 생겨나는 것이지만 조작된 욕망은 타인보다
낫고자 하는 자존심[4]을 이용하여 광고주가 소비자를 설득함으로써
생겨난다. 그러므로 대중문화를 이해하기 위해서는 조작된 욕망을
이해하는 것이 필수적이다.

실제로 산업혁명을 추동한 것 중의 "하나는 1690년대에 인도에
서 수입한 값싼 옥양목과 모슬린을 환영하는 영국 소비자의 미친
듯한 열광이었다. 이 유행에의 갑작스런 수요가 국내생산과 해외수
입을 새로운 활동규모에 이르게 하는 엔진 노릇을 한 새로운 소비
자 기호의 초기 지표였다."(매크 33~34) 그러므로 근대적 삶의
방식을 이해하기 위해서는 산업혁명과 짝을 이루는 다른 혁명을
또한 주목해야 하는데, 그것은 바로 소비혁명(consumer revolu-
tion)이다.

---

4) 루소적인 의미에서 '자기애'와 '자존심'이다.

매크래켄은 "이 소비혁명이 단지 취향, 선호, 구매습관에서의 변화가 아니라 근대 초기 및 근대 세계의 문화에서의 근본적인 변화를 나타낸다고 주장하고 있다."(매크 29) 하지만 그는 이러한 변화가 18세기에 비로소 일어난 것이 아니라 16세기의 마지막 사반세기에 일어났던 영국의 소비 붐으로부터 출발한다고 지적하고 있다. 그의 지적에 따르면 이러한 삶의 방식은 궁중문화로부터 출발하였다는 것이다. 이러한 소비 붐(consumer boom)의 한가운데에 서 있었던 이는 영국여왕 엘리자베스 1세였다.

엘리자베스 1세(Elizabeth I, 1533~1603)는 45년간의 재위기간 중에 내정과 외정에서 많은 성공을 거두었지만  영국의 절대왕정을 확립한 점 그리고 스페인의 무적함대를 격파하여 해상권을 장악하고 이후 영국의 세계통치를 준비한 점을 특히 들 수 있다. 그녀는 절대왕정을 확립하기 위하여 권력을 중앙집권화하고 지나치게 강한 신하를 길들이는 정책을 수행하였는데, 그녀가 이를 위한 수단으로 소비를 선택하였다는 점이 흥미롭다.

그녀의 전술은 "귀족계급에게 그녀를 위해서 과시적인 지출을 하게끔 강요하였으며, 이 과정에서 막대한 자산을 탕진하게"(매크 47) 하는 것이었다.

> 그녀는 자기가 왕실의 하사금의 유일한 원천일 뿐만 아니라 직접적인 원천이어야 한다고 주장하였다. … 이 새로운 조치 때문에 귀족들은 왕실의 하사금을 받으려면 … 엘리자베스에게 직접 의지하지 않을 수 없었다. 이제는 여왕의 주목을 얼

기 위해 시골의 대저택을 떠나 궁정
에 나가는 것이 필요하였다. 새롭게
차별대우하면서 엘리자베스는 궁정의
의식질서에 적극적으로 참여하여 충
성과 경의를 나타내는 자들에게만
미소를 지었다. 이러한 참가의 비용은 매우 비쌌다. 그것은 귀
족으로 하여금 … 여왕에게 더욱 더 의존하게 하였다.(매크
49)

호화롭고 사치스러운 궁중과 의례로 권력과 위엄을 드높여 군주
지배의 정당성을 강화하고 왕을 신격화하는 전술은 대부분의 왕들
이 모두 수행해 온 일들이었지만, 엘리자베스 1세는 그 이상의 일
들을 이루었다.

첫째는 귀족계급들을 런던으로 소집함으로써 영지로부터 분리시
켰다. 둘째로 이들이 사치스러운 행사의 비용을 담당하게 함으로써
그들의 자산을 감소시켰다. 이 둘로써 그녀는 귀족계급의 정치적
영향력을 확실하게 축소시킬 수 있었을 것이다. 하지만 나머지 둘
이 대중문화의 분석에서 보자면 더 중요할 수 있다. 셋째로 귀족들
을 절정의 자리에서 끌어내려 서로 경쟁하게 하였다. 귀족들은 자
신의 영지에서는 늘 최고였지만 궁중에서는 많은 귀족들과 경쟁관
계에 있을 수밖에 없었다. 넷째로 귀족들이 자신의 지위를 더 고상
하게 보이기 위하여 과시적 소비(conspicuous consumption)[5]를
수행하도록 유도하였다.[6]

---

5) 미국의 경제학자인 베블렌(Thorstein Veblen, 1857~1929)이 높은 값 때문
에 제품을 선호하는 소비를 일컫기 위해 고안한 용어. 갤브레이스의 조작된
욕망과 상통한다.

매크래켄은 엘리자베스 1세의 이러한 정책이 소비취향에서도 변화를 일으켰다고 보고 있다. 우선 귀족계급의 소비취향은 소비 붐이 일어나기 전까지는 개인중심적이라기보다는 가족중심적이었다. 당시의 개인은 그 개인 자신보다는 그가 속한 가문에 의해 평가받았다. 그러므로 개인의 지위를 고상하게 하는 것은 신흥귀족이 아니라 몇 대에 걸쳐 귀족이었다는 증거였다. 그러한 증거들 중에서 가장 눈에 띄는 것은 가족의 초상화였지만 어떤 의미에서는 모든 가재도구가 가족의 초상화였다. 왜냐하면 그 모든 것은 오랫동안 확립되어 온 부와 유명한 조상들을 나타내는 것이었기  때문이다. 그러므로 귀족들의 소비생활은 몇 대를 걸쳐 내려갈 수 있는 내구재를 중심으로 이루어졌다. 엘리자베스 1세 시대에는 대개 다섯 세대가 기준이 되었다.

이것은 한 가족이 완전히 신사층으로 간주되기에 충분한 명예와 지위를 축적하는 데 요구되는 세대의 수였다. 이 만큼의 긴 기간이 있어야 서민의 때를 씻어낼 수 있었다. 이처럼 오랫동안의 사회적 수습기간이 있어야만 신사지위의 특권에 완전히 참가하는 가족의 권리를 획득할 수 있었다. … 이 논리는 분명하게 5세대 동안 신사인 척하면 신사의 실체가 만들어질 수 있다는 것이었다. … 돈은 사회적 지위를 획득하고 유지하는 수단이었지만, 그 본질은 아니었다. 엄밀한 검사가 그

---

6) 이런 의미에서 엘리자베스 1세는 루소에 앞서 재산의 소유와 자존심과 외적 과시에 통찰하고 있었다고 볼 수 있다. 3장 4절 참조

생활양식이었다.(매크 98~99)

이런 까닭에 소비 붐 이전에는 가족을 위해 내구재를 구입하여 **고색창연한 것**(patina)을 만들고자 하였다. 하지만 소비 붐과 더불어 이러한 소비경향은 자신을 위해 비내구재를 구입하여 **색다름**(novelty)을 과시하는 것으로 바뀌었다.

그 당시에 일어났던 다른 소비취향의 변화는 귀족계급에 들지 못했던 지방민들의 소비취향이었다. 엘리자베스 1세가 귀족계급을 궁중으로 불러모으고 궁중적인 삶의 방식을 전파시켰기 때문에 이제 지방의 상위자들과 지방의 하위자들 사이에는 삶의 방식에 차이가 있게 되었다. "전에는 상위자의 소비와 하위자의 소비 사이에는 정도의 차이(difference of degree)가 있었지만, 이제는 종류의 차이(difference of kind)가 있었다. 이제는 상위자와 하위자가 서로 다른 사물을 원하였다. 일종의 라이프스타일의 분화가 일어나고 있었다."(매크 52)

이러한 분화가 일어나기는 하였지만 이러한 분화의 결과는 모순적이었다. 하위자들이 가졌던 과거의 선망과 경외가 때로는 혼란과 경멸로 대체되기도 했다. 하지만 상위자의 하위자에 대한 영향력은 여전히 계속되었다. "이 위계사회에서는 하위자들은 상위자들의 소비를 변함없이 관심을 갖고서 계속 주시하였다. 상위자들의 이러한 소비행동을 비난할 때에도, 그들은 그것을 받아들였다. 새로운 소비 패턴의 관념이 하위소비자들의 취향과 선호 속에 점차 뿌리박히기 시작하였다."(매크 53~54)

엘리자베스 1세 시대의 귀족계급의 상황은 오늘날 대중사회의 대중의 상황과 유사한 점이 많다. 귀족계급은 런던에서 다른 귀족들과 경쟁을 했어야 했다. 단독주택이 아니라 아파트에 사는 대중사회의 성원들은 다른 주민들과 마찬가지의 경쟁을 하지 않으면 아니 된다. 이러한 경쟁은 당연히 필수적인 소비가 아니라 과시적인 소비일 수밖에 없다. 귀족들은 저택을 짓고 옷을 차려 입고 음식을 대접하는 데에 큰돈을 들였

다. 대중들은 더 크고 호화로운 아파트를 구입하고 인기 탤런트가 입은 명품을 장만하고 분위기 좋은 식당에서 이국적인 식사를 즐기는 데에 수입의 대부분을 소비한다.

소비취향에서도 마찬가지이다. 고색이 지위를 상승시키는 한 수단이기는 하지만 엘리자베스 1세 이후로 그것은 예외적인 수단이 되었다. 보편적인 수단은 색다른 것을 끊임없이 더하여 나가는 것이다. 하층계급의 상층계급에 대한 겉으로의 저항과 은근한 수용 또한 대중사회의 여러 현상들의 원형이 엘리자베스 1세 시대에 어떻게 형성되었는가를 명확히 보여주고 있다. 하지만 이러한 궁중문화가 대중문화로 넘어가기 위해서는 시민문화라는 매개단계가 있어야 했다. 18세기와 19세기의 소비혁명이 여기에 해당한다.

2. 18세기 영국의 시민문화

18세기의 산업혁명과 이와 관련된 기술문화의 발달은 궁정문화가 궁정을 떠나 시장으로 나아갈 수 있는 물질적 토대를 마련해

주었다. 영국은 엘리자베스 1세 이후
로 세계제국을 건설해 가고 있었고 영
국의 시민사회는 이러한 위치에 힘입
어 성숙하여 가고 있었다. 과거에는
지방의 하층계급으로서 궁정문화에 참

여할 수 없었던 사람들도 이제는 상층계급과 마찬가지로 변형된
궁정문화 즉 시민문화에 참여할 수 있게 되었다. 이제는 상층계급
만이 자신의 지위를 고상하게 하기 위하여 노력한 것이 아니라 하
층계급까지도 자신의 지위를 고상하게 하기 위하여 노력하게 되었
다.

결국 산업혁명이 가져온 소비재의 다종화와 다량화 그리고 소비
혁명이 가져온 소비자의 다종화와 다량화가 만나게 됨으로써 18세
기 영국의 **소비폭발**(consumer explosion)이 일어나게 되었다. 매크
래켄은 매켄드릭[7]의 18세기 영국시민문화에 대한 분석을 인용하
고 있다.

> 이러한 특징들－촘촘하게 계층화된 영국사회의 성질, 수직
> 적인 사회이동을 위한 노력, 사회적인 경쟁심에 의해 발생된
> 경제적인 지출, 사회적인 경쟁에 의해 초래된 유행의 강제력
> －이 널리 퍼져 있는 지출능력(새로운 수준의 번영에 의해 제
> 공된)과 결합해서 전례 없는 소비성향을 만들어냈다.(매크 56
> 재인용)

시민사회의 소비는 엘리자베스 1세의 궁정에서처럼 자신의 지위

───────────
7) 각주 2) 참조.

를 고상하게 보이기 위한 지위 게임(status game)으로 출발하였다. 18세기 이전에는 고색창연이 이러한 지위 게임의 수문장(gate-keeper) 노릇을 해왔지만 색다른 것을 추구하는 18세기에는 이미 5세대 규칙(five-generation rule)은 붕괴한 다음이었다. 14세기의 페스트처럼 18세기의 소비는 유행병처럼 번져나갔다. 이제 새로운 수문장은 고색이 아니라 색다름이었다.

> 전에는 남자들과 여자들이 그들의 부모에게서 물려받기를 희망했지만 그들은 이제는 그들 스스로가 살 생각을 하였다. 전에는 필요에 따라서 샀지만, 이제는 유행에 따라서 샀다. 전에는 평생 동안 쓰기 위해 샀지만, 이제는 여러 번 살 수 있었다. 전에는 시장, 박람회[견본시], 행상인의 중개를 통해서 축제일과 휴일에만 구입할 수 있었지만, 이제는 계속 늘어가는 가게와 가게주인의 네트워크라는 추가된 매체를 통해서 일요일을 제외하고는 매일 구입할 수 있는 기회가 늘어났다. 그 결과 '사치품'(luxuries)은 단지 '있으면 좋은 것'(decencies)으로 여겨지게 되었고, '있으면 좋은 것'은 '필수품'(necessities)으로 여겨지게 되었다. '필수품'조차도 스타일, 다양성 및 구입 가능성에서 극적인 변화를 겪었다.(매크 57 재인용)

오늘 우리의 상황도 18세기의 상황과 통하는 것이 있다. 전에는 남자와 여자들이 돈을 벌어서 그 돈으로 물건을 샀지만, 이제는 외상으로 살 생각을 한다. 전에는 이웃사람들이 가진 것을 샀지만, 이제는 탤런트들이 가진 것을 산다. 전에는 사용하기 위해서 샀지만, 이제는 쌓아놓기 위하여 산다. 전에는 일과가 끝난 다음이나 주말에 가게에 가서 샀지만 이제는 텔레비전 쇼핑채널과 인터넷쇼

핑이라는 추가된 매체를 통해서 하루 24시간 언제나 구입할 수 있
게 되었다. 그 결과 사치품이니 있으면 좋은 것이니 필수품이니 하
는 구분은 사라지게 되었다. 세상의 모든 것은 원하는 것과 원하지
않는 것으로 나누어지게 되었다. 21세기적인 소비상황이 18세기적
인 소비상황의 연장선상에 있다는 것을 쉽게 알 수 있다.

하지만 18세기의 소비 폭발은 하나의 경향 즉
유행(fashion)을 가지고 있다. 나중에 독일의 사
회학자 지멜(Georg Simmel, 1858~1918)에 의
해서 트리클다운(trickle-down)이라고 명명된 방
식으로 작동되는 유행이 이때 시작되었다. 시민

문화는 궁정문화를 모델로 하고 있었으므로, 시민들의 소비는 귀족
들의 소비를 쫓아가고 있었다. 하지만 궁정귀족의 입장에서 보면
자신들의 색다름이 하층시민들의 흉내내기에 의해서 잠시 후면 색
다르지 않게 되기 때문에 계속하여 색다름을 유지하기 위해서는
다른 색다름을 강구하지 않을 수 없었다. 이러한 방식으로 유행의
흐름과 새로운 유행의 탄생이 이루어졌다.

> 모방(imitation)의 원리를 따르는 하위의 사회집단은 상위집
> 단의 의복을 채용함으로써 새로운 지위주장을 확립하려고 한
> 다. 차이화(differentiation)의 원리를 따르는 상위의 사회집단은
> 새로운 패션을 채용하는 것으로 대응한다. 옛 지위표지(status
> marker)는 버려지고, 하위집단의 요구에 넘기며, 새로운 것이
> 선택된다. 이렇게 해서 상위집단은 그 자신에게 독특한 지위
> 표지를 계속 지니면서, 그 지위표지가 의미하는 지위의 차이
> (status difference)를 유지한다.(매크 201)

오늘날에는 지위게임이 유행의 유일한 엔진은 아닌 것으로 보인다. 대중매체(mass media)나 유행선도자(fashion leader)의 역할도 무시할 수 없다. 잠재적인 유행가능성(potential fashionableness)도 중요한 역할을 할 수 있으며 하위문화의 리더십(subcultural leadership) 또한 무시할 수 없다.(매크 206~8) 하지만 결코 부정할 수 없는 것은 유행은 계속 새롭게 생겨나고 또 계급적인 흐름은 아니라고 해도 젠더적이거나 연령적이거나 민족적인 흐름(매크 211)을 가진다는 사실이다. 계급사회와 대중사회의 유행의 논리가 결코 같을 수는 없을 것이다. 그러나 유행이라는 현상은 18세기부터[8] 시작되어 오늘에 이르고 있다.

대량적인 소비, 모방적인 유행과 더불어 18세기 시민문화에서 기원한 대중사회의 나머지 다른 요소는 시장의 조작이다. 이 시장 조작의 시조로는 당시의 유서 깊은 도자기업자이자 다윈의 외할아버지이기도 한 웨지우드 (Josiah Wedgwood, 1730~95)를 들 수 있다. 웨지우드는 지멜 이전에 이미 트리클다운 효과를 감지하였다. 그는 유행이 상층계급에서부터  시작하여 하층계급으로 전파된다는 것을 파악하였다. 그래서 그는 당시의 여론 지도자들인 귀족의 취향을 자신의 도자기에 맞춤으로써 자신의 도자기산업을 번창하게 하였다. 웨지우드 이전에는 이러한 조작이 없었기 때문에 귀족들은 자신들의 취향에 따라 자유롭게 선택할 수 있었다. 그러나 귀족계급을 표적으로 한 웨지우드의

---

8) 매켄드릭은 18세기부터, 매크래켄은 16세기부터 유행이 시작되었다고 보고 있다.

능숙한 마케팅 결과 그들은 더 이상 자유롭지 않게 되었다. 결과적으로 모든 시민이 웨지우드의 조작의 대상이 되었다.

트리클다운 효과를 이용한 웨지우드의 마케팅은 시대를 앞서가는 놀라운 혜안이었지만 새로운 마케팅 기술은 여기에 머무르지

않았다. 소비자를 직접 공략하는 다양한 방법들이 18세기에 이미 시작하였다. 패션잡지, 신형 [유행]복장도판, 패션인형, 신문잡지의 광고란, 소매상인의 안내장 등도 새로운 마케팅 기술로 등장하였는데, 이는 또한 도시나 지방으로 행상하는 사람들에 의해 적극적으로 활용되었다.(매크 60) 이러한 기술은 소비자의 취향과 선호를 인습과 지역전통의 영향력으로부터 해방시켜 인위적으로 자극된 분위기 속으로 몰아갔다.

상품의 판매를 위해 사회적 구조를 이용하거나 여러 가지 광고 매체를 활용함으로써 수행되는 시장의 조작은 갤브레이스가 지적한 생산자주권적 경제의 전형적인 특징이다. 현대경제의 이러한 숨겨진 메커니즘은 20세기에 와서 비로소 등장한 것이 아니라 시민문화의 잉태기부터 이미 같이 시작된 것이다. 현대의 사업가들은 귀족계급이 아니라 정부를 설득하고 소비자를 설득하는 일에서 과거에는 상상할 수 없었던 매체들을 사용한다는 점에서만 오직 다를 뿐이다.

18세기의 시민문화를 소비혁명이라는 관점에서 본다면 문화의 전체적인 맥락에서 중대한 변화가 있었다는 것을 알 수 있다. 그것은 "유용성(utility)에 대한 스타일(style)의 승리"(매크 63, 강조는 인용자)라고 정의할 수 있다. 도자기나 옷이나 가구와 같은 것들이

아직도 쓸모가 있다고 하더라도 그것들은 과거와 같은 지위를 누릴 수 없었다. 왜냐하면 아직 쓸모가 있더라도 그것은 추가적인 시험을 통과해야만 했기 때문이다. 그 시험은 그것이 유행에 맞느냐(fashionable) 하는 것이었다. 이 시험에 통과하지 못하는 물건들은 이제 다른 물건들에 자리를 양보할 수밖에 없었다.

이러한 문화적 맥락과 상호작용을 하고 있는 것은 인간의 자기이해이다. 인간의 자기이해가 이러한 문화적 맥락을 만들고, 이러한 문화적 맥락이 인간의 자기이해를 또한 생산한다. 유용성에 대해 스타일을 앞세우게 된 인간의 자기이해는 무엇이었던가?

> 자아의 독자성과 자율성에 대한 낭만파의 강조와 경험 및 창조성을 통한 자아실현의 강조 이 둘 모두는 소비혁명으로부터 나왔으며 또 그것을 성립시켰다. 점점 더 개인들은 "자아는 소비를 통해서 세워지고 소비가 자아를 표현한다"라고 생각할 준비가 되어 있었다. 주로 18세기에 만들어졌지만 우리가 본 바와 같이 16세기에 시작된 소비와 개인주의의 이 연관은 현대 세계의 큰 문화융합 중의 하나이다. 이들 이데올로기 각각은 이제는 다른 나머지를 그 자신의 진전의 강력한 엔진으로 이용할 수 있었다. 이 연관과 상호성은 오늘날까지도 계속되고 있다.(매크 63~64)

3. 19세기 프랑스의 시민문화

19세기 영국의 시민문화는 18세기의 소비 폭발의 연장선상에 있었다. 이미 성립된 시민사회의 삶은 이제 하나의 정식으로 수용되고 전파되어 그 이상의 폭발적 현상은 일어나지 않았다. 오히려 시민문화의 19세기적인 특징은 18세기 말 대혁명을 겪은 프랑스에서 활발하게 전개되었다. 매크래켄은 이런 까닭으로 19세기 시민문화의 분석에는 윌리엄스9)를 인용하고 있다.

19세기의 시민문화는 산업혁명으로 성립된 삶의 방식을 다양한 형태로 전개시켜 나가는 것을 특징으로 하고 있  다. 프랑스의 경우는 18세기까지 궁정문화가 여전히 위세를 떨치고 있었다. 영국의 엘리자베스 1세가 맡았던 역할을 프랑스에서는 루이 14세가 맡았다. 루이 14세 또한 신하들을 "물릴 줄 모른 소비자"가 되게 함으로써 그들을 길들이려 하였다. 이들 귀족계급들은 프랑스의 왕이자 소비의 왕(consumer king)이었던 루이 14세를 본받아 임의로 처분할 수 있는 경제적 여유를 이용하여 임의소비(discretionary consumption)를 일삼았다. 구제도(ancien regime)를 파괴한 프랑스혁명도 이러한 소비형태를 파괴하지는 못하였다. 보다 더 높은 사회적 지위를 위한 계속된 싸움의 무기로 시민들은 귀족계급의 소비패턴을 붙잡았다.(매크 39, 68~69)

19세기 프랑스의 시민문화는 이러한 **궁정소비**(courtly consumption)로부터 출발하였다. 그 이전과 비교하여

중요한 변화는 일정한 재화의 재산이 귀족집안의 사적인 영역에서 공설시장(public marketplace)으로 넘어갔다는 것이었

9) 각주 3) 참조.

다. 1790년대에 요리사들은 귀족의 호텔에서 일반 레스토랑으로 옮겨갔으며, 전에는 귀족고객에게만 봉사하였던 양재사와 재단사가 이제는 일반인을 위한 가게를 열었다. 사치품 생산자의 일을 이끈 것은 점점 사적인 소비라기보다는 공적인 소비였다.(매크 68 재인용)

하지만 이러한 귀족 모델은 19세기의 전개와 더불어 변화를 겪게 되었다. 그 중에서도 시민문화의 전형을 보여준 것은 윌리엄스가 대중소비(mass consumption)이라고 일컬었던  환상적인 소비형태였는데 그녀는 이를 꿈의 세계(dream world)라고 일컫기도 했다. 이러한 소비형태의 전형은 에펠탑으로 유명한 1889년 만국박람회나 1852년 창시된 세계 최초의 봉 마르세 백화점에서 찾아볼 수 있다. 박람회나 백화점의 인테리어 디자인은 혼란스러운 이국정취로 가득 차 있었다. 여러 민족, 지리, 심지어는 신화의 테마들에 대한 모순된 암시로 가득 차 있는 엉뚱한 인테리어가 보통이었다. 그리하여 어떻게 보면 일상과의 거리를 표현하는 것이면 아무 것이나 모아놓은 것처럼 보이기까지 했다.(매크 71)

이러한 삶의 스타일에 숨겨진 비밀은 무엇인가? 그것은 유토피아(utopia)이다. 유토피아는 보통 이상향이라고 이해되지만 어원적으로는 있지 않는 곳이라는 뜻이다.[10] 그러니까 유토피아라는 말

---

10) utopia에서 접두어 u는 ou '없다'라는 부정의 뜻을 가지고 있고 topia는 topos '장소'라는 뜻을 가지고 있다. 그러므로 utopia는 없는 곳, 실재하지 않는 곳이라는 뜻을 갖는다.

에는 이상향에는 결코 도달할 수 없다라는 함의가 들어 있다. 왜 대중소비는 일상으로부터의 거리를 강조하는 정책을 취하고 있는가? 그것은 대중소비의 추동력이 일상이 아닌 이상 즉 유토피아에 있기 때문이다. 소비자들에게 유토피아를 보여줌으로써 소비에의 꿈을 키우게 하고 그 꿈으로 현실의 어려움을 이겨내게 하기 때문이다.

19세기 이러한 꿈의 대표적인 경우는 가내 하인들의 희망이었는데, 그것은 자신이 나이 많고 자식이 없는 그러나 어마어마하게 부유한 귀족의 사생아임이 판명되는 것이었다.(매크 233) 하녀의 아들로 태어난 그들의 유토피아는 그러한 판명의 순간에 달성될 것이었다. 오늘날 이러한 꿈은 복권의 당첨이다. 19세기의 하인들은 하릴없이 자신의 꿈을 기다려야 했다. 하지만 현대인은 자신의 꿈이 일주일마다 확인되고 갱신되는 것을 즐길 수 있다. 복권이 당첨되기를 기다리는 일주일은 그 기대로 설레고 행복하다.

대중소비가 제시하는 꿈의 세계도 이와 비슷하다. 상품 진열창에서 번쩍이는 고가상품은 지금은 구입할 수 없지만 언젠가는 구입하여 내가 소유하고 말 이상이고 희망이다. 박람회와 전시회는 이러한 꿈과 희망의 진열장이고 전시장이었다. 따라서 박람회와 백화점의 장식은 내가 언젠가 가야 할 곳, 하지만 지금은 갈 수 없는 곳, 그곳을 임시로 맛보게 하는 맛보기 내지 예고편이었다. 매크래켄은 이를 "희망과 이상으로의 가교"(매크 233) 즉 다리라고 이름한다.

재화는 그것이 아직 소유되지 않고 단지 탐내어지기만 해도 가교 구실을 한다. 구매하기 훨씬 전에, 사물은 장래의 소유자를 전이된 의미(displaced meaning)와 연결시키는 데 도움이 될 수 있다. 개인은 재화의 소유를, 그리고 이 재화와 더불어 지금은 단지 멀리 떨어져 있는 위치에 있을 뿐인 어떤 이상적인 환경의 소유를 예상한다.(매크 235)

집단과 개인 모두 상당히 놀라울 정도로 불행한 상황이라도 일정한 희망과 이상의 현명한 전이를 통해서 참을 수 있다. 전이전략은 개인과 집단 모두에게 빈곤, 인종차별주의 및 갖가지 종류의 지위박탈에 의해 만들어진 환경을 견딜 수 있게 하였다. 이러한 생활에서는 전이된 의미의 역할이 매우 중요하기 때문에, 극적인 결과 없이는 그것을 버릴 수 없었다.(매크 233)

물론 일단 이러한 재화를 구입하고 나면 회의(post-purchase dissonance)를 가지게 된다. 왜냐하면 하나의 재화가 이상적인 환경을 만들어내는 것은 아니기 때문이다. 이상적인 환경은 구입된 재화를 포함하여 매크래켄이 '디드로통일체'라고 부르는 다수의 재화를 통하여 구성되기 때문이다. 그러므로 구입자는 자신이 이제 막 이상향의 포구에 도착했을 뿐이며 줄줄이 디드로통일체를 구입

함으로써 이상향을 완전히 누리게 되리라 계속 기대한다.

디드로통일체라고 일컫는 것은 프랑스의 계몽주의 철학자인 디드로(Denis Diderot, 1713 ~84)의 수필[11])에서 유래했는데, 여기서 디드로는 친구에게 실내복을 선물로 받아 그것을

입고 옛 실내복을 버렸는데, 그 이후 새 실내복에 맞추어 책상, 벽걸이, 의자, 판화, 서가, 시계 등을 모두 바꾸게 되었다고 고백하고 있다.(매크 252) 그는 나중에야 옛날의 그 모든 것을 그리워하게 되었노라고 수필에서 이야기하고 있

는데, 매크래켄은 이 점에 착안하여 어떤 소비재가 다른 소비재와 '어울린다'는 특별한 관련을 가질 때 이러한 관련을 가진 물건들을 디드로통일체라고 이름했다. 예를 들자면 롤렉스 시계와 BMW는 이러한 디드로통일체이다.(매크 252~254)

복권이 당첨되어 이러한 디드로통일체를 다 구입하게 되면 어떤 일이 생기게 되는가? 이상은 이미 달성되었기 때문에 이제는 희망 없는 삶을 살아야 하는가? 연봉이 1,500만 원인 샐러리맨은 3천만 원을 꿈꾸고 3천만 원인 과장은 6천만 원을 꿈꾸고 6천만 원인 부장은 1억 원인 이사를 꿈꾸게 마련이다. 일단 자신의 소비생활이 자신이 꿈꾸던 수준에 도달하면 다시 자신의 이상향을 조절하게 된다. 이미 도착한 이상향의 섬에서 보다 더 큰 바다의 새롭고 더 나은 이상향을 향해 항해하기 시작한다. 이렇게 소비기대를 영속적으로 갱신해 나가기 때문에 "우리는 결코 재화의 '충분함'에 도달해 '나는 충분히 가지고 있다'라고 선언할 수 없다."(매크 223)

여하튼 19세기 시민문화의 한 가지 특징은 소비를 영속시키는 꿈의 세계이다. 이러한 꿈의 세계는 특히 박람회, 백화점, 그리고

---

11) "Regrets on Parting with My Old Dressing Gown".

영화를 통해 크게 힘을 얻었다. 구매가 이루어지는 백화점과 달리 구매가 이루어지지 않는 박람회나 영화가 소비문화에 기여한 것이 이채롭다. 이것이 가능했던 것은 시장의 설득목적이 "특정한 물품의 즉각적인 구매"가 아니라 "자유롭게 떠도는 욕망을 자극"하는 것이었기 때문이었다. 사실 백화점도 이러한 점에서 예외가 아니었다. "소비자들은 이국적인 세계와 소비재의 환상적인 표현을 흡수하면서 백화점 안을 마음대로 돌아다니도록 권유받았으며, 구매의 의무 없이 이 놀라운 환경에 참가하는 것이 허용"(매크 74)되었기 때문이다.

하지만 백화점은 그것에 머무르지 않았다. 백화점에서의 구매는 또한 시민사회에서 출발하는 또 다른 소비문화의 특징들을 보여주

고 있다. 하나는 소비자의 '수동성'이다. "전시되어 있는 소비재의 가격은 물물교환 과정에 속해 있지 않았다. 가격은 정해져 있으며, 소비자는 구매행위에서 그 가격에 동의하거나, 아니면 사지 않을 뿐이었다."(매크 74~75) 인류가 시장을 만든 이후 결코 중단되지 않았던 거래의 한 원칙 즉 파는 이와 사는 이가 서로 밀고 당기는 흥정이 백화점에서는 이루어지지 않았다. 사는 이는 파는 이가 제시한 가격에 대해 받아들이거나 거부하거나 양자택일에 처해졌다. 소비자의 이러한 수동성은 소비자주권에 대한 심각한 위협이다.

다른 특징은 악마와의 거래 즉 '신용거래'이다. 악마와 인간이 거래하는 이유는 인간은 자신이 자신의 능력으로 얻을 수 없는 것을 악마를 통해서 얻고 악마는 인간의 영혼을, 더 구체적으로는 어

떤 시점 이후의 그의 삶을 얻기 때문이다. 인간은 일단 이 계약을 맺고 나면 취소할 수 없거나 심각한 손해를 보고서만 취소할 수 있다. 할부구매의 성격은 바로 이와 같은 것이다. 빚을 짐으로써 지금 얻을 수 없는 것을 지금 얻고 대신에 자신의 미래를 미리 파는 것이다.

"비인격적이고 합리화된 대규모 분할구매 제도의 창조"에 의해서 돈을 빌리는 것이 가능해졌다. 얻기 어려운 것이 갑자기 수중에 있었다. … 이 혁신이 특히 근대적인 소비에 매우 꿈 같은 성질을 주는 데 도움을 주었다.(매크 75)

궁정모델과 꿈의 세계와 더불어 19세기를 특징짓는 문화의 나머지 두 흐름은 **멋쟁이와 엘리트의 소비**(dandies and elitist consumption) 및 **민주주의 소비**(democratic consumption)이다. 뛰어난 미적 및 예술적인 식견을 가진 멋쟁이들과 엘리트들은 대다수의 사람들보다 자신들이 우월하다고 생각하고 자신들의 특별한 소비 스타일이 새로운 귀족을 만든다고 생각하였다. 그들은 시민과 귀족의 소비의 지나침을 조롱하면서 자신들을 번식에 의해서가 아니라 취향에 의한 귀족이라고 공언하였다.

재화에만 몰두하고 이념이나 기준에는 무관심한 시민사회의 지나침과 진부함을 비판하는 입장에서는 이러한 엘리트들과 의견을 같이 하였으나 엘리트들과 달리 새로운 귀족성을 추구하지 않고, 가까이하기 쉽고 수수하면서도 고상한 소비 스타일을 추구하는 사람들이 또한 있었는데 윌리엄스는 이들을 보통사람의 위엄을 고취시키고 소비 매너를 만들어냄으로써 대중소비자를 재화에의 몰두에서 떼어놓으려는 시도로 여긴다.(매크 69～70)

대중소비에 반하는 이러한 두 태도는 시장의 조작에 대한 저항으로 평가할 수 있다. 엘리트 소비가 조작의 객체가 아니라 자신이 조작의 주체가 되기를 원하는 것이라면, 민주적 소비는 조작 그 자체에 대한 저항이다. 21세기의 멋쟁이 엘리트들은 예를 들자면 보보스(Bourgeois Bohemians)12)이다. 그들은 시장경제의 흐름 속에 있으면서도 자신들만의 멋을 창조하며 자신들만의 기준을 가진다. 그렇게 함으로써 자신들을 일반 대중들과 구분한다.

그렇다면 21세기의 민주주의자들은 어떤 사람들일까? 서양의 예를 들자면 보그만이 이야기하는 몬태나식의 삶13)을 추구하는 사람들을 들 수 있을 것이고, 동양의 예를 들자면 물위를 걷는 것이 아니라 땅위를 걷는 것이 기적이라는 틱낫한의 플럼빌리지14)의 사람들을 들 수 있을 것이다. 역사상의 모든 이데올로기처럼 소비혁명도 그 혁명에 동조하는 자와 반대하는 자를 계속해서 만들어내고 있다. 하지만 이러한 저항은 아직까지는 주류가 되지 못했다. 오히

---

12) 브룩스 지음/형선호 옮김, 『보보스』(서울: 동방미디어, 2001).

13) 미국의 기술철학자 보그만은 삶을 초점활동에 의존하는 삶과 장치패러다임에 의존하는 삶으로 구분하고서 전자에 낭만주의적 삶을 후자에 현대적인 삶을 대응시켰다. 그가 선호하는 삶의 방식은 물론 미국의 가장 전원적인 주인 몬타나식의 삶이다. Albert Borgman, *Technology and the Character of Contemporary Life*(Chicago: University of Chicago Press, 1984).

14) Plum Village는 베트남 출신의 승려 틱낫한이 프랑스에 개설한 명상공동체이다.

려 역사는 저항이 아니라 순종이 역사적 대세임을 보여주었다. 다음 장에서 우리는 이러한 소비적 삶이 대중적인 형태로 완성되는 것을 보게 될 것이다.

생각거리

1. 산업혁명에 대하여 조사해 보라.
2. 엘리자베스 1세와 루이 14세의 공통점과 차이점을 정리해 보자.
3. 지멜이 말한 트리클다운 효과에 대하여 설명해 보자.
4. 매크래켄이 말하는 디드로 효과에 대하여 알아보자.
5. 지위의 문지기로서의 patina와 novelty 전술의 의미를 검토해 보자.
6. 신용할부구매제도의 의미를 검토하는 에세이를 작성해 보자.

읽을거리

매크래켄 지음/이상률 옮김, 『문화와 소비』(서울: 문예출판사, 1996)

브룩스 지음/형선호 옮김, 『보보스』(서울: 동방미디어, 2001)

틱낫한 지음/류시화 옮김, 『틱낫한의 평화로움』(서울: 열림원, 2002)

볼거리

해롤드 래미스 감독의 『일곱 가지 유혹』에 묘사된 현대인의 꿈의 세계에 대하여 이야기해 보자.

제 5 장

대중사회와 대중문화

1. 시민사회에서 대중사회로

앞 장에서 19세기의 소비형태 중에 대중소비라는 형태가 이미 나타났음을 보았다. 일반적으로 19세기 후반에 우리가 대중사회라고 부르는 사회문화형태가 구미에서 시작되었다고 보지만, 20세기에 인류의 꿈이 된 사회로서의 대중사회와 대중문화의 본격적인 성립은 20세기 초엽 미국에서 이루어졌다고 할 수 있다. 이 장에서는 대중문화의 원형을 형성한 시기적으로는 1920년대 장소적으로는 미국에서 생겨난 삶의 새로운 방식을 살펴보고자 한다.

우리는 앞 장에서 18~19세기의 시민문화를 주로 물질적 소비를 중심으로 살펴보았지만, 그러한 물질적 소비를 추동하고 구성하

는 윤리적 동기와 예술적 산물들이 함께 했다는 점 또한 잊지 말아야 한다. 그러한 윤리적 동기 중에서 지위게임이 중요한 역할을 했다는 것은 이미 언급하였다. 물질적 소비에 동반한 예술적 산물들 또한 다양하였다. 19세기의 도시와 건물 그 자체가 그러한 예술적 작품이었고, 차를 마시는 거실의 여러 장식품과 옷가지며, 그릇과 스푼들이 또한 그러하였다. 사진에 보이지는 않지만 거실 어딘가에는 신문과 소설 또한 자리하고 있었을 것이다.[1]

이와 같은 소비혁명은 하지만 소비혁명의 이면을 구성하고 있는 기술적, 산업적, 사회적, 정치적 조건과 또한 함께 하고 있었다. 대규모 기계적 수단의 발달, 이에 따른 대량생산과 대량소비, 이러한 체제와 함께 하는 도시화, 이러한 체제를 운영하기 위한 관료제, 노동자계급의 선거권 확대, 뒤를 이은 여성의 참정권 인정, 이 모든 것들의 결과이자 이 모든 것을 가동하는 복잡하고 광범위한 커뮤니케이션 체계의 발달 등이 소비혁명의 뒤에서 일어났던 사건들이다.

이러한 요소들이 복합되어 형성된 대중사회는 과거의 사회하고는 양적으로 전혀 다른 사회이다. 물론 과거에도 대중사회의 성원들과 비슷한 성원들이 없지는 않았다. 앞에서 본 것처럼 16세기

---

1) 사진의 출전
  http://humwww.ucsc.edu/dickens/OMF/photoarchive/street.html

엘리자베스 1세의 신하들은 대중사회의 성원들과 비슷했다. 하지만 원리적으로 본다면 그리스사회의 선택된 시민들이 대중사회의 성원들이 이론적 모델이 되었으며, 로마사회의 시민들이 실천적 모델이 되었다. 그러나 역사상의 그 어떤 사회도 대중사회처럼 인구의 대부분이 그러한 위치 즉 개인의 자유와 여유를 누린 적은 없었다. 이런 까닭으로 대중사회는 비록 시민사회의 연장임에도 불구하고 대중사회라고 부를 이유가 있다.

대중사회는 시민사회의 양적인 팽창으로서 시민사회의 특징을 더욱 강하게 노출시켰다. 이렇게 강화된 시민사회의 특징은 한 마디로 다양성과 오락성이라고 할 수 있다. 왜냐하면 산업혁명과 더불어 궁정문화가 시민문화로 전환될 때 소수의 향유물이었던 궁전문화 그 자체가 단순하게 다수에게 전파된 것은 아니었기 때문이다.

소수 귀족들의 사회와 문화는 여러 시기에 걸쳐서 본다면 즉 통시적으로는 모습을 달리하였지만 한 시기에 국한해서 본다면 즉 공시적으로는 비교적 통일성을 유지할 수 있었다. 고색창연과 같은 지위게임의 문지기들이 그러한 통일성을 지켜내었기 때문이다. 하지만 고색창연이 색다름에 자리를 내주게 되었을 때 통시적 변화가 공시적 통일성을 위협하게 되었다.

소수의 귀족문화를 다수의 시민문화가 이어받게 되었을 때 (물론 대중에 비하면 시민은 상대적으로 소수였지만 귀족에 비하면 상대적으로 다수였다) 균질성보다는 다양성을 가졌던 시민들은 귀족적인 삶의 방식을 다양한 방식으로 수용하고 변용해 나갔다. 트리클다운되는 패션에서도 계층적인 특징이 원래의 디자인에 반영되지 않을 수 없었을 것이다. 왜냐하면 귀족과 상층시민과 하층시민의 여건과 취향이 같을 수 없었기 때문이다. 아울러 비록 이제는 여유를 가졌지만 고급문화를 향유할 수 있는 선수학습을 받지 못한 하층시민들에게는 예컨대 예술성보다는 오락성이 더욱 매력적이었을 것이다. 이런 까닭에 시민사회의 문화는 귀족사회의 문화와 비교해 볼 때 사람의 숫자에서 비롯되는 **다양성**과 교양의 부족에서 비롯되는 **오락성**을 그 특징으로 가지게 된다. 이러한 선이해를 가지고서 1920년대 미국의 대중사회와 대중문화를 살펴보자.

2. 1920년대 미국의 대중사회

18세기 영국에서의 '소비붐'이나 19세기 프랑스에서의 '꿈의 세계'를 통하여 궁전문화가 시민문화로 전환한 것처럼 20세기 시민문화가 대중문화로 전환하는 데에도 비슷한 계기가 있었다. 그러한 계기는 1920년대 미국의 '원더랜드'

(wonderland)적인 풍요였다. 1914년부터 1918년까지 계속된 제1차 세계대전의 종전과 더불어 미국경제는 제2차 세계대전의 종전 후에 그러했던 것처럼 번영기를 맞게 되는데 이러한 번영기에 20세기적인 삶의 방식이라고 할 대중문화의 전형이 탄생하게 된다. 대중문화를 탄생시킨 1920년대의 미국의 대중사회를 살펴보자.

1920년대의 미국을 통계수치상으로 우선 살펴보면, 인구는 1억 명 가량이었고, 5% 즉 2백만 명 정도의 실업자가 있었으며, 남자

의 평균수명은 53.6세 여자의 평균수명은 54.6세였다. 제 1 차 세계
대전으로 1백만 명 수준으로 올라갔던 군인은 30만 명 수준으로
줄어들었으며, 평균 수입은 연간 1,235달러였다. 문맹자는 6% 정
도였고, 뉴욕에서 캘리포니아까지 가는 데는 13일이 걸렸으며 60
만 km의 포장도로가 있었다.

우선 주목할 수 있는 것은 미국 기술문화의 성장과 이에 따르는
미국경제의 성공이다. 제 1 차 세계대전
이전에는 신생국에 불과했던 미국은
1920년대에 이르러 석유와 자동차, 농
업기계, 전자제품, 정밀기계 부문을 중
심으로 국제시장에서 유럽의 어느 국가와도 비교될 수 없는 지배
적 우위를 확보하게 된다. 이와 아울러 새로운 기술의 개발과 더불
어 영화, 라디오, 항공 등과 같은 새로운 산업 또한 개척하게 된다.
이러한 기술적 우월성과 더불어 미국의 경제적 성공을 지원했던
것은 원자재 공급처와 생산품 소비처의 확보였다. 제 1 차 세계대
전을 통하여 심각한 타격을 입은 유럽은 미국의 제품시장이 될 수
밖에 없었고 남미와 제 3 세계는 석유, 고무, 커피 등 원자재를 값
싸게 공급하는 원료공급처가 되었다.2)

이러한 제조업 중심의 미국경제의 성공은 대중문화의 온상이 되
는 도시화를 가져온다. 1888년 미국의 농촌인구는 전 인구의
71.4%였고 도시인구는 28.1%였다. 그 당시 미국은 인구상으로 보

---

2) 강현두, 원용진, 전규찬, 『현대 대중문화의 형성』(서울: 서울대학교출판부,
   1998), pp.38~40. 앞으로 이 책에서 인용할 때는 (강원전 ??)으로 표시한
   다. 1920년대의 미국에 대한 논의는 주로 이 책에 의거했다.

면 농업중심적인 국가였다. 그러나 1920년대에는 이러한 인구분포가 역전된다. 즉 농촌인구는 43.8%로 줄어들고 도시인구가 오히려 56.2%로 늘어나게 된다. 이와 아울러 미국 특유의 인구분포 즉 흑인의 인구분포에도 중요한 변화가 있게 된다. 원래 주로 남부 농촌지역에서 살고 있던 흑인들이 남부의 인종차별주의와 북부의 급진적 공업화라는 조건에 따라 북서부지역의 도시로 대거 이주하게 된다.(강원전 42~43)

이 당시의 미국의 발전상황을 통계수치로 좀더 자세히 알아보면 다음과 같다. 생산량은 1920년부터 1930년까지 10년 사이에 50% 정도 늘어났으며, 같은 기간 동안 국가 총수입은 790억 달러에서 880억 달러로 늘어났다. 포드사의 자동차 생산대수는 1920년 9백만 대에서 1929년에는 2천 6백만 대로 늘어나 1919년에 8백만 대에 불과하던 미국 내 가정의 자동차 소유대수는 1929년에는 2천 3백만 대가 되었다. 1912년 미국의 전 가구의 17% 정도에 그쳤던 전기 공급률이 1927년에는 67% 수준까지 향상되었다. 라디오시장은 1920년대 부상하여 8억 4천 2백만 달러에 이르게 되었다.(강원전 36~37)

이 중에서 특히 주목할 만한 현상은 포드(Henry Ford, 1863~1947)의 임금정책과 생산방식이다. 이는 기술문화와 윤리문화가 어떻게 결합되며 이것이 예술문화에 어떤 영향을 미치는가를 보여주는 전형적인 예라고 할 수 있다. 포드는 그 당시 1년에 50여 개씩 새로 시작하는 자동차사업가들 중의 한 사람에 불과했으나 부자들에게 차를 팔아야 이윤을 최대

화할 수 있다는 생각에 반항한 유일한 인물이었다. 포드의 자동차 T 모델은 기술적으로도 훌륭하였지만, 이를 1천 5백만 대나 생산할 수 있었던 것은 포드의 대중적인 산업철학 덕분이었다.

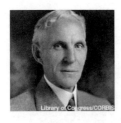

포드는 자동차공장의 노동자라면 스스로 차를 살 수 있을 정도로 여유가 있어야만 하며 일요일 오후에 그 차를 타고 드라이브를 즐길 수 있어야 한다고 생각했다. … 포드에게 진짜 중요했던 것은 대량소비였다. 그는 공장노동자에게 실제 생활 임금을 주고 훨씬 적은 돈을 들여 훨씬 적은 시간에 훨씬 많은 자동차를 생산한다면, 모든 사람이 차를 살 수 있을 것이라고 생각하였다. … 1914년 포드는 그의 최고의 공헌이 될 일당 5달러 계획을 가지고서 세계를 놀라게 하였다. 그 당시 자동차산업계의 평균임금은 9시간 교대근무에 2.34달러였다. 포드는 임금을 두 배로 하였을 뿐만 아니라 근무시간도 한 시간 줄여버렸다. … 나중에 임금이 10달러가 되었을 때 이것이 모든 사람이 자동차를 살 수 있도록 하려는 포드의 계획의 결정적 요소임이 입증되었다.[3]

포드의 임금정책이 가능했던 것은 또한 포드의 독특한 생산방식 때문이었다. 보다 더 낮은 원가로 더 짧은 시간에 더 많은 자동차를 생산해야 한다는 포드의 과제는 생산의 표준화와 이동조립법

---

3) 포드의 사장을 지내고 존폐위기에 처한 미국의 자동차회사 크라이슬러를 중흥하여 화제가 되었던 아이아코카(Lee Iacocca, 1924~)가 *Time* 지가 선정한 세기의 100명의 영웅이라는 칼럼에서 헨리 포드를 이야기하였다. 출전은 http://www.time.com/time/time100/builder/profile/ford.html

(moving assembly line)을 통하여 해결되었다. 부품의 표준화를 통하여 부품가격을 상당히 낮출 수 있었으며 '일에 사람을 가져가는' 대신 '사람에게 일을 가져가는' 컨베이어 시스템(converyor system)을 통하여 생산시간도 줄일 수 있었다.4) 1914년 하이랜드 파크(Highland Park)에 설치된 세계 최초의 자동 컨베이어 시스템에서는 93분마다 자동차가 한 대씩 생산되었다.5)

사실 포드는 이 외에도 여러 가지 현대적인 삶의 전형을 산출해 내었다. 예를 들자면 맥도날드가 프랜차이즈 시스템을 도입하기 반세기 전에 자동차를 팔고 수리하는 포드자동차 딜러 프랜차이즈를 구성하여 1912년에는 이미 7천 개의 딜러가 있었다. 또 자동차에 주

유하기 위한 주유소가 전 미국에 세워졌으며, 자동차가 달릴 도로 망 또한 정비되었다. 오늘날 우리가 가지고 있는 자동차문화의 전형은 포드에 의해 이 지구상에 등장하게 되었다.

포드시스템은 자동차뿐 아니라 다른 상품들의 대량생산을 위해서도 유용한 모델이 되었다. 하지만 포드의 위대함은 자동차라는 상품을 생산해 낸 이상으로 **임금인상과 작업시간축소**6)로 자동차소비자를 창조해 내었다는 점에 있다. 대중은 이제 생산자이자 동시

---

4) 야후 백과사전의 '포드 시스템'.
   출전은 http://kr.encycl.yahoo.com/final.html?id=182035
5) 각주 4) 참조.
6) 포드는 1926년 1주 5일 40시간 근무제제를 확립했다.
   출전은 http://www.hfmgv.org/exhibits/fmc/chrono.asp

에 소비자가 되었다. 이것이 인류에 대한 공헌인가 저주인가에 대해서는 평가가 엇갈릴 수 있지만, 기술적이고 경제적이고 시간적인 여유를 대중에게 제공해 줌으로써 도시 중산층을 창조하고 이들의 레저문화 즉 대중문화의 전형을 만드는 데 기여했다는 점에서는 이의가 있을 수 없다.

이런 상황 속에서 미국 백인 주류사회는 그 이전 어느 때와 비교할 수 없을 정도의 유복한 삶을 영위할 수 있었는데, 특히 은행에 약간씩 자금을 저축할 여유까지 생긴 백인 중산층은 증권에도 투자하기 시작하였다. 경제적 풍요의 효과는 사회 내 여러 가지 측면에서 동시에 나타났는데, 그중에서도 가장 두드러진 것은 자동차의 증가 및 기계화에 따른 노동시간의 단축 등으로 인한 여가생활의 확대였다. 여기에 기업들의 사원복지정책까지 가세하여 과거와 비교하면 월등하게 풍요로운 소비생활을 누리게 된 노동자들의 노조 가입률이 심지어는 12%에서 7%로 줄어들기까지 했다.(강원전 39) 물론 이러한 노동자들의 고가상품구매에는 신용할부제도가 또한 톡톡히 한몫을 해내었다. 심지어는 돈을 빌려 증권에 투자한 경우조차 생겨났다. 이 시대의 소비윤리는 "지금 상품을 구입하고 돈은 나중에 지불하면서 바로 이 순간을 위해서 살아라"(buy now, pay later, live for the moment)였다.(강원전 229)

대중사회의 구성원 중에는 과거에는 경제적으로 여유가 없었으나 생활형편이 나아져 새로운 소비자로 부상한 사람들이 있었다. 이들은 그리스로마시대에는 사람에 포함되지 않았었다. 특히 현대 대중사회에서는 이 새로운 사람들이 소비자로서 다수를 점하는 변화가 일어나는데, 이 새로운 사람들은 바로 청소년과 여성들이다.

과거에는 경제적 활동에 종사하던 청소년의 경우를 보면, 경제적 여유를 갖게 된 부모들의 지원에 힘입어 노동현장에서 해방되어 학교로 그 위치를 이동하게 되는데, 1920년에 220만이던 고등학교 재학생 수는 1930년에는 거의 두 배에 이르게 된다. 이로써 백인 중산층과 노동계층이 공통적으로 고등학교 학력이 보편적이게 되었다. 이에 따라 대학에서도 1920년에는 약 60만 명이었던 학생수가 1930년에는 마찬가지로 두 배로 늘어난다.(강원전 48~49) 대학문화가 바로 대중문화가 되고 청소년문화가 대중문화의 주류가 될 잠재력이 이미 태동한 셈이었다.

여성의 경우는 이처럼 인원변동에서는 극적이지는 않았다. 여성의 취업이 늘기는 했지만 자연증가율을 약간 웃도는 수준이었다. 하지만 우선 가계의 여유와 더불어 가정에서 지출순위의 꼴찌를 차지하던 여성에게도 지출가능성이 증대되었다. 특히 가사노동을 대신해 줄 각종 가전제품의 발달과 여유시간을 즐길 다양한 오락매체의 발  달은 여성을 문명적이고 문화적인 소비자로 승격시켰다. 이와 더불어 여성의 참정권의 확대로 여성의 독립적인 지위가 확보되었으며 전후의 자유주의적인 분위기 속에서 대도시 중상층 여성의 경우 공개적으로 담배를 피거나 술을 마시고 대중문화 공연장을 찾는 등 태도의 변화가 있게 되었다.(강원전 49)

대중사회의 등장과 더불어 일어난 중요한 하나의 사회적 변화는 가족의 해체였다. 과거 농촌사회에서의 삶은 가족의 협동에 의해서만 꾸려갈 수 있었고 최소단위가 가족이었다. 하지만 이제 대중사회 속에서 도시의 노동자가 된 개인에게 가족은 예전과 같은 의미를 가질 수 없었다. 그러므로 정서적 가족은 남아 있었지만 경제적으로는 임금을 받을 수 있는 별도의 개인들만이 남게 되었다. 대중사회를 성립시킨 산업적 임금체제는 가족을 해체시키는 방향으로 작동하였다.(강원전 77~80) 이러한 해체는 라디오의 등장과 더불어 가속화되었는데, 오늘날 텔레비전이 하는 역할을 당시에는 라디오가 하였다. 거실에 앉은 가족들은 더 이상 마주보지 않게 되었다. 왜냐하면 라디오를 향해서 앉았기 때문이다. 개인용 라디오의 보급은 이제 각자 자기 방에서 라디오를 듣게 만듦으로써 거실조차 해체해 버렸다.(강원전 131~32)

3. 대중문화와 대중매체

대중사회에서의 인간의 삶의 방식을 우리는 대중문화라고 부른다. 대중사회에 특징적인 삶의 방식은 대규모 의사소통 매체 즉 대중매체를 통해서 의사소통이 이루어진다는 것이다. 이러한 의사소통의 매체는 18~19세기에는 책과 잡지와 신문과 광고였다. 그러나 20세기 초반에는 여기에 덧붙여 레코드와 라디오와 영화가 본격적으로 등장하게 된다. 물론 신문과 잡지와 광고도 18~19세기와는 다른 모습을 보이게 된다.

그 다른 모습이라는 것은 이제 신문과 잡지가 좀더 많은 구독자

를 확보하게 되고 이들 구독자들의 비용만으로는 신문과 잡지를
운영하기가 더욱 어려워져 광고에 그만큼 더 의존하게 되고 광고
에 의존하는 만큼 또 **많은 구독자**를 필요로 하고 많은 구독자가
있는 만큼 다양한 내용을 하나의 지면에 편성해야 하는 등으로 원
인과 결과가 뒤섞이면서 오늘날 우리가 보는 **거대자본**에 의한 신
문잡지로 새로 태어나게 되었다는 것이다.7) 이외에도 **상업적 성공**
을 위한 저속화도 두드러지는데,

> 1920년대에는 허스트(W. R. Hearst) 류의 선정적인 타블로
> 이드판 대중신문들이 대도시의 독자들 사이에서 큰 인기를 누
> 리게 된다. 체인화와 소유권 통합을 통해서 신문 자본의 집중
> 화 경향이 본격화되었으며 … 맥파든(Macfadden)이 발간하던
> 뉴욕 『데일리 그래픽』(*Daily Graphic*)의 경우에는 지나치게
> 선정적인 내용으로 인하여 일반에게 "데일리 포르노그래픽"
> (Daily Pornographic)으로 더 잘 알려질 정도였다.(강원전 52)

물론 모든 신문이 그러한 것은 아니었다. 『더 뉴요커』(*The New
Yorker*)라는 소수 취향 집단을 대상으로 한 고급잡지도 있었으며,
중간집단을 위한 『타임』(*Time*)도 시작되었다.(강원전 52~53) 이
런 현상은 대중문화가 대중사회의 다양성과 오락성을 반영한 결과
였다고 보인다.

이러한 신문과 잡지를 이용하는 **광고** 또한 이러한 다양성과 오
락성을 반영할 수밖에 없었다. 하지만 "광고는 인쇄물로 된 판매방

---

7) 실즈, "대중사회와 문화," 강현두 편, 『현대사회와 대중문화』(서울: 나남출
  판, 1998), p.149.

식"(강원전 71)이기 때문에 상품의 판매라는 하나의 목표를 달성하기 위해서 오락성은 이용하더라도 다양성은 조절할 수밖에 없었다. 그러므로 광고인들은 이제 새로운 전략을 구사하게 된다. 그것은 세계를 하나의 의미로 새롭게 정의함으로써 욕망을 창조하는 것이었다. 이는 상품에 대한 정보제공을 주로 하던 방식에서부터 한걸음 더 나아간 것이었다. 사실 현대광고에서는 상품에 대한 정보제공이 심지어 생략되기까지 한다. 여하튼 당시의 광고인들이 염두에 두었던 것은 다음과 같은 것이다.

> 소비자의 마음을 이해하기 위해서는 욕망에 이끌리고 욕망을 고조시키는 문제에 접근해야 한다. 이를 위해서는 소비자들이 상상을 통해 상품획득이 가져다줄 쾌락의 측면들을 그림 그리기에 앞서 그 그림을 그릴 수 있는 맥락을 만들어주는 것이 반드시 필요하다.(강원전 84 재인용)

이러한 이념 하에서 제작된 광고문들에서 이러한 새로운 전략을 확인할 수 있다.

> 5년 전까지만 해도 존재하던 성인 남녀나 청소년들이 삶에 관한 지식을 얻을 수 있는 곳이 이제는 아무 데에도 없습니다. 이젠 우리 모두가 전혀 준비되지 않은 상태에서 삶과 마주하도록 세상 속으로 내던져졌습니다. … 여기 이전의 그 어느 잡지와도 차별성 있는 『진짜 이야기』가 있습니다. 이 잡지는 진리라는 기반 위에 서 있습니다. … 바로 이 잡지가 여러분들을 도와줄 것입니다.(강원전 83 재인용)

1924년 나온 『진짜 이야기』(*True Story*)라는 잡지의 이 광고문은 예전의 광고와 마찬가지로 자신의 잡지가 '진리라는 기반 위에 서 있다'고 과장되게 설명하고, 궁극적으로는 이 잡지를 구매하라고 설득한다. 즉 광고문의 마지막에 "그러므로 당신은 이 잡지를 사십시오"라는 표현이 생략되어 있다. 하지만 예전의 광고와 달리 세계와 소비자를 자기 잡지를 필요로 하도록 재정의하는 작업을 하고 있다. "삶에 관한 지식을 얻을 수 있던 5년 전까지만 해도 존재하던" 가정이 이제 해체되었는데 당신은 그러한 해체된 가정의 일원이라고 세계를 규정하고 있는 것이다.

　　제 남편이 매년 크리스마스 때마다 자질구레한 보석들을 사주곤 했어요. 하지만 여자의 젊음이란 것은 너무도 빨리 사라져 버리잖아요. 청소하는 데 힘이 너무 들잖아요. … 저는 이제 얼마 동안은 더 이상 제 젊음이 사라지지 않으리라는 것을 발견했죠. 청소가 저를 더 이상 힘들게 하지 않을테니까요. 지난 크리스마스에 제 남편이 후버 진공청소기를 사왔지 뭐예요.(강원전 93 재인용)

　　이 진공청소기 광고도 청소기를 필요로 하도록 세계와 소비자를 재정의하고 있다. 삶에서 중요한 것은 노고가 아니라 편안이며, 연륜이 아니라 청춘이다. 당신은 청소라는 힘든 일을 통해서 늙어가고 있다. 노고가 당신을 아름답게 만들지 못한다는 것은 두말할 필요도 없다. 보석도 당신을 아름답게 만들지 못한다. 노고를 덜어 당신을 젊게 하는 것, 그것이 당신을 아름답게 만든다. 노동은 보람이 아니라 젊음을 빼앗는 도둑이다. 주름살은 당신의 인생의 훈장이 아니라 상처일 뿐이다. 할 수만 있다면 젊음을 유지하기 위하여 무엇이든지 하라. 그 첫걸음은 후버 진공청소기로 노고를 피하는 것이다.

이러한 광고는 사실 늘 오락성과 결합되어 있었다. 벽보나 전단지가 아닌 경우에 광고는 오락성 글을 제공하는 신문이나 잡지에  게재되었다. 오락을 찾게 되면 광고는 따라 왔다. 이러한 광고는 18세기는 잡지를, 19세기에는 신문을 주 매체로 삼았지만, 20세기 초에는 라디오가 그 역할을 떠맡았다. 라디오는 획기적인 광고매체였다. 우선, 이전의 활자광고와는 달리 전국적인 동시성이 확립되었다. 둘째, 종이에 인쇄된 글자가 아니라 마치 옆에서 친한 친구가 이야기하듯이 감성적으로 광고문을 전달할 수 있었다. 셋째, 라디오는 시간매체였기 때문에 광고가 오락성 있는 프로그램과 결합되는 한 인쇄매체와 달리 몇 번이고 소비자들에게 메시지를 전달하여 제품명을 기억시킬 수 있었다.

이러한 특징 때문에 라디오광고는 소프 오페라(soap opera)나 버라이어티 쇼(variety show)와 같은 오락물들을 낳았다. 일과시간 중에 청소년과 남자들은 직장에 가고 주부들이 집에 있었기 때문에 이들을 대상으로 라디오드라마를 주로 방송했는데 이러한 드라마의 광고주는 화장품 회사나 비누(soap) 회사였다. 일과 후에는 여러 계층 청취자들이 함께 들을 수 있는 다양한 내용의 쇼가 전개되었는데, 이 시간에는 다양한 상품을 생산하는 대기업들이 후원을 맡았다.(강원전 121) 이러한 오락물들은 청취율 경쟁을 통하여 오락성을 더욱 높여 나갔다.

광고기법에서도 합리적 설득보다는 감성적 설득이 주를 이루게 되었다. 늦은 저녁 시간에 라디오에서 나오는 맥주병을 따는 소리와 맥주가 시원하게 병에서 컵으로 흘러나오는 소리를 듣는 시청자들은 맥주를 자연 찾지 않을 수 없었다. 이렇게 광고기법도 상품의 기능이나 형태, 사용가치 등 인지적 측면보다는 심리적인 측면과 비이성적 자극 등 감성적 측면을 강조하는 쪽으로 나아갔다.(강원전 119)

오늘날 우리 모두가 8시 또는 9시에 각 방송국으로부터 대동소이한 그날의 국내외 뉴스를 브리핑 받는 것처럼 라디오는 모든 지역의 사람들을 적어도 라디오에서 전달하는 정보의 범위 내에서는 상대적으로 보다 더 균질한 사람들로 만들었다. "라디오가 전국 방방곡곡, 특히 벽지나 농촌 지역에도 국가적 통일성을 만들어낼 것이다"(강원전 109 재인용)라는 기대는 헛된 것이 아니었다.

하지만 그 당시 라디오는 결코 가질 수 없었던 측면이 있었는데 그것은 라디오가 청각자극을 줄 뿐 시각자극을 주지 못한다는 것

이었다. (이 문제는 1950년대 텔레비전이 개발되면서 나중에 없어지기는 한다.) 이런 까닭에 20세기 초에 라디오와 더불어 대중의 오락생활을 장악했던 것은 미국의 새로운 산업 **영화**였다. 물론 초기의 무성영화는 라디오와 달리 청각자극을 갖추지 못했다. 하지만 20년대 중반

영화는 유성영화로 발전하면서 이제 라디오를 제치고 최고의 대중문화로 자리잡게 된다. 영화는 이전의 대중매체들과는 다른 몇 가지 특징을 가지고 있었다.

그 하나는 대중을 관객으로 하는 영화는 시작 그 자체부터 산업이었다는 것이다. 라디오도 복잡한 기술을 이용하기는 하였지만 영화는 더 첨단의 기술을 이용하고 있었으므로 시작부터 대규모 자본을 필요로 했다. 라디오는 라디오 수신기를 팔고 광고주들로부터 광고비를 받을 수 있을 뿐이었지만 영화는 관람 그 자체로 소비자들로부터 수입을 올릴 수 있었다. 영화제작과 영화상영에 들어가는 자본과 여기에 기대되는 이익을 소비자들로부터 직접 회수하는 산업으로서 영화는 자생적인 예술이기가 어려웠다. 그러므로 철저하게 상업주의에 의해 인도되었다.

둘째로 영화는 대중사회의 오락으로서 19세기 적인 꿈의 세계를 계속 유지시켜 주었다. 우선 1920년대 극장은 꿈의 세계로서 19세기 박람회나 백화점과 다를 바 없었다. 고전적이거나 이국적으로 장식된 연극무대를 갖춘 영화관(cinema)이 아닌 극장(theater)에서 관객들은 쇼와 연극과 영화를 모두 즐길 수 있었다. 1927년 최초의 유성영화라고 알려진[8] 『재즈가수』와 더불어 이러한 극장의 시대는 가고 영 화만을 보는 영화관의 시대가 도래하지만 이제 시각자극과 청각자극을 함께 갖춘 영화는 영화만을 통해서도 대중의 꿈의 세계를 계

---

8) 일반적으로 최초의 유성영화로 이 영화를 꼽지만, 역사적으로는 *Don Juan*(1926)이 최초의 유성영화라고 한다.

속 이어갈 수 있었다.

셋째로 꿈을 이어가는 영화의 이러한 독점적인 지위 때문에 영화가 현대의 우상체계를 산출하게 되었다. 고전적인 영웅들은 대개 정치적인 설화 속에 등장하는데 그들은 초인간적인 능력으로 나라를 세우거나 적들과 싸워서 이겼다. 근세적인 영웅들은 교육적인 담론 속에 등장하는데 사상가, 철학자, 예술가, 문학가, 과학자들이었다. 그들 또한 평범한 인간이 다다를 수 없는 영역에 다다른 사람들이었다. 대중사회의 영웅들은 대중사회의 성격상 오락적인 맥락 속에서 나타난다. 그들 또한 평범한 사람은 아니었지만 그들의 비범은 산업적으로 제작9)된 것이었다.10)

하지만 제작된 영웅도 영웅이다. 오히려 제작된 영웅은 실재했던 영웅보다 더 영웅적일 수 있다. 실재했던 영웅은 인간적인 구속을 받지만 제작되는 영웅은 이러한 구속에서 자유로울 수 있기 때문이다. 현대의 영웅으로 등장한 '영화스타'들은, 물론 이와 아울러 다양한 연예영역의 스타들 즉 가요스타, 스포츠스타 등도 등장하지만, 이들은 모두 19세기 꿈의 세계의 역할을 물질이 아닌 인간으로서 수행한다. 유토피아처럼 스타도

---

9) 만들어진 최초의 스타로는 로렌스(Florence Lawrence)가 알려져 있다. 이 배우가 전차에 치어 죽었다는 허위기사가 나간 다음에 이것이 악의에 찬 허위보도라는 정정기사를 냄으로써 이 배우는 유명해지게 되었다고 하는데 이후의 스타들도 이 정도는 아니었지만 이미지관리를 통해서 스타로서의 성격을 획득하고 유지하고 있다. 다이어, "사회현상으로서의 스타: 스타의 생산과 관리", 강현두, p.362.

10) 같은 글, pp.358~59.

자신이 가지지 못한 것을 가진 이로서 자기가 갈 수 없는 저곳에 있다. 사람들은 스타를 그리워하고 실제로 만나기를 학수고대한다. "우리의 단조로운 뒤뜰, 아파트의 테라스, 공동주택으로부터 초월할 수 있도록 해주며, 세상살이의 위대함에 대한 감각을 되찾을 수 있도록 도와준다."11)

이렇게 산업적으로 제작된 영화스타들은 현대의 영웅으로서 그 역할을 수행하였다. 스타들이 역할을 수행하는 방법은 보통 네 가지로 구분된다. 하지만 이는 실제로는 스타가 하는 것이 아니라 관객이 하는 것이다. 첫째는 감정적 친화(emotional affinity)이다. 이는 주인공에게 느슨한 애착심을 느끼는 가장 일반적이고 가장 약한 관계이다. 둘째는 자기동일시(self-identification)인데, 이는 관객이 자기자신을 스타와 동일한 상황에 위치한 것으로 생각하는 그러한 감정을 가질 때 나타난다. 셋째는 모방(imitation)인데 스타는 관객에게 일종의 이상적 모델로 작용하게 된다. 넷째는 투사(projection)인데 모방을 넘어서서 자신의 삶을 스타의 관점에서 이끄는 경우이다.12) 이러한 스타시스템을 통하여 대중문화는 이제 종교수준으로 승격하게 된다.

넷째로 영화는 시각과 청각 자극이 같이 주어지는 그 영향력의 크기 때문에 어떤 매체보다 오락성과 관련하여 가장 강한 비판을 받았다. 왜냐하면 그 어떤 매체보다도 현실과의 유사성이 크고 그로 인하여 현실에 버금가는 영향력을 사람들에게 끼쳤기 때문이다.

---

11) 스미스, "스포츠 영웅의 사회학", 강현두, p.438.
12) 다이어, p.374.

다음 장에서 보게 될 고급문화와 저급문화의 갈등은 영화에서는 상업성과 공공성의 대립으로 나타났다. 이러한 대립은 자체검열로 조정되었는데, 이러한 조정은 대중이 단순하게 조작되기만 하는 것이 아니라 그러한 조작에 대하여 대항하는 반대세력일 수 있음을 보여준 것이었다. 이 또한 시민문화에 대한 멋쟁이와 민주주의적 저항의 전통을 잇는 것으로서 대중문화의 전개와 더불어 새로운 방식으로 전개되었다.

대중문화의 전개와 더불어 시민문화와 달리 나타난 한 현상은 트리클다운이 아니라 트리클업 현상이다. 앞에서 지적한 것처럼 도시화의 진전 중에는 남부 흑인들의 북서부로의 이동도 있었다. 이

러한 인구이동과 더불어 흑인음악도 북서부로 이동하였는데 이렇게 나타나게 된 것이 1920년대의 뉴올리언즈 혹은 딕시랜드 재즈이다. 처음에는 흑인들의 음악이었지만 곧 재즈는 백인들에게도 전파되기 시작되었고 1930년대는 본격적인 백인 재즈인 스윙 또는 빅 밴드 재즈로 전개되었다.(강원전 197) 재즈음악의 이러한 전개는 유행이 사회의 상위계층에서 하위계층으로만 트리클다운(trickle-down)하는 것이 아니라 하위계층에서 상위계층으로 트리클업(trickle-up)할 수도 있다는 것을 보여주었다. 물론 이와 유사하게 계층을 가리지 않고 연령간에 트리클어크로스(trickle-across)하는 경우도 생각할 수 있다.13)

13) 매크래켄, p.206.

1920년대 미국의 대중문화에 대한 탐구를 끝내기 전에 마지막으로 살펴볼 영역이 있다. 그것은 새로이 오락적 삶의 주된 영역으로 등장한 **스포츠**이다. 물론 스포츠는 그리스`시대부터 세상 사람들의 관심을 끌었다. 로마시대에는 스포츠라고 하기에는 지나친 감이 있는 검투가 로마시민들의 오락거리가 되었다. 하지만 대중사회에서는 글자 그대로 대중이 스포츠를 즐기게 된다. 이러한 대중사회의 스포츠는 사실 두 종류가 있다. 하나는 대중이 자신의 신체로 때로 편을 갈라 행하는 생활스포츠이며, 다른 하나는 로마의 검투처럼 전문스포츠인의 경기를 관람하는 프로스포츠이다. 조기축구회와 프로축구단을 각각 예로 들 수 있다.

생활스포츠는 대중문화의 중요한 한 특징이라고 할 수 있는데, 왜냐하면 대중사회 이전에는 대중에게 스포츠가 그렇게 장려된 적이 없기 때문이다. 생활스포츠의 장려는 대량생산방식과 밀접한 관련이 있다. 왜냐하면 대량생산이 산업공학적 고려에 의거하여 가능하게 되었기 때문이다. 세밀한 생산계획과 엄격한 작업공정에 의하여 유지되는 포드식의 대량생산체제는 작업시간 바깥에서도 생산자들이 작업과 배치되는 방식의 삶을 살지 않도록 하여야 했다. (강원전 231) 이런 까닭에 지역사회와 기업은 명분상으로는 시민이나 사원의 복지차원에서 기능상으로는 국력배양과 생산성향상을 위하여 학생, 시민, 사원들의 생활스포츠를 장려했던 것이다. 이러한 의도는 대중사회에서 오락을 즐김(amusement)이라기보다는 재창조(recreation)라고 지칭하는 언어행위 속에서도 드러난다.

이러한 온정주의(paternalism)적 간섭은 그 시대의 독특한 제도 즉 1920부터 1933년까지 시행된 금주법에서도 확인된다.

> 대중들은 금주법이 "위대한 도덕적 운동"이자 자신의 건강을 보호할 수단이며, 가정의 고결성을 "악마와 같은 술의 파괴"로부터 보존하는 수단으로 받아들이도록 교육받았다. 그러나 이처럼 도덕적, 사회적 이상주의를 강제적으로 부과한 금주법이 노동자들에 대한 자본가들의 통제적 의도를 교묘하게 위장하고 있었음을 간과할 수 없다.(강원전, 63)

물론 금주는 개인이나 가정에 좋은 영향을 끼칠 수 있다. 그러나 금주는 노동자로 하여금 건강과 컨디션을 좋은 상태로 유지하게 함으로서 생산능률을 또한 향상시킨다. 실패한 도덕혁명이라고 할 금주법에는 이처럼 대중에 대한 조작, 특히 대중의 몸에 대한 지배의욕이 잠재해 있었다. 생활스포츠는 그러나 금주법과 같은 부정적인 방법이 아니라 긍정적인 방법이었다. 생활스포츠 활동은 그 자체가 인간에게 쾌감을 주기 때문에 금주법과 달리 강제할 필요가 없었고 장려하는 것으로 충분했다.

하지만 대중사회에서는 생활스포츠가 이렇게 혼자 가지는 않는다. 생활스포츠는 프로스포츠와 손을 잡고 나란히 가게 마련이다. 어떤 생활스포츠가 활발해지면 그와 관련된 프로스포츠도 생겨날 수 있으며, 어떤 프로스포츠가 활발해지면 그와 관련된 생활스포츠도 활발해지게 마련이다. 이런 까닭에 두 스포츠활동을 꼭 구분해서 생각할 수만은 없다.

하지만 프로스포츠의 특징은 생활스포츠에서와 같은 대중의 참여가 아니라 대중의 관중화이다. 프로스포츠는 드라마나 영화처럼 듣고 보는 재미를 제공한다. 스포츠는 어떤 의미에서 작가 없는 드라마나 감독 없는 영화라고 할 만하다. 특히 중계방송을 하는 경우 경기는 정해지지 않은 각본을 따라 주인공들이 연기하는 그러한 드라마라고 볼 수 있다.14)

　　　　　　　　　1923년 4월 18일 뉴욕에 새로 세워진 양키스타디움의 첫 경기 직전에 루스(Babe Ruth, 1895~1948)는 이렇게 말했다. "내가 이 커다란 새 야구장의 개장식 날 홈런을 칠 수 있다면 내 명이 일년 짧아진다고 해도 좋다." 경기가 3회에 이르자, 그는 바로 그것, 즉 홈런을 쳤다. 7만 4천 명의 관중이 지켜보는 가운데, 루스는 외야 오른쪽 관중석으로 홈런을 높이 쳐올렸다. 몇 시간 후 저녁신문의 스포츠 기사에서 지역 스포츠 기자는 양키스타디움을 "루스가 세운 집"이라고 이름했다.15)

이 전설적인 사건은 라디오의 특성상 당시에 라디오 중계를 듣던 모든 사람이 동시에 알게 되었으며, 또 몇 시간 후에 발간된 신문을 본 사람들도 모두 이 사건을 알게 되었다. 양키스타디움의 제1호 홈런을 친 이는 루스였다. 하지만 실제로 중계되고 보도된 것

---

14) 2002년 6월 월드컵에서 예상하지 않던 한국의 4강 진출은 한 게임 한 게임마다 어떤 작가도 쓸 수 없는 드라마였다.

15) 이 글의 출전은 http://www.baberuth.com이다. 이 사이트에서는 그 당시의 실제 중계방송 내용도 들어볼 수 있다.

은 이 사건만은 아니었다. 두 팀이 어떻게 경기를 진행했으며 어떤 선수들이 어떻게 뛰어난 활약을 보였는지 또한 보도되었다. 사람들은 새 야구장에서의 첫 경기를 즐겼으나 특히 스포츠스타 루스에게 열광하였다. 이런 점에서 보면 스포츠도 영화와 똑같이 대중에 봉사한다. 드라마와 스타로.16)

1920년대 미국에서 자신의 모습을 확연히 드러낸 대중문화는 제2차 세계대전을 통하여 이후 전 세계 인류의 이상적인 삶의 모습으로 부각되었다. 물질적이고 시간적인 풍요는 인류가 유사 이래 불가피하게 겪어온 고통의 종말이었다. 하지만 쾌락의 시작과 고통의 종말은 인류의 절대선은 아니었다. 인류는 절대선과 같은 풍요 속에서 정체를 알 수 없는 허무와 싸워야 했다. 아니 이러한 허무는 허무로도 드러나 보이지 않았다. 무엇인가 알 수 없는 불만과 불안으로 이 허무는 인류에게 자신의 존재를 알렸다. 문명비평가들은 대중문화의 범람에 대하여 무엇인가를 말해야 한다고 느꼈다. 이것이 다음 장의 주제이다.

---

16) 20세기 중반 영화스타 마릴린 몬로와 야구스타 디 마지오의 결혼은 바로 이러한 스타시스템의 한 결과라고 볼 수 있을 것인데 오늘날 우리 사회에서도 스타급 연예인과 운동선수들의 결혼은 자주 있는 일이다.

생각거리

1. 대량생산체제를 가리키는 포드시스템의 보다 더 구체적인 내용에 대하여 알아보자.
2. 미국 대중사회의 형성을 가리키는 지표들이 우리나라에서는 언제 달성되었는가를 조사해 보자.
3. Buy now, pay later, live for the moment!의 소비철학에 대하여 논의하는 에세이를 작성해 보자.
4. 대중사회의 등장과 더불어 '젊음'이 특별히 가치 있는 것으로 부상하였는데, 이 이유를 생각해 보자.
5. 라디오는 '유사친근성'(pseudo-familiarity)을 특징으로 정치영역에서도 사용되었다고 한다. 그 예를 찾아보라.
6. 자신이 좋아하는 스타와 자신과의 관계가 교과서에서 언급된 네 단계 중 어떤 단계에 속하는지 생각해 보자.

읽을거리

강현두, 원용진, 전규찬, 『현대 대중문화의 형성』(서울: 서울대학교출판부, 1998)

강현두 편, 『현대사회와 대중문화』(서울: 나남출판, 1998) 중에서
　　다이어, "사회현상으로서의 스타", 스미스, "스포츠 영웅의 사회학"

볼거리

채플린의 『모던타임즈』(1936)를 보고 영화에서 희화되는 1920년대 미국인의 삶과 그 연장선상에 있는 오늘 우리 삶의 내적 연관성을 찾아보자.

제 6 장

대중문화론

1. 시민사회에서의 문화갈등

앞 장에서 우리는 시민사회의 문화적 특성
이 다양성과 오락성에 있다고 이미 지적하였
다. 하지만 시민문화의 다양성과 오락성에 대
하여 귀족문화의 계승자들은 이를 문화의 저
속화나 문화의 위기로 여길 수밖에 없었다. 그리하여 시민문화를
어떤 방향으로 이끌고 갈 것인가에 대하여 갈등이 생기고 이러한
갈등을 조정하기 위한 토론이 또한 전개되었다. 다음 절에서 보게
되듯이 이러한 갈등은 대중문화의 발달과 더불어 더욱 절박한 문
제로 인식되고 다양한 비판을 받게 된다. 하지만 이러한 갈등은 미

국의 문화철학자인 로웬달(Leo Lowenthal, 1900～93)에 따르면 프랑스의 두 사상가 몽테뉴(Michel Eyquem de Montaigne, 1533 ～92)와 파스칼(Blaise Pascal, 1623～62) 사이에서 일찍이 시작되었다.

오락은 인간의 보편적이며 기본적인 욕구를 해소시키는 수단이라고 갈파한 몽테뉴는 고의적으로 그런 것은 아니겠지만, 오락을 도덕적, 심미적으로 좋지 않게 보는 의견과 오락이 갖는 좋지 않은 심리적 기능, 사회적 역기능  을 지적하는 주장에 반대하여 오락을 긍정하는 의견을 내세움으로써 대중오락 문제에 대한 논쟁의 문을 열었다. … 몽테뉴의 인간에 대한 회의적인 관점에 따르면, 인간의 본능적 욕구는 변화시킬 수 없는 것이며 따라서 그러한 본능적 욕구를 최대한도로 발현될 수 있도록 하는 것이 상책이라는 것이다. 따라서 몽테뉴는 그러한 본능적 욕구를 만족시켜 줄 수 있는 쾌락을 전적으로 부정해서는 아니 된다고 보았다.

 이러한 몽테뉴의 주장에 대하여 극히 금욕적이고 종교적인 인물인 파스칼은 인간의 정신적인 발전을 크게 믿으면서, 오락과 현실도피는 인간이 갖고 있는 불가피한 욕구이기는 하지만 인간만이 갖고 있는 좀더 고상한 노력으로 그러한 욕구가 억제되어야 한다고 주장했다. 내면화된 도덕적 자아는 오직 **금욕**의 고독 속에서만 더 고양될 수 있는 것이며, 오락의 유혹을 물리칠 수 있고 그로부터 구원의 길로 인도될 것으로 보고 있다.[1] (강조는 인용자)

종교적인 파스칼은 '구원'을 이야기하고 있지
만 20세기 로고테라피(logotherapy)라는 심리치
료법을 개발했던 프랭클(Viktor E. Frankle)은
'실존'을 이야기하고 있다. 그는 현대인의 여가
를 원심적 여가(centurifugal leisure)와 구심적
여가(centripetal leisure)로 나누었는데, 몽테뉴인 입장을 자신에
게서 떨어져 나가려는 원심적 여가의 동기로, 파스칼적인 입장을
자신에게로 다가가는 구심적 여가의 동기로 보았다.2) 여하튼 몽테
뉴와 파스칼의 논의는 여가시간을 비교적 가볍게 소비하고자 하는
견해와 좀더 심각하게 사용하고자 하는 견해의 충돌이다. 이러한
충돌은 예술가들이 몇 사람의 귀족들이 아니라 대중을 자신의 예
술의 소비자로 삼게 된 18세기에는 본격적으로 문제가 되게 되었
다.

로웬달의 분석에 따르면, 이제 예술가들은 더 이상 이전처럼 한
사람의 부자나 권력 있는 후원자의 취향에 신경을 쓰지 않아도 살

수 있게 되었다. 대신에 자신의 작품을 소비하는
훨씬 많은 숫자의 대중의 욕구에 대응하지 않을
수 없게 되었다. 예컨대 18세기에 대중적인 상품
이 된 소설의 작가들은 서적판매상들과 계약을
맺고 책을 쓰기 시작하였으며 서적판매상들은 책
을 팔 욕심으로 자신들의 작가들을 도서관의 전

---

1) 로웬달, "대중문화론의 역사적 전개", 강현두, p.38.
2) 프랭클 지음/이봉우 옮김, 『의미에의 의지』(왜관: 분도출판사, 1980), p.100.

시나, 잡지의 서평이나, 독서클럽에 대한 홍보 등 온갖 방법으로 과장하여 선전하였다.3)

이런 상황에서 작가들 또한 다양한 의견을 가질 수밖에 없었다. "즐거운 도덕적 담론을 통해 대중을 교육시키려고 했던 … 낙관주의적" 작가가 있었는가 하면, "대중매체에 대해 노골적으로 적대감을 드러내던" 그러한 작가들도 있었고, "반대로 일반 독자의 요구를 기꺼이 받아들이려는" 그러한 작가들도 있었고, "예술과 대중문화 사이에서 화해"4)를 꾀하는 그러한 작가들도 있었다.

19세기는 18세기보다 훨씬 대중적인 사회가 되었다. 18세기 예술가들은 일반대중으로 하여금 그들의 예술을 감상할 수 있는 안목을 갖도록 교육시킬 수 있다는 희망을 가질 수 있었지만 19세기 예술가들은 이미 그러한 희망을 가질 수 없게 되었다. 이제 주류는 엘리트가 아니라 대중이었다. "일반 독자를 생각하지 않고 자신의 편협하고 혼자만의 주장을 고집하는 작가와 예술가는 고립될 수밖에 없고 또 스스로 고립감을 느끼게 되었다. … 이러한 일부 예술가들이 예술을 위한 예술, 즉 예술의 본성으로 소수 행복한 사람들에게만 이해되고 향유되는 예술을 선언"5)하게 되었다.

대중문화에 대해 가해진 하나의 비판은 크고 폭력적인 자극제를 원하는 현대인의 요구에 부응하는 대중문화는 인간 심성의 판별력을 무디게 하는 역기능을 갖는다는 것이었다. "대중문학은 사람들이 가진 적극적인 참여태도를 위축시키고 피동적인 상태로 만들며,

---

3) 로웬달, pp.39-40.
4) 같은 글, p.41.
5) 같은 글, p.42.

나아가서는 거의 야만적인 무감각 상태로 만들기까지 한다."6) 이에 반해 진실한 예술은 인간의 판단력을 자극하는 순기능을 하는 것으로 주장되었다.

하지만 대중문화를 옹호하는 쪽에서는 대중문화의 순기능을 또한 강조하였다. "책이란 그것이 아무리 값이 싸더라도, 그리고 아무리 대중적으로 씌어졌더라도 그 책의 간행을 모르는 사람에게는 읽혀지지 않는다. 책을 사거나 구한다는 것, 그리고 이를 읽기 시작한다는 것 자체가 이미 독자에게 발전이 이루어지고 있음을 의미한다."7)

18세기가 잡지의 세기였다면 19세기에는 신문이 대중문화의 핵심에 서게 되는데, 이러한 신문의 역할에 대해서도 공방이 멈추지 않았다. "사람들의 도덕적 의식의 정도를 알려면 아침저녁으로 배달되는 일간  지의 상태를 보면 된다. 그런데 이런 종류의 천박한 상태가 만약 일반 독자의 구미에 아주 맞지 않는 것이라면, 이처럼 내용이 저급하고 상스러운 신문 현상은 일시에 사라졌을 것이다."8) 하지만 신문을 옹호하는 쪽에서는 신문의 계몽성을 강조하고 있다. "신문의 경우는 모든 사람이 일상 읽는 것이고 … 따라서 신문은 정치현상에 대한 이해와 일상사의 사건의 의미설명을 위해서 힘쓰는 사람들, 그리고 일반에게 더 많은 교육을 제공하고자 하는 사람들의 친

6) 같은 글, p.44.
7) 같은 글, p.48 재인용.
8) 같은 글, p.49 재인용.

구로서 정보와 지식을 잘 전파할 수 있으며, 모든 계층에 심지어 가장 초라한 계층의 사람에까지 쉽게 기본적인 지식을 얻는 길을 터주는 채널구실을 할 수 있게 되는 것이다."9)

로웬달의 분석이 보여주는 것처럼 시민문화에서 오락과 교양은 반드시 대립적인 것만은 아니면서도 또한 동시에 대립적으로 보이기도 했다. 이러한 갈등은 양적으로 소수자였던 교양인이 다수자로 바뀌어가면서 교양의 수준이 떨어지며 비교양적인 것과 교양적인 것이 혼재하는 그러한 상황이었다고 보인다. 역사는 악화가 양화를 구축한다는 그레샴의 법칙(Gresham's law)이 일방적으로 적용된다기보다는 상호작용을 하는 쪽으로 전개되었다고 보인다. 시민문화가 대중문화로 변화되었을 때 이제 상황이 어떻게 전개되었는가를 살펴보자.

2. 대중문화에 대한 비판과 옹호

18∼19세기의 시민문화와 비교해 볼 때 20세기의 대중문화는 상업성을 그 특징으로 한다고 볼 수 있다. 18∼19세기의 시민문화에 상업성이 없었다는 의미에서 그러한 것이 아니라 1920년대 미국의 라디오산업이나 영화산업 그리고 스포츠산업에서 볼 수 있었던 것처럼 문화적 매체나 내용들이 애초부터 산업적 고려와 더불어 출발했기 때문이다. 그러므로 시민문화에서 오락성에 은폐된 상

---

9) 같은 글, pp.48-49 재인용.

업성은 예술성과 대립적인 관계에 있는 정도였지만 이제 대중문화에서는 상업성이 공공연한 지배원리가 되었다.

> 대중문화는 기업인이 고용한 기술자에 의해 생산되고 가동된 것이며, 대중문화의 수용자는 수동적인 소비자들이며, 그들이 할 수 있는 것이라고는 오로지 대중문화의 상품을 살 것인가 사지 않을 것인가를 결정하는 정도이다. 키치(Kitsch)[10]라는 대중문화에 군림하는 문화영주들은 간단히 말해서 그들의 이윤만을 창출하기 위해서, 또 자신들의 계급적 지배의 위치를 계속 유지하기 위한 목적으로 대중의 문화적 욕구를 악용하는 것이다.[11]

과거에는 봉 마르셰 백화점이라는 제한된 구역 안에서 일어나던 일이[12] 이제는 기술문화의 발달에 의하여 일상적인 삶 어느 곳 어느  때에서나 일어나게 되었다. 이러한 상황에 처한 20세기의 많은 문명비평가들은 대중문화에 대하여 한결같은 비판을 쏟아내게 된다. 고급문화와 대중문화의 이러한 갈등을 문화다원주의적인 입장에서 분석했던 미국의 사회학자 갠스(Herbert J. Gans, 1927~   )는 대중문화에 대한 비판들을 네 가지로 요약했다.[13]

---

10) 대중문화를 가리키는 독일용어.
11) 맥도널드, "대중문화의 이론", 강현두, p.132.
12) 4장 3절 참조.
13) 갠스 지음/이은호 옮김, 『고급문화와 대중문화』(서울: 현대미학사, 1996), p.33.

1) 대중문화에는 창조가 없고 생산이 있을 뿐이다

대중문화가 상업주의적이라는 비판이 자주 있지만, 이러한 비판의 궁극적인 근거는 대중문화에서는 창조자의 개인적인 표현이 이루어지지 않는다는 점이다. 갠스는 이러한 비난을 세 가지로 정리하고 있다.

> 첫째, 대중문화는 이윤을 목적으로 조직된 산업이라는 것이다.
> 둘째, 이러한 산업이 이윤을 얻기 위해서는 다수의 수용자에게 호소하는 균질적이고 표준화된 상품을 만들어내야 한다는 것이다.
> 셋째, 이러한 이유로 대중문화 산업의 창조자들은 대량생산 체제하에서 일하는 노동자가 되어 그 자신의 숙련된 기술이나 가치의 개인적인 표현은 포기하게 된다는 것이다.[14]

갠스는 이러한 비판들이 별로 큰 설득력을 갖고 있지 않다고 주장한다. 고급문화도 대중문화와 마찬가지로 이윤추구를 목적으로 하는 에이전트 없이는 존재할 수 없으며, 대중문화도 고급문화에 뒤지지 않는 다양성을 보이고 있고, 또 대중문화의 창조자들도 자신의 취향이나 가치를 수용자에게 부여하려고 한다는 것이다.

하지만 갠스의 고급문화는 상업적 고급문화인 것으로 보이고 갠스의 대중문화는 계몽적 대중문화인 것으로 보인다. 갠스는 고급문화와 상업문화를 어떤 외적 기준에서 구분하고 이것만이 유일한 기준인 것처럼 논의를 전개하지만, 이와 아울러 어떤 내적 기준에

---

14) 같은 글, p.34.

서도 또한 구분할 수 있을 것이다. 예컨대 상업적 고급문화란 외적인 기준에서는 고급문화이지만 내적인 기준에서는 상업적인 동기가 강할 때의 문화 산물을 가리키고, 계몽적 대중문화란 외적인 기준에서는 대중문화이지만 내적인 기준에서는 계몽적인 동기가 강할 때의 문화 산물을 가리킬 수 있다. 세 사람의 테너의 로마, LA, 파리에서 공연은 상업적 고급문화 행사이며, 텔레비전의 다큐멘터리 중에는 계몽적 대중문화작품도 있다. 이러한 내적인 기준으로 생각할 수 있는 것은 작품제작의 제일원리이다. 인문적 교양적

가치가 제일원리가 될 때 그것을 고급문화라고 할 수 있을 것이며 상업적 가치가 제일원리가 될 때 그것을 대중문화라고 할 수 있을 것이다. 이러한 구분방법에는 좀더 살펴보아야 할 문제가 있지만, 잠정적으로 이를 받아들인다면, 이러한 본질적 구분을 무시하고 외적인 특징을 비교하는 것만으로 고급문화와 상업문화의 차이를 흐리게 하는 것은 성급한 결론이다.

2) 대중문화는 고급문화를 갉아먹는다

고급문화의 옹호자들은 대중문화가 고급문화에 피해를 주며 고급문화의 생존을 위협하고 있다는 불만을 제기해 왔다. 갠스는 이러한 불만을 두 가지로 정리하고 있다.

하나는, 대중문화는 고급문화로부터 많은 것을 차용하며, 그 결과 고급문화의 질을 저하시킨다는 것이다. 다른 하나는, 대중문화는 고급문화의 창조자들에게 경제적 유인을 제공함으로써 이들을 유혹하며, 그리하여 고급문화의 질을 손상시킨다는 것이다.[15]

갠스는 이러한 비판들은 더욱 설득력을 가지기 어렵다고 보고 있다. 우선 대중문화가 고급문화를 차용하는 것이 어떻게 고급문화의 질을 저하시키는지 알기 어려우며, 고급문화도 민속문화나 대중문화로부터 마찬가지로 차용하고 있기 때문이다. 고급문화의 창조자들의 유인이 고급문화의 질을 반드시 손상시키는 것은 아니며 심지어 경제적 문제를 해결해 줌으로써 북돋울 수도 있다고 갠스는 본다. 갠스의 통찰과 달리 고급문화의 창조자들이 대중문화에 종사하게 되면 그의 순수예술은 타격을 입게 된다. 한 인간이 두 주인을 동시에 섬긴다는 것은 예로부터 그렇게 쉬운 일이 아니기 때문이다. 하지만 이것이 대중문화가 비판을 받을 문제는 아니다. 대중문화는 고급문화를 질식시키고자 하지 않았다. 고급문화의 창조자들이 대중문화를 선택했을 뿐이다. 대중문화가 고급문화에 무임승차한다고 해서 이를 비난한다면 그것은 상업적 고급문화의 태도일 것이다.

3) 대중문화는 인간을 타락시킨다

고급문화의 옹호자들은 대중문화가 고급문화를 손상시킨다는 비

---

15) 같은 글, p.42.

난보다도 대중문화가 **인간성**을 손상시킨다는 비난을 하기를 좋아
한다. 앞에서 보았듯이 전자의 비난보다 후자의 비난이 고급문화에
더 합당하다. 갠스는 이러한 비난을 세 가지로 정리하고 있다.

> 첫째, 대중문화는 정서적인 측면에서 거짓 만족을 제공하고,
> 폭력과 섹스를 지나치게 강조함으로써 파괴적인 영향을 준다
> 는 것이다.
> 둘째, 대중문화는 인지적인 측면에서 사람들로 하여금 실제
> 의 현실에 대응해 나갈 수 없도록 만드는 저속하고 현실도피
> 적인 만족을 제공함으로써 파괴적인 영향을 끼친다고 한다.
> 셋째, 대중문화는 문화적으로 사람들이 고급문화에 참여하는
> 능력을 해친다고 한다.16)

갠스는 이 문제와 관련해서는 사회학자답게 경험적 증거들이 이
러한 주장을 충분히 그리고 직접적으로 지지하지 않는다고 주장하

고 있다. 원인을 제공했다기보다는 이미 있는
원인이 일으키는 일을 강화하는 방향으로 작용
했을 뿐이며, 일상으로부터의 영구적 도피라기
보다는 일시적 환상을 일으킬 뿐이고, 나쁘게
작용하는 경우조차도 다른 나쁜 것들과 비교할
때 그 결과는 사소할 수 있다고 한다.

대중문화가 그 오락성을 통하여 사람들의 긴장을 해소시켜 준다
는 점은 간과할 수 없다. 그러나 그러한 오락성이 중독성을 가졌다
는 점이 간과되어서는 곤란하다. 특히 기술의 발달과 더불어 이러

---

16) 같은 글, p.45.

한 중독성은 더 커질 수 있다. 라디오보다는  텔레비전이 영화관보다는 유선방송이 소비자를 훨씬 수동적이고 도피적으로 만들 수 있다. 인간이 얼마나 현실을 정확하게 파악하는지가 인간이 얼마나 효율적인지를 정한다는 것이 계몽주의의 결론이었다. 대중문화의 이러한 기만성은 대중문화가 갖는 강한 중독성을 고려할 때 결코 가볍게 볼 문제가 아니다. 다만 대중문화에 익숙한 사람이 고급문화에 익숙해지는 데는 어려움이 있을 수 있다. 하지만 이것은 대중문화의 잘못은 아니다. 고급문화가 가지는 특징을 대중문화에 그 책임을 돌릴 수는 없을 것이다.

4) 대중문화는 사회를 바보집단으로 만든다.

대중문화를 비난하는 것이 언제나 보수적인 방향에서만 전개된 것은 아니었다. 진보적인 사상가들도 대중문화를 비난하고 있는데, 양쪽이 같이 전개하고 있는 그러한 비난은 대중문화가 사람들을 **최면상태에 빠지게** 함으로써 바보로 만들고 이런 까닭에 독재자가 전제정치를 할 수 있도록 한다는 것이다. 갠스는 이러한 비판을 둘로 구분하고 있다.

> 그 하나는, 대중문화가 사회 전체의 취향수준을 저하시켜 문명의 질을 떨어뜨린다는 주장이다. 다른 하나는, 대중매체가 사람들을 '최면에 빠지게 하고' '원자화시켜', 숙련된 선동가들

이 민주주의를 무너뜨리기 위해 사용하는 대중설득의 기법에
순응하도록 만든다는 주장이다.17)

갠스는 대중문화가 사회의 취향수준을 저하시킨다는 주장은 과
거의 가장 좋은 것을 현재의 나쁜 것과 비교하는 억지를 드러내고
있다고 지적한다. 과거의 가장 나쁜 것과 현재의 가장 좋은 것을
비교하면 다른 결론이 나올 수도 있다는 점을 지적하고 있는 것이
다. 전체주의와 관련해서는 인간을 타락시킨다는 비판에 대해서와
마찬가지로 이미 있는 것을 강화시킬 수는 있겠지만 대중문화가
원인이 될 수는 없다고 책임을 회피한다. 아울러 현실적으로 상업
주의가 외적인 압력에 강하게 저항할 수 있다고까지 주장한다.

문명의 질과 관련한 갠스의 주장을 전적으로 반박하기는 쉽지
않다. 하지만 대중문화가 문화적 다양성을 축소시킨다고 비판한다
면 대중문화는 이러한 비판을 면하기는 어려울 것이다. 갠스 스스
로 지적하듯이 대중문화는 민속문화를 빈사상태에 이르게 한 주범
이다. 아울러 대중문화는 민족문화를 말살시킬 문화제국주의의 위
험성을 내포하고 있다. 전체주의와 관련하여 갠스의 주장은 미국적
이라고 보아야 할 것 같다. 왜냐하면 상업주의가 전체주의에 가장
먼저 협력한 역사적 사실들이 얼마든지 있기 때문이다.

갠스는 대중문화의 추락의 고삐를 잡고 있는 고급문화를 보지
못하는 것 같다. 대중문화 속의 고급문화적인 요소가 갠스가 말하
는 대중문화의 장점이 아닌지 비판적으로 검토할 필요가 있다. 이
런 까닭에 우리는 고급문화와 대중문화의 차이점에 대하여 좀더

---

17) 같은 글, p.60.

검토할 필요를 느낀다. 다음 절들에서는 앞에서 내적 고급문화의 기준으로 보았던 인문적 가치와 대중문화의 다른 특징들이 어떤 관계에 있는지를 더 구체적으로 밝혀보고자 한다.

3. 고급문화, 범속문화, 저속문화

언제나 무엇을 구분한다는 것은 그렇게 쉬운 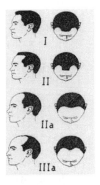 일이 아니다. 우리가 어떤 사람을 두고 대머리인 가 아닌가를 구분할 때 어떻게 그것을 구분하겠 는가? 의학적으로는 어떤 기준이 있을는지 모른 다. 두피의 어느 정도의 넓이에 어느 정도의 밀 도로 머리카락이 나 있는지를 따져서 이를 정할 수 있을는지 모른다. 하지만 일상생활에서 우리 가 어떤 사람이 대머리이고 아니라는 것을 알기 위하여 그러한 경 험적 연구가 반드시 필요한 것은 아니다. 우리는 과학 이전의 상식 수준에서, 이를 철학적으로는 생활세계적인 상호주관성이라고 이름 할 수도 있지만,18) 이를 구분할 수 있다.

고급문화와 대중문화를 구분하는 문제도 이와 비슷하다고 보인

---

18) 예컨대, 우리는 '사과'라는 말을 사용할 때 그 말의 의미를 사전에서 찾아보 지 않는다. 우리는 이미 그 말의 의미를 알고 있거나 그 말이 사용되는 맥 락에서 그 말의 의미를 짐작한다. 우리가 언어를 배우는 것은 이러한 과정 이며 언어를 사용하여 세상을 배우는 것도 이와 비슷하다. 과학적 연구는 이러한 지식에 대한 비판적 연구로서 이러한 지식의 발전에 공헌한다.

다. 엄밀한 자연과학적 연구나 통계적인 사회과학적인 연구가 이를 구분하기 위해서 반드시 필요한 것은 아니다. 상식적인 수준에서도 고급문화와 대중문화의 차이에 대하여 적절하게 토론할 수 있다. 또 이렇게 함으로써 상식을 넓혀갈 수도 있다.

고급문화와 대중문화의 차이를 구분하기 위하여 우선 문화의 수준을 나누어 보는 것이 유용하다고 보인다. 미국의 사회학자 쉴즈 (Edward Shils)는 문화 산물이 가지는 내용의 심미적, 지적, 도덕적 질을 기준으로 문화를 "우수한(superior) 혹은 세련된(refined) 문화와 범속한(mediocre) 문화, 그리고 저속한(brutal) 문화"[19]로 구분하였다.

> 우수문화 또는 세련된 고급문화는 주제를 아주 진지하게 다루고 있다는 것이 가장 큰 특색이다. 예컨대, 집요하게 문제를 다루는 집중성, 문제를 보는 날카로운 통찰과 종합적인 안목, 감각의 정교함, 풍부한 표현 등에서 진지함을 볼 수 있다.[20]

쉴즈는 우리가 위대한 작품들이라고 부르는 것들은 모두가 우수문화의 산물이라고 주장하고 있는데, 그는 자신이 말하는 우수문화라는 것이 "그것이 가진 사회적 신분, 즉 문제가 되는 작품에 의해 획득하는 사회적 요인이나, 작품을 만들어낸 작가와 이를 수용하는 소비자의 질 등을 말하는 것이 아니라, 문화내용이 추구하는 진실성과 미에 대한 평가에 따라 구분"[21]되는 것임을 거듭 밝히고 있

---

19) 쉴즈, "대중사회와 문화", 강현두, p.148.

20) 같은 글, p.151.

21) 같은 곳.

다. 이러한 점은 다른 수준의 문화를 이야기할 때도 마찬가지이다.

> 범속문화의 범주는 이 문화의 창조자가 이루고자 한 정도가
> 어느 정도이든간에 우수문화로서 평가될 수 있는 수준에 이르
> 지 못하고 있는 그러한 문화내용으로 이루어져 있다. 범속문
> 화는 우수문화에 비해 독창성이 결여되어 있고, 좀더 모사성
> 이 높은 문화이다.[22]

쉴즈는 범속문화가 우수문화와 동일한 장르에서 작업이 이루어
지고 있지만 그렇다고 완전히 일치하는 것은 아니며 많은 경우에
비교적 새로운 장르라고 또한 지적하고 있다.

> 그것[저속문화]이 내포하고 있는 상징적 표현들이 초보적인
> 단계에 있는 문화이다. 이 수준의 문화활동에서는 더러는 범
> 속문화나 우수문화의 장르와 일치하는 부분도 없지 않다. …
> 그렇지만 게임이나 경기관람 같은 것, 상징성이 극히 낮은 내
> 용이나, 좀더 직접적으로 표현되는 행위 내용의 문화 등이 이
> 범주에 속한다.[23]

쉴즈는 이러한 저속문화가 우수문화와 달리 깊은 통찰력을 중요
시하지 않고, 정교한 맛도 거의 없고, 감수성이나 지각 정도도 조
잡한 것이 일반적인 양상이라고 또한 지적하고 있다. 쉴즈의 이러
한 구분을 상식선에서 쉽게 확인할 수 있는 경우가 비디오 영상물
을 보는 경우라고 보인다. 흔히 비디오잡지는 자신들이 다루는 A

---

22) 같은 곳.
23) 같은 책, p.152.

급, B급 영상물과 자신들이 다루지 않는 C급 영상물을 구분하고 있다.

문화를 이렇게 수준에 따라 구분해 보면 구분에 따르는 다른 특징들도 드러나게 되는데, 우선 들 수 있는 것이 시간적인 지속성이다. 우리가 '고전'(classic)이라고 이름하듯이 우수문화에는 당대의 산물뿐만 아니라 과거의 산물들도 포함되어 있다. 이런 의미로 우수문화는 범속문화보다 지속적이다. 우리는 '현대의 고전'이라는 표현을 사용하기도 하는데 이는 현대에는 고전의 수준에 이르지 못하는 범속한 많은 작품들이 있으며 이들이 미래에는 소실될 것이라는 예측이 담겨 있다. 독일의 철학자 쇼펜하우어(Arthur Schopenhauer, 1788~1860)의 어머니는 당대  의 인기 소설가였다. 하지만 쇼펜하우어는 그녀의 작품을 비난하며 자신의 철학저술이 훨씬 오래 살아남을 것이라고 말했는데, 그의 말대로 되었다. 저속문화는 문화산물 자체는 범속문화와 마찬가지로 단기적이지만 문화원형은 지속적이라고 말할 수 있다. 왜냐하면 저속문화에는 창조성이 별로 개입되지 않고 되풀이되기 때문이다.

둘째로 들 수 있는 것은 소비자 숫자의 변동이다. 대중사회에서 우수문화의 소비자는 크게 증가하지 않았다. "왜냐하면 우수문화의 소비자인 지식계층은 대중사회 시대 이전에 이미 소비가 그 계층에서 포화상태가 될 정도였기 때문"24)이다. 이에 반해 범속문화와 저속문화에 대한 소비는 엄청나게 증가하였다. 왜냐하면 대중매체

---

24) 같은 책, p.153.

가 발달하여 문화의 수용이 쉬워졌을 뿐만 아니라 "여가시간이 늘어났고, 사람들의 육체노동이 줄어들었으며, 저임금에 오랜 시간 고된 노동을 하지 않을 수 없었던 계층이 이제는 경제적으로 보다 더 윤택해졌다는 것, 또 문맹률이 줄어들었고, 문자 해독률이 높아졌고, 개성의 신장이 이루어졌으며, 더욱 더 많은 쾌락을 추구"25) 하고 있기 때문이다.

셋째로 들 수 있는 것은 이들 문화들을 소비하는 계층이다. 우수문화를 소비하는 계층은 일반적으로 대학원 이상의 교육을 받고 전문직에 종사하고 있는 사람들이다. 학부 졸업자라고 하더라도 직업이 지적인 작업과 관계가 많을 경우 일반적으로 우수문화를 소비하는 경향이 있다. 중산층이 주로 소비하는 문화는 범속문화와 저속문화이다. 때로는 건전한 오락으로서 범속문화를 즐기고 때로는 쾌락을 쫓아 저속문화를 즐기기도 한다. 노동자 농민의 경우에는 아직도 문화산물을 즐기는 데 상당한 제약을 받고 있다. 주로 저속문화를 즐기면서 때로 범속문화를 즐기기도 한다. 물론 이러한 분류는 개인적인 취향을 고려하지 않은 것으로 일반적인 경향을 서술할 뿐이다.

쉴즈의 논의를 따르면서 우리의 관심사인 인간성과 오락성의 대비를 반영시킨다면 우리가 일반적으로 사용하는 고급문화와 대중문화의 구분법을 약간 변경시켜야 한다. 쉴즈의 의도는 아니지만 우리가 대중문화라고 부르는 것을 범속문화와 저속문화로 분리시킬 필요가 있다. 인문적 가치와 상관하여 이야기하자면 범속문화의

---

25) 같은 곳.

창조에서는 상당한 인문적 가치가 유지되고 있는 것으로 보아야 할 것이며, 저속문화의 창조에는 상업적 가치가 그래서 오락성이 우선하는 것으로 보아야 할 것이다. 이러한 구분을 도표로 그려본다면 아래와 같다. 하지만 이러한 구분만으로는 대중문화에 대한 논의로서 아직 충분하지 않다.

4. 포퓰러 컬처와 매스 컬처

고급문화와 대중문화를 구분하고 인문성과 상업성의 작용을 구체화는 작업의 연속으로 우리는 포퓰러 컬처(popular culture)와 매스 컬처(mass culture)에 대한 구분을 검토할 수 있다. 일반적으로 포퓰러 컬처라는 말은 매스 컬처를 대신하기 위하여 사용된다. 왜냐하면 '매스'라는 말에는 비하적인 뉘앙스가 들어 있기 때문이다.

매스(mass)라는 말은 어원은 그리스어 마자(maza)인데 이는 보리를 짓이겨 만든 과자로서 덩어리라는 의미를 가지고 있었고, 이말은 귀족사회에서는 귀족을 제외한 나머지 사람들로 교육을 받지 못한 계층을 가리켰으며, 시민사회에서는 한 집단을 구성하는 개개인이나 성원을 나타내는 것이 아니라 무차별적인 집단적인 존재, 심지어는 길거리에 모여 있는 군중 따위를 암시하였고, 오늘날에는 중하급 노동계급, 가난한 계층이라고 불리는 사람들을 지칭하는 데 사용되고 있다.

갠스는 매스 컬처라고 하면 군중의 비문화성을 지칭하는 말이 되기 때문에 이러한 부정적 이미지를 완화하기 위하여 자신은 포플러 컬처라는 말을 사용하고자 하지만, 일반적으로 대중문화 비판론은 매스 컬처를, 긍정론 내지 옹호론은 주로 포플러 컬처를 대상으로 논의할 때가 많다고 지적하고 있다.[26]

이렇게 매스 컬처와 표플러 컬처는 같은 의미로도 다른 의미로도 사용되고 있는데, 미국의 대중문화 연구가인 닷슨(Donald Dadson)은 매스 컬처와 포플러 컬처를 사업가와 문화수용자의 참여가능성을 기준으로 구분하고 있다. 그의 논의를 이해하기 위해 우선 그의 문화분류에 대하여 먼저 알아보자. 그는 문화를 네 부류 즉 민속문화, 대중문화, 포플러문화, 엘리트문화로 나누는데, 그의 이러한 분류는 문화활동에 참여하는 인적 구성요소들 즉 **예술가, 수용자, 사업가, 비평가**의 상호관계를 기준으로 이루어지고 있다.

민속 문화(Folk Culture)에서는 예술가와 수용자와의 관계가 중요하다. 예술사업이나 비평은 어떤 역할도 하지 못한다. 그리고 예술가는 수용자의 일부이며, 그의 역할은 직업적으로 구별되어지지도 않고 드러나 있지도 않다. 그는 공동체 속에 통합되고, 예술은 공동체 사업의 하나이다.[27]

---

26) 갠스, p.24.
27) 닷슨, "포플러 컬처와 매스 컬처의 차이", 강현두, p.180.

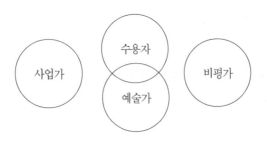

　닷슨은 이러한 민속문화가 예컨대 직업적인 가수나 무용수가 없는 아프리카의 원주민들이나 크리스마스를 맞아 자기 집을 장식하는 미국인들이 창조하고 소비하고 있는 문화라고 지적하고 있다. 하지만 닷슨은 여기서부터 포퓰러 컬처의 특성을 구성해 낸다.

　　　　　　　　　이 형태의 문화에서는 예술가와 그 수용자간의 관계가 두드러지게 밀착되어 있다는 점에서 민속 문화와 같지만, 사업가가 개입하는 새로운 현상에 의해 차이를 나타낸다. 포퓰러 컬처의 예술가들은 반드시 예술 활동만 하면서 사는 사람은 아니지만 민속예술가와 달리 전문적인 예능인으로서 특징적인 역할을 갖는다. 그는 상당히 동질적인 수용자들의 욕구와 소망을 따르기는 하지만, 그래도 항상 개인적 표현을 위한 폭넓은 여지를 지닌다. 다시 말하면 포퓰러 컬처는 수용자와 사업가의 영향에도 불구하고 예술가의 개성을 구현하고 있다. 비평가들은 포퓰러 컬처의 형성에 주된 역할을 수행하지 못하며 단지 이를 널리 알려주는 역할을 할 뿐이다.28)

---

28) 같은 글, p.182.

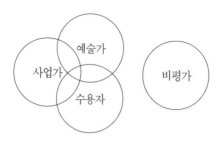

　닷슨은 1960년대 샌프란시스코의 댄스경연대회나 록음악 축제를 이러한 포퓰러 컬처의 예로 들면서, 비틀즈의 음악이 이런 포퓰러 컬처로서 출발하였다고 지적하고 있다. 대도시가 아닌 리버풀의 12개의 록큰롤 음악클럽 중 한 곳에서 비틀즈(The Beatles)는 출발하였다. 이 클럽의 고객들과 비틀즈는 서로 친구 사이였으며, 비틀즈는 자신의 노래들을 자신이 작곡하였고 매니저는 비틀즈를 기업의 압력으로부터 격리시키고자 노력하였다. 닷슨은 이러한 점에서 산업적 문화인 대중문화와 자발적 문화인 포퓰러 컬처를 구분하고 있다.

> 　[대중문화에서는] 이전에 있었던 예술가와 수용자의 직접적인 관계는 사업가에 의해 붕괴되고, 사업가가 결정적인 인물로 등장한다. 자신의 이윤을 극대화하기 위해 사업가는 분산되어  있고 이질적인 시장의 요구에 맞추어 문화생산물을 만들어낸다. 예술작품에 궁극적인 통제를 행사하는 사람은 예술가이기보다는 사업가이다. 예술가와 수용자는 분리되고 수용자의 직접적인 피드백은 사라진다. 매스 컬처로서 대중문화는 비평가에게 대수롭지 않은 역할을 부여할 뿐이다.29)

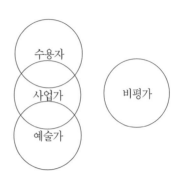

닷슨은 비틀즈를, 미국의 비틀즈이기를 희망했던 몽키스(The Monkees)와 비교하면서 대중문화의 특성을 지적하고 있다. 몽키스는 텔레비전 시리즈물의 공모에 응한 437명의 응모자 중에서 선발된 이전에는 결코 만나보지도 못한 4명으로 구성된 팀으로서 그들의 노래 또한 그들과는 전혀 무관하게 음반사에서 작곡하여 그들에게 주어졌다. 그러나 그들의 노래는 텔레비전을 타고 히트하였다. "몽키스는 결코 미국의 비틀즈가 아니었다. 몽키스는 사업가에 의해 만들어진 생산물이었을 따름이다."30)

엘리트 문화에서는 예술가와 비평가의 관계가 두드러지며 중요하다. 사업가와 수용자도 중요하지만, 이 두 요소는 예술의 내용이나 형식을 통제하지 못한다. 엘리트 문화의 예술들은 일련의 심미적 기준에 의해 형성된다. 그리고 기준들은 비평가들에 의해 지켜진다. 이렇게 세워진 심미적 기준들을 마음속에 간직하면서 예술가들은 자기표현을 최고도로 유지한다.

---

29) 같은 글, p.184.
30) 같은 글, p.185.

전위예술에서처럼 그들은 그 기준을 거부할 수도 있지만, 그 기준들을 모르고 있지는 않다. 오로지 엘리트 문화에서만 '예술을 위한 예술'이란 개념이 의미를 가질 수 있을 것이다.[31]

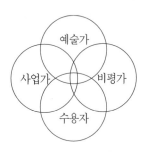

닷슨의 이러한 분류는 문화의 유형에 대한 이해로서 대단히 유익하다. 아울러 그의 논의의 유용성은 포퓰러 컬처와 매스 컬처의 방향성을 구분한 데에 있다. 그에 따르면 예술가와 수용자 사이의 직접적인 접촉 즉 통일성(integration)이 증가하면 수용자는 자신이 소비하는 문화에서 일상 환경을 정확히 파악하고 대처할 수 있게 즉 정향성(orientation)을 갖게 된다. 만약 접촉이 즉 통일성이 감소하게 된다면 수용자는 자신이 소비하는 문화에서 긴장을 해소하거나 문제를 회피하려는 경향 즉 도피성(escape)을 갖게 된다. 물론 포퓰러 컬처와 매스 컬처가 반드시 이렇게 작동한다고 보장할 수는 없지만 일반적인 경향으로 말하자면 "매스 컬처는 도피기능에 더욱 더 기여할 것이고, 포퓰러 컬처는 정향기능을 더욱 높일 것이다."[32]

31) 같은 글, p.186.
32) 같은 글, p.189.

닷슨의 논의에 따르면 앞에서 쉴즈의 논의에 따라 수정했던 우리의 고급문화와 대중문화에 대한 이해를 다시 수정할 수밖에 없다. 쉴즈의 논의와 닷슨의 논의를 결합할 가능성은 여러 가지가 있겠지만 이를 단순하게 평면적으로 연결시킨다면 아래와 같은 도표로 나타낼 수 있을 것이다.

인문성	오락성	
고급	범속	저속
포퓰러		매스

이렇게 본다면 우리가 일반적으로 대중문화라고 부르는 것은 범속문화일 가능성이 높다. 그것은 통일성이 높은 것도 있고 통일성이 낮은 것도 있으며 정향적인 것도 있고 도피적인 것도 있다. 적당한 인문성도 있고 적당한 오락성도 있다. 우리가 대중문화라고 부르는 복합적 문화는 이러한 내용으로 이해될 수 있다. 그러므로 대중문화에서 인문성을 배제하거나 오락성을 배제하는 것은, 또 정향성을 배제하거나 도피성을 배제하는 것은 대중문화의 일면을 보면서 다른 일면을 보지 못하는 잘못에 빠지게 된다. 대중문화의 이해에서 유의해야 지점이 바로 이곳이다.

이제까지 우리는 '문화란 무엇이며 어떻게 작동하는가?'라는 물음에 답하려고 노력해 왔다. 1부의 내용은 그 중에서도 '문화란 무엇인가?'에 주로 초점을 맞추고 있었다. 2부에서도 우리는 문화의 정체와 기능에 대한 물음을 계속하겠지만, 2부에서는 특히 '문화가 어떻게 작동하는가?'에 초점을 맞추어 나가겠다.

생각거리

1. 자신에게 여가시간이 있는가? 여가시간이 있다면 여가시간을 어떤 비율로, 즉 몇 %만큼 원심적으로 몇 %만큼 구심적으로 보내고 있는가? 이러한 비율을 변경해 볼 생각이 있는가? 그렇게 할 생각이 있다면 왜 그렇게 생각하는가?

2. 대중문화의 순기능과 역기능을 자신의 입장에서 검토하는 에세이를 작성해 보자.

3. 대중문화가 인간을 수동적으로 만들고 궁극적으로는 마비시킨다는 비판의 의미를 생각해 보고, 이에 대해 반박해 보자.

4. '문화다원주의'와 '문화제국주의'에 대한 논의들을 조사해 보자.

5. 쉴즈의 문화분류에 대하여 비판해 보자.

6. 우리 주변에서 발견되는 닷슨의 포퓰러 컬처를 찾아서 그 사례의 자세한 내용을 제시해 보자.

읽을거리

강현두 편, 『현대사회와 대중문화』(서울: 나남출판, 1998) 중에서
　　　　　　로웬달, "대중문화론의 역사적 전개"
　　　　　　쉴즈, "대중사회와 문화"
　　　　　　닷슨, "포퓰러 컬처와 매스 컬처의 차이"
갠스 지음/이은호 옮김, 『고급문화와 대중문화』(서울: 현대미학사, 1996)

볼거리

올리버 스톤 감독의 『플래툰』과 코스마토스 감독의 『람보 2』를 비교하여 평가해 보자.

제 2 부

대중문화의 논점들

제 7 장
영화 『매트릭스』

1. 워쇼스키 형제와 『매트릭스』

1장에서 이미 이야기한 것처럼, 이 책이 다루고자 하는 오직 하나의 문제는 문화란 무엇이며 어떻게 작동하는가라는 물음이다. 오늘날 우리가 가지고 있는 문화적 특징은 대중문화이기 때문에 이 물음은 대중문화란 무엇이며 어떻게 작동하는가라는 물음이기도 하다. 1부에서 우리는 문화가 시작된 원시시대로부터 출발하여 20세기 초엽에 이르기까지 인류의 문화가 전개되어 온 길을 따라 걸어보았다. 2부에서는 이렇게 하여 형성된 대중문화가 우리의 삶에서 어떻게 작동하는가를 몇 가지 관점들에서 다루어 보고자 한다.

문화가 어떻게 작동하여 어떤 기능을 수행하는가를 본격적으로

살펴보기에 앞서 우선 이 장에서는 1부에서와 마찬가지로 한 편의 영화를 분석할 것이다. 이렇게 이론적인 논의에 앞서 영화를 분석하는 것은 물론 앞으로 있을 이론적 논의의 예화로 삼기 위해서이다. 현대문화의 여러 논쟁점들과 관련될 예화로 살펴볼 영화는 워쇼스키 형제의 『매트릭스』이다.

영화 『매트릭스』(*Matrix*, 1999)는 현실과 환상의 문제를 다루고 있는데, 이는 대중문화가 꿈의 세계를 소비자들에게 제공하고 있다는 점에서, 대중문화라는 꿈의 세계 내에서 어떤 것이 꿈이고 어떤 것이 현실인가 하는 문제를 다루는 그러한 구조를 가지고 있다. 이러한 구조는 영화 내에서 프랙탈적으로 수없이 사용된다. 구조적으로만 보면 영화 『매트릭스』는 대중문화의 꿈의 세계에 대한 자기비판이 될 수 있음에도 불구하고, 오히려 그러한 꿈의 세계에 대한 열광을 끌어냄으로써, 실제의 현실세계를 오히려 꿈의 세계로 꿈의 세계를 오히려 참된 현실세계인 것처럼 묘사하고 있다. 이러한 구성은 이 영화가 메시아적 이미지를 끌어들임으로써 더욱 강화되고 있다.[1]

이러한 결과는 이 영화가 제작된 과정에서 이미 짐작할 수 있는 일이었기도 하다. 이 영화의 각본과 감독을 맡은 워쇼스키 형제는 둘 다 대학을 중퇴한 경력을 가지고 있으면서 실재에 대한 지각을 주제로 철학

---

1) 이러한 점에 대해서는 『매트릭스』의 내용에 대해 분석하는 3절에서 다시 보게 된다.

적 토론을 즐기며 일본의 만화영화와 중국의 쿵푸영화, 필름 느와르2) 그리고 인터넷의 가상현실에 열중했다. 마침내 그들을 영화에로 본격적으로 이끈 것은 미국의 전설적인 영화제작자인 코어만(Roger Corman)에 관한 책이었다.3)

그들의 배경을 분석해 보면, 짧은 대학생활 때문에 그들은 고급문화적 정향을 받아들일 기회를 별로 갖지 못했을 것이라고 보인다. 게다가 그들은 애초부터 B급 영화를 지향했던 느와르적인 전통에 서 있다. 게다가 코어만 또한 그러한 B급 영화로부터 출발했던 제작자이다. 물론 워쇼스키 형제가 B급 영화를 지향한 것은 아니지만 그들이 영화를 대하는 기본태도에 인문성과 오락성을 조화한다거나 도피성과 정향성을 공존시킨다거나 자기비판적 메시지를 포함하는 등의 관심을 기대하기는 어렵다. 오히려 오락성과 도피성과 모방성이 대중문화에서 무슨 문제가 될 것이냐고 반문할 것이라고 보인다. 실제로도 워쇼스키 형제는 영화적으로 보면 탄탄한 플롯과 다양한 장르 즉 일본 만화영화, 홍콩 쿵푸영화, 네오 느와

---

2) 프랑스의 비평가들이 제2차 세계대전 후에 미국의 극장가에서 흔히 볼 수 있었던 암울한 범죄영화들을 통칭할 때 사용한 이름이다. 초기의 느와르 작품들은 주로 A급 영화와 동시에 상영될 목적으로 만들어진 B급 저예산 영화들로서 예산이나 소재상의 이유로 주로 저녁을 배경으로 촬영되었고 또 전후의 분위기가 허무적이고 퇴폐적이었기 때문에 검은, 어두운, 암울한이라는 뜻을 가지는 느와르(noir)라는 관형어를 가지게 되었다.

3) 그들은 단 세 편의 영화로 명성을 얻었다. 각본을 맡았던 1995년의 『어쌔신』(*Assassin*)은 암살자를 소재로 한 느와르였지만 흥행에서 큰 성공을 거두지 못했다. 이에 그들이 각본은 물론이고 감독까지 맡은 1996년의 『바운드』(*Bound*)는 레즈비언을 소재로 한 네오 느와르로서 좋은 평과 열성 관객을 확보했다. 『바운드』의 성공에 힘입어 만든 만화적인 『매트릭스』로 그들은 영화인으로서의 명성을 굳히게 되었다.

르 등의 결합을 장점으로 하고 있고 『매트릭스』에서는 유대문화와 그리스문화는 물론 다양한 동양문화 그리고 과학기술문화를 버무려놓고 있어 비평가들은 그들의 결합력에 큰 찬사를 보내지만, 그들의 독창성에는 별로 기대를 하고 있지 않다.

『매트릭스』는 그들이 몇 년 동안 다듬고 있었던 시나리오를 성공적인 제작자인 실버(Joel Silver)에게 보여주고 1억 2천만 달러라는 엄청난 제작비 지원을 받아 제작한 작품이다. 실버가 예상했던 대로 『매트릭스』는 상업적으로 큰 성공을 거두었고[4] 또 이에 못지 않은 속편들[5]이 이어지고 있다. 『매트릭스』는 제작자보다 워쇼스키 형제들이 주도한 것으로 알려져 있는데 이는 워쇼스키 형제들이 이미 제작자의 오락성에 대한 요구를 채워주고 있다는 반증이다. 이렇게 보면 『매트릭스』가 모방성과 오락성과 상업성이라는 대중문화의 특징을 전형적으로 보여주고 있는 영화임을 알 수 있다.

2. 영화 『매트릭스』

영화의 배경은 2199년, 인공두뇌를 가진 컴퓨터(AI: Artificial Intelligence)가 세상을 지배하는 세계다. 사람들은 태어나자마자

---

4) 4억 5천 9백만 달러의 흥행수입을 올렸고, 미국에서만 DVD로는 3백만 장 이상이 팔렸으며, 우리나라만 하더라도 6만 장의 DVD가 팔렸다고 한다.
5) *Matrix Reloaded*, *Matrix revolutions*가 2003년 현재 제작 중이다.

인공자궁 안에 갇혀 AI의 생명연장 에너지로 사용되고 뇌세포에는 매트릭스라는 프로그램이 입력된다. 그리하여 모든 인간은 가상현실 속에서 1999년의 어느 날을 살아가고 있다. 가상현실의 꿈에서 깨어난 몇몇 인간들은 매트릭스 밖에서 AI를 벗어날 수 있는 저항을 꿈꾸는데, 그 저항의 주도자가 되도록 운명지어진 사람이 바로 주인공 네오다.6)

---

6) 할리우드의 성공작들, 예컨대 『대부』나 『스타워즈』처럼, 『매트릭스』 또한 일련의 이야기들 중의 한 도막이며, 이야기의 처음이 아니라 중간이다. 이 야기에서 『매트릭스』 이전의 상황은 다음과 같다.

21세기 초, 인류는 드디어 AI(인공지능)를 탄생시키게 되는데, 인류를 돕기 위해 만들어진 AI는 '정체성'을 즉 자기의지를 가지게 되며, '생존 본능'에 따라 스스로 많은 '기계족'들을 생산한다. AI의 세력 확장은 은밀하게 그러나 급속도로 이루어졌고, 자신들의 존재가 위협받고 있다는 것을 뒤늦게 깨달은 인류와 AI 사이에 오로지 생존을 위한 '전쟁'이 발발한다. 인간들은 당시 AI가 전력원으로 의지하고 있던 태양빛을 인공적으로 차단함으로써 기계족들의 작동을 중단시키려 하지만, AI는 이미 전 인류를 압도할 만한 세력으로 커져 있었기에 어렵지 않게 대체 동력원을 찾아내게 된다. 그것은 바로 자신을 탄생시켰으며, 자신을 다시 파괴시키려고 하던 장본인인 인간들이었다. AI는 태양빛의 대체 전력원으로 많은 다른 것들을 생각해 낼 수도 있었을 것이지만, 전력원으로서는 그다지 효율적이라고 볼 수 없는 인간을 군이 선택한 이유는 인간이 오랫동안 기계를 노예로 삼아왔듯 인간을 자신의 완전한 노예로 만들기 위해서였다. 결국, 인간이 오랫동안 기계의 도움을 받아 생활하며 기계와 더불어 '공존'했듯, AI도 인간의 도움을 받아 생명을 유지하며 인간과 더불어 '공존'하게 되는 묘한 상황이 펼쳐지게 된다. AI에 의해 완전히 유린된 인간들은 이제 '고치' 속에 갇힌 채 기계들의 전력원이 되고, 인간들의 죽은 시체는 액화되어 살아 있는 다른 인간들의 영양분으로 '재활용'된다. 이제 인간들은 더 이상 '태어'나지 못하고 기계족들에 의해 '재배'될 뿐이다. 이 질서를 유지함에 있어 AI에게 가장 중요한 것은 인간들이 '깨어나서' 현실을 '자각'하지 못하도록 계속 '잠재우는' 것이다. 그래서 탄생한 것이 바로 '매트릭스'이다. 하지만 첫 번째 매트릭스는 지나치게 완벽한 것이어서, 인간 사회가 필연적으로 가지고 있어야 할 결점

1) 해커 네오

영화[7])가 시작되면 사이퍼라는 동료의 배신으로 트리니티라는 여

들이 전혀 없었던 탓에, 인간들은 자신들이 처한 상황을 의심하게 된다. 결국 첫 번째 매트릭스는 실패로 끝나고, 기계족들의 '수확물들'은 종말을 고하고 만다. AI는 인류가 AI를 탄생시키기 직전의 상황, 문명이 최고도로 발달하여 인류가 자만심으로 가득 차 있던 20세기 후반을 배경으로 하여 새로운 매트릭스를 탄생시킨다. 이 매트릭스는 이전 버전과는 달리 인간 세상의 법칙을 그대로 반영한 '불완전'한 것으로서, 이때서야 비로소 인간들은 가상세계를 '현실'로 인정하고 받아들이게 된다. 인간들은 이 가상공간—'불완전'하기 때문에 '완벽'한—을 이제 절대로 거역할 수 없게 된다. 가끔씩 자신들이 처한 '현실'에 대한 의문을 품고 잠에서 깨어나는 이들이 있기도 하지만, 이들은 깨어나는 즉시 기계족들의 '전력원'으로서의 가치를 상실한 죄로 매트릭스와의 연결에서 제외됨과 동시에 죽음을 맞이하게 된다. 매트릭스가 처음 만들어졌을 때, 그 속에서 자신의 의지에 따라 매트릭스를 거역하고 변형할 수 있는 한 사람인 '그'가 탄생했는데, 그는 여러 사람들을 깨운 뒤 자신들이 처해 있는 현실을 가르쳐주게 된다. 이것이 바로 '인간 반란군'의 기원이다. 인간 반란군들은 기계족들의 눈을 피해 땅 속 깊은 곳에 그들만의 도시 '시온'(Zion)을 건설하여 세력을 키워 나가는데, 지구의 중심에서 가까운 곳이라는 점을 십분 활용, 이곳에서는 '지열'이 주된 에너지원으로 쓰이고 있다. 하지만 시온의 모든 것도 컴퓨터에 의존하고 있다. 기계족들이 시온에 접속하게 되면 시온도 파괴될 운명이다. 여하튼 시온에서는 임무를 띤 여러 척의 호버크래프트들을 현실 세계의 여기저기에 침투시키는데, 그 중 하나가 모피어스 일행이 탄 '느부갓네살'이다. 인간 반란군들은 가상 세계를 부정하고 진실을 받아들일 수 있는 잠재력을 가진 이들을 하나 둘씩 깨워 자신들의 편으로 포섭하게 되는데, 이들의 중심에서 오랫동안 충실한 조언자 역을 해왔던 사람은 특별한 지각 능력을 가진 오라클(예언자)이었다. 그녀는 오래 전 숨을 거두었던 '그'가 돌아올 것을 예언하게 되고, 모피어스와 동료들은 오랫동안 '그'를 찾게 된다. 매트릭스 시간으로 1999년, 실제 시간으로 2199년 무렵, 그들은 드디어 '그'라고 여겨지는 사람을 찾아내고 그와의 접촉을 시도한다.

출전 http://www.nkino.com/NewsnFeatures/article.asp?id=7599

 자저항군 대원이 경찰과 비밀요원에 추적당하는 장면이 나온다. 이 장면에서 트리니티와 비밀요원은 초인간적인 능력을 가진 것으로 묘사되고 트리니티는 전화선을 통하여 매트릭스에서 현실세계로 이동한다.

전설적 해커 모피어스에 대한 기사를 검색하다 잠이 든 네오는 누군가로부터 흰 토끼를 따라가라는 메시지를 받는데, 마침 불법소프트웨어를 사러 온 친구의 여자친구 어깨에서 흰 토끼를 발견하고 락카페에 따라간다. 그곳에서 그는 예전의 유명한 해커 트리니티를 만나 자기가 당국에 의해 감시당하고 있다는 것, 그리고 자기가 찾고 있는 것을 트리니티가 이미 보았으며 자신도 곧 볼 수 있을 것이라는 이야기를 듣는다.

자신의 사무실에서 모피어스로부터 배달된 핸드폰을 받은 네오는 모피어스의 도움을 받아 자신을 체포하러온 경찰과 요원들로부터 탈출하려고 하지만 너무 위험한 탈출로 때문에 탈출을 포기하고 체포된다.

체포된 네오는 요원들로부터 프로그래머 토마스 앤더슨으로서는 미래가 있지만 해커 네오로서는 미래가 없다는 협박을 받는다. 하지만 요원들은 그가 최근에 접  촉한 모피어스가 역사상 인류에게 가장 위험한 인물이라고 하면서 그를 테러범으로 법정에 세우는 데 협조한다면 면죄부를 주겠다는

---

7) 『매트릭스』의 사진들은 http://www.mrx.wo.to에서 옮겨왔다. 시나리오와 많은 사진이 이 사이트에 있다.

제안을 한다. 네오가 이를 거절하자 그들은 네오의 입을 봉하는 초
인간적인 능력을 보이며 추적 장치를 네오에게 삽입하고 그를 풀
어준다.

풀려난 네오는 네오 자신이 바로 '그'라면 자신을 만나자는 모피
어스를 만나기 위해 아담교에서 차를 타고 매트릭스 내의 저항군
아지트로 간다. 트리니티와 그의 동료들은 아지트에 네오를 데려가
기 전에 그에게서 추적 장치를 제거한다.

2) 모피어스의 세례

모피어스는 네오에게 네오의 고통이 현실에 대
한 의심에서 비롯되었으며, 그 현실이 매트릭스이
지만, 이는 설명이 불가능하고 오직 직접 봄으로
써만 이해할 수 있다고 하면서, 그에게 빨간 약과
파란 약을 내보인다. 그리고 파란 약은 기존의 삶
을 계속하게 하며 빨간 약은 놀라운 세상을 여행하게 할 것이라고
설명을 하면서 선택을 요구한다. 네오는 빨간 약을 먹고 매트릭스
의 세계에서 빠져나와 실제 세계에로의 여행을 떠난다.

인체재배공장에서 눈을 뜬 네오가 자신이 재배되고 있는 공장을
보고 놀라고 있는 사이에 감독기계가 와서 잘
못 작동된 네오를 장치들과 분리하여 하수처리
장으로 버린다. 하수처리장에서 허우적거리는
네오를 로봇팔이 끌어올려 저항군들의 전함에
내려놓는다. 재배된 네오를 인간 네오로 바꾸는

의료작업이 이루어진다.

전함의 동료들과 인사를 나눈 네오는 모피어스와 가상현실의 방으로 들어가서, 네오가 살던 곳이 가상의 세계이고 그러한 가상이 얼마든지 가능한 것임을 보게 된다. 그리고 영화의 배경으로 설정된 내용을 듣게 된다. 그는 현실세계로 돌아와 현기증 때문에 구토를 한다.

네오는 이제 가상현실 속에서 여러 가지를 배운다. 가상현실 속에선 마음이 유일한 장애이다. 마음이 모든 것을 정하기 때문이다. 네오는 이제 어떻게 하면 되는지 감을 잡게 된다. 하지만 신경성 통증이 현실에서의 통증이듯이 가상세계에서의 출혈도 현실세계에서의 출혈이 될 수 있고, 마찬가지로 죽음도 죽음이 될 수 있다. 매트릭스 내에서는 누구나 요원이 될 수 있다. 요원이란 매트릭스의 조정자가 만든 프로그램이기 때문이다.

그 사이 하수처리장을 검색하던 저항군 색출 로봇이 나타나고

전함을 이를 피하여 하수도 속을 헤맨다. 공격할 준비를 하지만 탐색되지 않고 지나간다. 사이퍼는 네오에게 파란 약을 먹을 것을 그랬다는 푸념을 한다. 사이퍼는 매트릭스 내로 들어가서 맛난 음식을 먹으며 요원과 협상을 한다. 매트릭스 내에서 출세하고 부자인 인기배우가 되도록 해주는 대신 저항군의 본거지인 시온에의 접속코드를 알고 있는 모피어스를 넘겨주기로 한다.

네오는 대원들과 함께 예언자를 만나러 매트릭스 내로 들어간다. 우선 매트릭스 내의 아지트를 거쳐 예언자의 집으로 간다. 이동 중에 트리니티가 네오를 사랑할 것이라는 예언을 들었다는 암시를

받는다. 예언자의 집에서 다시 스푼을 휘는 장난을 하는 어린이에게서 마음이 모든 것이라는 가르침을 받는다. 예언자를 만나서는 꽃병을 깨는 것으로 다시 마음이 모든 것이라는 가르침을 받는다. 이와 더불어 소크라테스의 '너 자신을 알라'는 이야기도 듣게 된다. 그리고 네오가 '그'가 아니라는 말과 더불어 그를 '그'라고 생각하는 모피어스와 네오 둘 중의 한 사람은 죽어야 한다는 이야기도 듣는다.

3) 위기와 기회

사이퍼의 신호를 받은 요원들은 예언자의 집에서 아지트로 돌아온 대원들을 습격한다. 결과적으로 한 대원은 숨지고, 모피어스는 사로잡힌다. 사이퍼는 낙오하는 척하면서 먼저 전함으로 돌아와 전함에 있던 다른 두 대원을 죽이고, 트리니티에게 그녀를 사랑했지만 이제 배반하여 실제 세계의 열악한 자유보다 매트릭스의 행복한 구속을 편들기로 했다고 고백하며, 다른 두 대원의 플러그를 뽑아 살해한다. 그리고 트리니티에게 네오를 믿느냐고 묻는다. 트리니티가 믿는다고 답하는 순간 죽은 줄 알았던 전함의 한 대원이 일어나 사이퍼를 죽인다.

사로잡힌 모피어스의 의지가 요원들의 약물과 유혹에 서서히 파괴되는 것을 보면서 대원들은 모피어스가 곧 시온 접속코드를 이야기하게 될 것이라고 생각한다. 상처 입은 대원이 모피어스가 이를 누설하기 전에 플러그를 뽑아 그를 죽이자는 주장을 하고 트리니티도 동의한다. 하지만 여기에서 네오는 자신이 '그'가 아니라는 것을 밝히면서, 모피어스가 자신이 믿는 것을 위해 목숨을 내어놓았듯이 자신도 모피어스를 구할 수 있다는 자신의 믿음을 위해 목숨을 걸겠다고 선언한다.

요원들의 건물에 도착한 네오와 트리니
티는 초인간적인 능력을 발휘하여 경비원
과 특공대원들을 죽이고 건물옥상에 접근
한다. 여기서 요원들과 초인간적인 결투
를 벌여 헬리콥터를 탈취하여 취조실 옆 공중에 헬기를 세우고 취조실을 공격하여 모피어스를 구해 내지만 헬기의 폭발 속에 초인간적인 동작으로 다른 건물의 옥상에 내리는 데 성공한다. 모피어스와 트리니티와 상처 입은 대원은 네오가 '그'임을 믿고 모피어스는 예언자가 필요한 말을 했을 뿐이며 아는 것과 행하는 것은 다르다고 지적한다.

지하철역에서 전함으로 돌아가려던 일행 중 모피어스와 트리니티는 돌아가고 네오는 요원과 맞붙게 된다. 하지만 모피어스까지도 이겼던 요원을 네오가 이기기는 역부족이다. 하지만 초인적인 힘을 발휘하여 요원을 떨치고 달아난다. 그 사이 하수처리장에 저항군 색출 로봇이 나타나 전함으로 다가온다. 전함이 로봇을 공격하면 매트릭스에 나가있는 사람은 귀환할 수 없어 공격을 미루고 네오의 귀환을 기다린다. 도망친 네오는

거리를 지나 영화의 첫 장면이었던 장소로 찾아간다. 하지만 기다리고 있던 요원의 총알을 맞고 쓰러진다.

매트릭스 내의 네오의 죽음과 더불어 전함의 네오도 죽는다. 이때 트리니티가 자신의 사랑을 고백하며 키스한다.

그 순간 네오는 깨어나면서 매트릭스를 숫자들의 행렬로 바라보기 시작한다. 날아오는 총알을 멈추게 하고 요원의 몸 속으로 스며들어 해체해 버린다. 전함 내부까지 침투한 로봇을 전함이 공격하는 순간 네오는 전함으로 돌아온다. 네오는 전화로 컴퓨터를 정지시키며 기계들에게 전쟁을 선포한다. 전쟁을 선포한 네오는 하늘로 날아오른다.

3. 실재에서 가상으로

영화 『매트릭스』는 '너희가 현실로 여기는 모든 것은 화려한 가상에 불과하다. 너희가 진리로 여기는 모든 것은 달콤한 환상에 불과하다. 진리는 소박하고 쓰디쓴 것이지만 진정한 것이고 자유로운 것이다'라고 선포한다. 그리고 '영화 『매트릭스』는 진리의 편에 서 있다'라는 메시지를 화면의 전개를 통해 슬그머니 집어넣는다. 영화는 비밀요원의 시각이 아니라 저항군 대원의 시각에서 늘 전개된다. 하지만 『매트릭스』가 가상이고 환상이라고 이름하는 것은 규칙을 지키고 땀 흘려 일하는 토마스 앤더슨의 삶이며, 진리와 자유라고 이름하는 것은 불법적인 일로 거금을 버는 해커 네오의 삶이다. 『매트릭스』는 잘 해야 토마스 앤

더슨의 도피적인 삶이며, 나쁘게 보면 해커 네오의 정향8)적인 삶
이다.

1) 네오와 예수

하지만 『매트릭스』의 감독은 자신들의 주장의 진면목을 숨기고
관중들에게 자신들의 메시지를 설득하기 위하여 여러 가지 전술을
구사하고 있는데, 그 중에서 가장 효과적인 전술은 네오의 이야기
를 구세주 예수의 이야기와 유사하게 만든 것이다. 이러한 유사성
을 영화 곳곳에 배치함으로써 기독교적인 관중들로 하여금 스스로
이 영화의 메시지를 받아들이도록 유도하고 있다. 『매트릭스』가
아랍권에서는 부정적인 평가를 받았던 이유도 바로 이러한 유사성
이 아랍사람들의 반감을 일으켰기 때문이다. 무엇인가 석연치 않은
'네오'와 '예수'의 닮은꼴을 『매트릭스』의 출시 후에 많은 사람들이
지적하고 있다.9) 그 중에서 몇 가지를 살펴보자.

우선 태어남과 관련하여, 매트릭스에서 실제세계로 가기 위해서
는 빨간약을 먹어야만 한다. 이것은 하나의
결단, 모험에의 결단이다. 태어나기 위해서는
이 결단이 필요하다. 예수가 태어나기 위해서
도 이런 결단이 필요했다. 이는 "이 몸은 주
님의 종입니다. 지금 말씀대로 저에게 이루어
지기를 바랍니다"(루가 1:38)라고 한 마리아와 결의와 같은 것이

---

8) '도피'와 '정향'에 대해서는 5장을 참조하라.

9) 다음 사이트를 참조하라. http://awesomehouse.com/matrix/parallels.html

다.10)

특히 이런 닮은꼴이 감독에 의해서 일부러 의도되었다는 것을 직접 확인할 수 있는 곳이 『매트릭스』에 등장하는 많은 이름들이다. 저항군의 거점인 '시온'은 예수의 선조이자 유대의 황금시기를 장식한 다윗과 솔로몬이 거주했던 예루살렘의 언덕을 가리킨다. 『매트릭스』에서는 지구 깊숙한 어떤 곳으로 실제 인간이 살고 있는 마지막 인간의 도시이자 인간이 돌아갈 약속의 도시이다. 바빌론 유수 시에도 돌아갈 곳은 시온이었고 19세기에도 러시아에서 돌아갈 곳은 시온이었다.11)

시온에서 파견된 전함의 이름은 '느부갓네살'(Nebuchadnezzar) 이다. 느부갓네살은 바빌론유수라는 사건을 일으킨 신바빌로니아의 왕인데 그는 유다왕국에 침입하여 왕국을 점령하고 유대지도층들을 바빌론으로 데려  갔다. 유대인들은 이 사건을 자신들의 지도 자들이 여호와의 말씀을 제대로 따르지 않 은 벌로서 주어진 것으로 보고 도덕적 회개의 기회로 이해하였으며, 그의 치하에서 구약성경을 정리하는 등 정신적 회복의 기회로 삼았다. 『매트릭스』에서는 AI를 만든 인간의 오만이 인간의 멸망을 가져온 것으로 되어 있는데, 네오가 진리를 익히고 미래를 준비

---

10) 어떤 이들은 태어남과 관련하여 동정생식을 유사성으로 들고 있으나 이러한 결단이 전체적인 맥락에서 보아 더 중요하다고 보인다.

11) 이 운동은 시오니즘(Zionism)이라고 부른다. 19세기에는 주로 동유럽에서 팔레스타인으로 이주하였으나 20세기에는 유럽 전역에서 이주하여 결국 1948년 이스라엘을 건국하였다.

하는 장소로 느부갓네살호가 이용되고 있다.

네오는 두 이름을 가지고 있는데, 공식적인 이름은 토마스 앤더 슨(Thomas Anderson)이다. 이름 토마스는 예수의 부활을 의심하는 토마(요한 20:25)로부터 온 것이며, 성 앤더슨은 사람을 의미하는 그리스어 어근 안드로스(andros)12)와 아들(son)의 결합어로서

사람의 아들이라는 의미를 가지게 되는데, 이는 곧 예수를 가리키는 말이기도 하다. 이렇게 보면 토마스 앤더슨은 의심하는 사람의 아들이라는 뜻이 된다. 『매 트릭스』의 네오에 어울리는 이름이다. 예수를 달리 말할 때 새로운 아담(new Adam)이라고 말하기도 하는데, 모피어스가 네오와 만나자고 한 다리 이름이 아담이다. 네오(Neo)는 새롭다(new)는 뜻이므로 아담교의 네오는 새로운 아담이 된다.

여자주인공의 이름은 트리니티(Trinity)인데 이를 사전에 찾아보면 삼위일체의 하느님을 뜻한다. 막달라 마리아처럼 죽은 네오를

그리고 부활한 네오를 가장 먼저 만나는 사람이다. 배반자의 이름은 사이퍼(Cypher)인데 이는 암호 내지 암호를 푸는 열쇠라는 뜻이다. 사이퍼는 매트릭스를 붕괴시키는 열쇠이다. 그의 배반 없이 네오는 결코 '그'

가 될 수 없었을 것이기 때문이다. 이는 유다 없이는 예수가 그리스도 즉 구세주로서 완성될 수 없었던 것과 같다. 사이퍼나 유다나

---

12) androcentrism은 남성중심주의, android는 인간모습을 한 로봇을 가리킨다.

대가를 받고 배반했다는 점도 동일하다.

이름과 달리 역할이나 구조에서도 많은 닮은꼴을 찾아볼 수 있다. 예수를 그리스도에의 길로 이끈 이는 세례자 요한이었다. 『매트릭스』에서는 모피어스(Morpheus)가 그 역할을 담당하고 있다. 예수가 올 것이라는 예언이 있었듯이, '그'가 올 것이라는 예언이 또한 있다. 예수의 제자 중에, 네오의 동료 중에 형제가 있다. 네오도 예수와 같이 죽임을 당하고, 부활하고, 부활 후에는 큰 힘을 가지게 되며, 빛으로 나타나게 되고, 승천한다. 예수의 죽음은 인류를 구하고자 하는 결단이었다. 마찬가지로 모피어스를 구하고자 자신의 죽음을 선택[13]하는 네오의 결단은 모피어스의 생사에 시온의 생사가 걸려 있었기에 또한 자신의 죽음으로 인류를 구하고자 하는 결단이 된다.

이러한 워쇼스키 형제의 생각은 해커 네오가 불법소프트웨어를 판매하는 장면에서 여과 없이 그대로 드러난다. 불법소프트웨어를 얻은 친구의 대사는 이렇다. "할렐루야! 당신은 정말 나의 구세주야. 내 자신의 개인적 예수 그리스도."(Hallelujah! You're my savior, man. My own personal Jesus Christ.)

하지만 이러한 외양적인 유사성에도 불구하고 예수와 네오의 유사성이 석연치 않다고 느껴지는 것은 무엇 때문인가? 그것은 외양적인 유사성이 있을 뿐 본질적인 유사성이 없기 때문이다. 예수의 삶에는 사랑이 있고 평화가 있다. 네오의 삶에는 사랑이 없고 폭력이 난무한다. 이러한 본질적인 차별성이 현란한 화면과 교묘한 구

---

13) 왜냐하면 예언자의 예언 중에 둘 중의 어느 하나는 죽어야 한다고 이미 말했기 때문에.

성 뒤에 숨겨져 있기 때문에 무엇인가가 유사하
다고 느끼면서 또한 동시에 무엇인가가 다르다
고 느끼게 되는 것이다. 폭력으로 이상을 구현
하려는 네오는 예수와 닮은꼴이 아니라 레닌과
닮은꼴이다. 이러한 상황은 『매트릭스』가 자신
의 메시지를 받아들이도록 하기 위해 제기하는 철학적 논의에서도
거의 마찬가지이다.

2) 네오와 소크라테스 그리고 …

『매트릭스』의 감독이 구사하고 있는 다른 전술은 세례자 요한의
역할을 하는 모피어스의 이름에서 드러난다. 모피어스(Morpheus)
는 그리스 신화에서 잠의 신 히프노스(Hypnos)의 아들로서 꿈을
관장하는 신이다. 감독은 우리가 실재라고 부르는 것 그것이 가상
이며 우리가 환상이라고 부르는 것 그것이 실재라는 점을 설득하
고 싶어한다. 비록 이렇게까지 설득할 수 없더라도 실재와 환상이
동등하다고 설득하고자 한다. 그것도 아니 된다면 실재와 환상 사
이에 차이가 있다고 하더라도 대단한 것이 아니라는 점을 최소한
설득하고자 한다. 왜냐하면 꿈의 세계를 만드는 것이 대중문화의
과제인 까닭에 대중문화 작가로서 최소한 이러한 지점을 확보해야
하기 때문이다. 이러한 설득의 실마리로 이용하고 있는 것이 바로
꿈이다.

이러한 꿈 이야기로 유명한 것은 장자(莊子, BC 365~293)의
호접몽(胡蝶夢)이다.

언젠가 내가 꿈에 나비가 되었다. 훨훨
나는 나비였다. 내 스스로 기분이 매우
좋아 내가 장주인 것을 알지 못했다. 갑
작스레 잠을 깨니 틀림없이 예전의 장주
였다. 장주인 내가 꿈에 나비가 된 꿈을
꾸었는지, 나비인 내가 장주가 된 꿈을 꾸었는지 알지 못했다.
사람과 나비 사이에는 반드시 구별이 있다. 이것이 이른바 만
물의 변화인 것이다.14)

이 이야기는 어떤 이유로든 많은 사람들을 매
료시켜서 장자의 책『장자』에서 가장 자주 인용
되는 구절 중의 하나가 되었다. 감독도 바로 이
를 인용하고 있다. 매트릭스에서 빠져나가기 위
해 빨간 약을 먹고 매트릭스와 실제 사이에 서 있는 네오에게 모
피어스15)가 이렇게 말한다.

네가 실제라고 확신한 진짜 같은 꿈을 꿔본 적 있나?
그런 꿈에서 네가 깨어나지 못한다면 어떻게 될까?
꿈의 세계와 실제 세계를 너는 어떻게 구분하지?16)

---

14) 昔者莊周夢爲胡蝶, 栩栩然胡蝶也, 自喩適志與! 不知周也. 俄然覺,
則蘧蘧然周也. 不知周之夢爲胡蝶,胡蝶之夢爲周與? 周與胡蝶,則必
有分矣. 此之謂物化.『莊子』齊物論.

15) Heteropterus Morpheus는 Lagre Checkered Skipper라는 나비이다. 그러므
로 모피어스가 네오에게 묻는 것은 또한 나비가 네오에게 묻는 셈이 된다.

16) Have you ever had a dream, Neo, that you were so sure was real? What
if you were unable to wake from dream? How would you know the
difference between the dream world and the real world?

하지만 감독은 장자처럼 꿈만 가지고서 설득하지는 않는다. 감독은 과학의 힘을 빌려 관객을 설득한다.[17]

> 실제가 아닌가요?
> 실제가 뭔데? 실제를 어떻게 정의할 수 있을까?
> 촉각이나 후각, 미각, 시각을 뜻하는 거라면 실제란 두뇌가 해석하는 전자 신호에 불과해.[18]

이렇게 현실과 환상을 흔들어놓은 감독은 이러한 현실과 환상의 '혼돈'을 '전도'로 바꾸기 위하여 이번에는 기독교적인 전통과 함께 서양의 정신세계를 양분하고 있는 그리스적인 전통을 끌어들인다. 세례자 요한의 역할을 하는 모피어스의 이름을 그리스신화에서 가져왔다는 것은 이미 지적하였다. 이렇게 함으로써 감독은 유대적 전통과 그리스적 전통을 연결시키고자 한다. 이러한 그리스 전통의 대표자는 소크라테스이다. 널리 알려진 것처럼 소크라테스는 델포

---

17) 실제 영화에서는 구현되지 않았지만 1996년 4월 8일판 영문판 시나리오에는 모피어스가 네오에게 가상현실에 대하여 묻고 답하는 부분이 있다.

모피어스 : 가상현실이 뭔지 설명을 해보게.

네오 : 본질적으로 그것은 여러 도구들, 그러니까 헬멧, 안경, 장갑, 신발 등, 사람이 컴퓨터 프로그램 안에 있다고 느끼도록 만드는 많은 것들을 사용하는 하드웨어 시스템이죠.

모피어스 : 네가 말한 대로 가상현실 장치가 너의 모든 감각을 휘감고 감각을 완벽하게 통제한다면 네가 가상세계와 실제세계를 구분할 수 있겠니?

네오 : 할 수 없을걸요. 안 되죠.

18) This … this isn't real? What is real, How do you define real? If you are talking about what you can feel, what you can smell, what you can taste and see, then real is simply electrical signals interpreted by your brain.

이 신전의 현관 기둥에 새겨졌던 말 '너
자신을 알라'를 자신의 모토로 하였다.

감독은 '그'가 올 것이라는 예언을 한
사람의 이름을 오라클(Oracle) 즉 신전
의 무녀 내지 무녀가 전하는 신탁으로 하였다. 소크라테스에게 주
어진 신탁은 자신이 무지하다는 것을 아는 유일한 인물이기에 '가

장 현명한 자'였다고 한다.19) 네오가 오라클을 만
났을 때, 오라클은 라틴어로 '너 자신을 알라'라고
적힌 현판을 보여준다. 영화 전체로 보면 구세주
인 것처럼 이야기하던 감독이 여기서는 스승처럼
'너 자신이 모르고 있다는 것을 알라'고 가르친다.
너 자신이 현실이 현실이 아니라는 것을 모르고 있다는 것을 알라
고 미소한다.

하지만 감독은 이것으로도 불안했던 것 같다. 네오가 오라클을
만나기 위해 기다리고 있을 때 몇 사람의 소년소녀를 만나게 되는
데 한 소년은 한자로 된 책을 들고 있고 다른 소년은 승복을 입고
서 스푼을 휘는 놀이를 하고 있다. 유대전통에 그리스전통 그리고

---

19) 델피의 신전에서 무녀가 소크라테스에게 전해 준 신탁은 그가 그리스에서
가장 현명한 사람이라는 것이었다. 소크라테스는 그것을 무시하지도 글자
그대로 받아들이지도 않았다. 원래 신탁은 수수께끼처럼 주어지는 것이었기
때문에 소크라테스는 이를 숙고한 다음 자신의 탐구의 출발점으로 삼았다.
그는 신탁이 맞는지 틀리는지를 검증하기 위하여 거리로 나가 현명하게 보
이는 사람들에게 간단한 질문을 하였다. 덕이란 무엇인가? 덕은 가르쳐질
수 있는가? 신은 공정한가? 진리를 어떻게 아는가? 소크라테스는 자기가
제일 현명하다는 것을 확인하지는 못했지만 많은 사람들이 자기보다 바보
스럽다는 것은 확인할 수 있었다.

이제는 중국과 인도의 전통까지 연결시켜 자신의 주장을 굳건히 하려고 한다. 그 소년은 선문답처럼 이야기한다.

숟갈을 구부리려고 하지 말아요. 그것은 가능하지 않습니다.
그 대신, 진실을 실현하려고만 하세요.
무슨 진실?
숟갈은 없다는 진실.
숟갈이 없어요?
그러면 당신은 구부러지는 것이 숟갈이 아니라 바로 자신임
을 알게 될 거예요.[20]

감독은 장자의 호접몽만 인용하는 것이 아니라 원효(元曉, 617 ~686)의 일체유심조(一切唯心造) 사상 즉 모든 것이 마음이 만드는 것이라는 통찰 또한 인용하고 있다. 이러한 불교적 권위의 인용은 '그'의 환생에 대한 이야기에도 적용된다. '그'는 돌아오기로 예언된 자이다. 달라이 라마가 그러하듯이, 그
리고 그가 와서 할 일이나 달라이 라마가 와서 할 일이나 별로 다르지 않다. 그것은 바로 인간을 미몽에서 해방시키는 것 그것이다.
네오는, 그래서 『매트릭스』는, 신탁으로 예언되고 달라이 라마처럼 환생한 존재이자, 누구보다 현명하며 마음으로 모든 것을 다스리는 존재이다. 이 존재의 궁극적인 목적은 현실처럼 보이는 매

---

20) Don't try and bend the spoon. that's impossible. Instead, only try to realize the truth. What truth. There is no spoon. There is no spoon? Then you'll see that it is not the spoon that bends, it is only yourself.

트릭스를 움직이고 있는 자와의 전쟁을 끝내고 자유를 주는 것이다. 매트릭스를 움직이는 자는 누구이며 자유를 주는 자는 누구인가? 매트릭스를 움직이는 자는 물질굴뚝산업이며 자유를 주는 자는 문화오락산업이다. 그러므로 너는 물질을 섬기지 말고 문화를 섬겨라, 굴뚝에 애쓰지 말고 오락에 힘써라. 이것이 『매트릭스』의 메시지이다.

네오와 예수의 유사성이 석연치 않았던 것처럼 네오와 동서의 현인들과의 유사성도 석연치 않다. 소크라테스는 자신의 무지를 깨달았던 사람으로서 그의 제자 플라톤과 달리 진실을 안다고는 생각하지 않았던 사람이다. 지적 겸손 그것이 그의 지혜였다. 장자는 나비라는 껍데기와 장자라는 껍데기 속에 있는 '자연'을 보았다. 껍데기를 벗어버리면 나비와 장자는 구분되지 않는다. 원효는 무애 (無碍) 즉 거리낌이 없는 삶을 지향했다. 마음이 만드는 시시비비를 버리는 삶을 지향했다. 달라이 라마는 부주의한 육체와 말과 마음을 경계하며 이들을 길들이기를 게을리 해서는 아니 된다고 했다. 네오의 마지막 대사를 보자.

나는 네가 두려워하는 것을 알고 있다. 너는 우리를 두려워 해. 너는 변화를 두려워 해. 나도 미래를 몰라. 내가 여기 온 것은 어떻게 일이 끝날지 말해 주기 위해서가 아냐. 내가 여기 온 것은 어떻게 일이 시작될지를 말해 주기 위해서야. 나는 이 전화를 끊고 너희들이 사람들이 보지 말았으면 하는 것을 사람들에게 보여주려고 해. 나는 너희가 없는 세상을 보여주려고 해. 규칙도 통제도 없는 세계, 경계선과 한계선도 없는 세계, 무엇이든지 가능한 세계.

율법을 폐지하러 온 것이 아니라 완성시키려 왔다는 예수의 이야기를 흉내내고 있지만, 내용은 전혀 다르다. 평화가 아니라 두려움, 사랑이 아니라 증오. 무엇이든지 가능하다는 자만, 인간과 기계를 가르는 철저한 시시비비,21) 규칙도 통제도 경계선도 한계

선도 없는 절제 없는 삶, 이러한 것들이 네오의 이상이기 때문에 네오에게서 우리는 달라이 라마가 아니라 모택동의 그림자를 보게 된다.

4. 워쇼스키 형제의 『매트릭스』

워쇼스키 형제는 성공했는가? 사실 자연인 워쇼스키 형제는 이러한 맥락에서는 별로 의미가 없다. 그들의 개인적인 기여를 무시할 수 없겠지만, 이 성공은 한 대중문화 작가가 현실 세계에 상륙하여 꿈의 세계의 교두보를 확보했는가의 문제이다. 네오가 만났던 어린 승려처럼, 『매트릭스』는 승복을 입고 있다. 하지만 그 승복 속에 들어 있는 것은 세속의 때에 찌든 내복이다. 이제까지 군복

---

21) 『불을 찾아서』에서 네안데르탈인이 크로마뇽인을 공격하였지만 실제는 이와 반대였을 것이라는 학설이 있듯이, 『매트릭스』에서 기계가 인간을 지배하고 있지만 이와 반대되는 이야기가 불가능한 것도 아니다. 인공지능을 다루고 있는 다른 영화 스필버그(Steven Spielberg) 감독의 『AI』는 『매트릭스』와 대비된다.

중에서 가장 멋있게 디자인되었던 것이 나치의 군복이었다고 하지 않는가? 『매트릭스』는 멋있는 외양으로 자신을 감추고 교두보를 확보하는 데에 성공했다.

오늘날 대중문화의 문제는 바로 이와 같은 것이다. 거부하려고 해도 거부할 수 없는 매력을 가진 것이 오늘날의 대중문화이다. 대중문화가 대중문화가 아닌 것처럼 행세할 줄도 아는 것이 오늘날의 대중문화이다.[22] 우리가 눈여겨보지 않는다면 무엇이 진실이지 무엇이 거짓인지 구분하기가 어렵다. 진실 같은 거짓이 진실인체 하며 진짜 진실을 질식시키고 있기 때문이다. 이러한 거짓으로부터 자유롭기 위해서 우선 하여야 할 일은 구심적 여가를 가지는 것이다. 모피어스는 "언제나 우리는 시간이 없다"(Time is always against us)라고 말한다. 아니다. 시간은 언제나 우리의 편이다. 자신이 어떻게 조작당하고 있는지 들여다볼 시간이 필요하다. 이 책의 나머지에서 우리는 이러한 시간을 가지고자 한다.

---

22) 예컨대 "꼭 011이 아니어도 좋습니다"라는 카피는 광고로서의 성격을 포기한 것처럼 보이기까지 한다.

생각거리

1. 우리가 '현실'과 '환상'을 구분할 수 없는 경우들을 들고, 그러한 경우에 현실의 현실성을 확보할 수 있는 어떤 방안들이 있는지 토론해 보자.

2. 『매트릭스』에서 사이퍼는 자기가 매트릭스에 돌아가 되고 싶은 사람으로 돈이 많고 중요한 사람, 예컨대 '배우'를 들고 있다. 이러한 대사가 『매트릭스』에서 보이는 자기비판이라고 볼 수 있겠는가? 있다면 그 이유는, 없다면 그 이유는 또 무엇인가?

3. 워쇼스키 형제가 『매트릭스』에서 이용하고 있는 고전적인 문학작품들을 찾아보고 원본을 어떻게 변형하고 있는지 검토해 보자.

4. 가상현실에 대하여 조사해 보자.

5. 『매트릭스』에서는 매트릭스에서 실제세계로의 전환을 불신의 삶에서 신앙의 삶에로의 전환처럼 묘사하고 있다. 매트릭스의 이러한 서술이 신앙생활을 이해하는 데 긍정적인 도움을 줄 것인지 부정적인 피해를 줄 것인지 검토해 보자.

6. 『매트릭스』에서 반대중문화적 요소를 찾아 나열해 보자.

읽을거리

김교빈, 『한국철학에세이』(서울: 동녘, 2003)

김교빈, 『동양철학에세이』(서울: 동녘, 1993)

히로 사치야 지음/양윤옥 옮김, 『차나 한잔 들고 가시게』(서울: 창해, 2001)

볼거리

1. 워쇼스키 형제의 영화들을 감상해 보자.

   워쇼스키, 『매트릭스』(*Matrix*, 1999 미국)

   워쇼스키 『바운드』(*Bound*, 1996 미국)

   도너, 『어쌔신』(*Assassins*, 1995 미국)

2. 스필버그의 『AI』와 워쇼스키 형제의 『매트릭스』를 비교해 보자.

제 8 장

대중문화의 이데올로기와 신화

1. 이데아와 이데올로기

인간의 의식상태에 대하여 이야기할 때 우리는 두 관점에서 접근할 수 있다. 하나는 이데아(idea)적 관점이고 다른 하나는 이데올로기(ideology)적 관점이다. 이데아적 관점은 인간의 의식상태를 의식상태 외의 어떠한 것과 상관없이 의식상태 그 자체만으로 접근하는 방식이고, 이데올로기적 관점은 인간의 의식상태를 인간을 에워싸고 있는 문화와 자연과의 관계에서 접근하는 방식이다.[1)

---

1) 이데아적 관점을 주창한 대표적인 인물로는 소크라테스의 제자인 그리스의 고대철학자 플라톤을 들 수 있고, 이데올로기적 관점을 주창한 대표적인 인물로는 2절에서 다루는 마르크스를 들 수 있지만, 이 두 관점을 포괄하면

예를 들어 10진법에서 9 + 1 = 10이라고 계산하거나 16진법에서 9 + 1 = A라고 계산하거나간에 9라는 숫자에 1을 '더한다'라는 것에는 차이가 없다. 하지만 더한 것을 '표시한다'고 할 때 표시하는 데에는 차이가 있다. 차이가 없을 경우에는 이데아적인 접근을 해도 무방하다. 왜냐하면 그 일이 문화나 자연과 관계가 없거나 사람들이 동일한 문화나 자연을 가진 경우일 것이기 때문이다. 하지만 그렇지 않을 경우에는 이데올로기적인 접근을 해야만 한다.

단일한 지역, 단일한 문화 속에서 살았던 사람들에게는 이데아적인 접근법으로도 인간의 의식을 이해하는 데에 별 문제가 없었다. 하지만 서로 다른 사회가 접촉을 가지게 되었을 때 이데올로기적인 접근법 없이는 서로를 이해할 수 없게 되었다. 2장에서 예를 들었던 그리스인들과 인도인들의 장례방식의 차이는 이데올로기적인 접근법 없이는 결코 이해될 수 없다. 옷을 입고 사는 사람이 옷을 벗고 사는 사람을 이해하기 위해서는 벗고 사는 사람의 문화와 자연을 고려해야 한다.

이처럼 이데올로기라는 말은 인간의 의식이 사회와 자연으로부터 형성된다는 의미를 담고 있으며, 또 그러한 방식으로 형성된 인간의 의식상태를 가리킨다. 대중문화도 문화의 한 부분이기 때문에 그 나름의 방식으로 우리의 의식을 형성시킨다. 대중문화에서 이데올로기의 문제는 대중문화가 이렇게 형성시키는 우리의 의식이 올

서도 이데올로기적 관점을 다루는 이로 독일의 사회학자 만하임(Karl Mannheim, 1893~1947)을 들 수 있다.

바른 것이냐 아니면 올바르지 못한 것이냐의 문제이다.

『매트릭스』는 우리의 의식을 어떤 방향으로 형성시켰을까? 어떤 이데올로기를 우리에게 부어주었을까? 그것은 올바른 것인가 아니며 그른 것인가? 이러한 물음에 답하기에 우리는 아직 너무 이르다. 그 전에 우리는 이데올로기에 대해서 좀더 알 필요가 있다. 우선 이데올로기라는 말을 사용하는 방식에 두 가지가 있다.

그 하나는 이데올로기를 허위의식(false consciousness)이라고 보는 것이다. 허위의식이란 틀린 생각이라는 뜻이다. 우리가 틀린 생각을 갖게 되는 경우는, 우리가 사물을 잘못 보거나, 우리가 사물을 잘못 보도록 누가 유도했을 경우이다. 이렇게 두 경우가 있기 때문에 치료책도 각각 다른데, 전자의 경우에는 잘못된 시각을 의식하지 못한 까닭에 사물을 잘못 보고 있으므로 잘못된 시각을 교정해야 하며, 후자의 경우에는 자신을 오도하고 있는 타자의 정체를 파악하고 그 영향력으로부터 벗어나야 한다.

다른 하나는 이데올로기를 풍속(manners and customs)이라고 보는 것이다. 헤로도토스의 시대에 그리스인들과 인도인들의 장례 습관이 다른 것은 그들이 장례에 대하여 각자 다른 이데올로기를 가지고 있었기 때문이다. 사회주의 사회와 자본주의 사회의 사람들이 돈에 대하여 각각 다른 생각을 가지는 것도 마찬가지이다. 이들이 서로 관여하지 않는다면 이러한 이데올로기는 별 문제가 될 것이 없지만, 서로 관여해야 할 상황이라면 상호적인 인내와 수용의 길을 모색하여야 한다.

대중문화와 관련하여 이데올로기를 이야기할 때 그 이데올로기는 대개 허위의식으로서의 이데올로기이다. 대중문화와 관련하여 생산자나 소비자가 세계에 대하여 잘못된 생각을 가진다는 것이 대중문화 비판자들의 일반적인 태도이다. 이러한 비판은 이데올로기라는 말[2])에 오늘날과 같은 의미를 부여했던 마르크스의 이데올로기 비판에서부터 비롯된다.

2. 마르크스의 이데올로기 비판

마르크스(Karl Marx, 1818~83)는 잘 알려져 있는 것처럼, 헤겔 철학을 전도된 철학이라고 비판하면서, 세계의 근본적인 원리를 관념이 아니라 물질이라고 본 독일의 철학자이다. 그의 생존 연대는 문명에 대한 비판을 전개했던 아놀드와 비슷한데[3]) 그 당시의 시민사회에 대하여 아놀드와 비슷한 느낌을 가졌으리라는 것을 쉽게 짐작할 수 있다. 하지만 그는 아놀드와는

---

2) 이데올로기라는 말은 처음 사용한 사람은 드 트라시(Antoine Destutt de Tracy, 1754~1836)이다. 프랑스혁명 직후 그는 계몽주의 이념을 확산하기 위해 혁명평의회가 설립한 프랑스학술원의 책임을 맡은 철학자 중의 한 사람이었다. 그는 관념들에 대한 체계적인 과학(a systematic science of ideas)을 이데올로기 즉 이데아의 학(idea + logos = ideology)이라고 이름지었다. 오늘날의 의미에서 보면 '관념학'이라고 번역할 수 있다. 맥럴런 지음/구승회 옮김, 『이데올로기』(서울: 이후, 2002), pp.21~22.

3) 3장 3절 참조.

다른 방향으로 나아갔는데 그것은 일반적으로 시민들이 허위의식에 빠져 있다는 비판이었다. 마르크스는 『독일 이데올로기』(1845)에서 다음과 같이 말하고 있다.

> 하늘에서 땅으로 내려오는 독일철학과 정반대로 우리는 땅에서 하늘로 올라간다. 즉 우리는 인간이 말하고 상상하고 관념화시킨 것으로부터 출발한다거나, 혹은 말해지고, 상상되고 표상된 인간으로부터 출발하여 그로부터 육체를 가진 인간에게 도달하려는 것이 아니다. 오히려 우리는 현실적으로 활동하는 인간으로부터 출발하며, 또한 그의 현실적인 생활과정에서 이 생활과정의 이데올로기적 반영과 반향을 서술한다. 인간의 두뇌 안에서 형성된 환영들도 마찬가지로 인간이 물질적으로나 경험적으로 확인할 수 있으며, 물질적인 전제들에 연결된 생활과정의 필연적 승화물이다. 이리하여 도덕, 종교, 형이상학, 그리고 그밖의 이데올로기 및 그에 상응하는 의식형태들은 더 이상 자립성의 가상을 지니지 않는다.[4]

마르크스에 따르면 우선 독일 철학자들이, 즉 관념론자들이, 사물을 잘못 보고 있는데, 그것은 그들이 잘못된 시각을 가지고 있기 때문이다. 땅에서 하늘로 올라가는 것이 정상인데도 불구하고 독일철학자들은 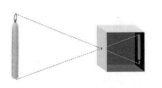 하늘에서 땅으로 내려간다고 생각하고 있다. 표상된 인간으로부터 출발할 것이 아니라 현실적으로 활동하는 인간들에서 출발하여야

---

4) 마르크스, 엥겔스 지음/김대웅 옮김, 『독일 이데올로기 I』(서울: 두레, 1989), pp.65~66.

하는데, 이러한 제대로 된 시각을 갖지 못한 관념론자들과 그러한 권위자들의 말을 믿는 일반인들은 결국 거짓의식을 갖게 된다. 그러므로 마르크스는 이러한 거짓의식을 극복하기 위해서 현실적으로 활동하는 인간들에서부터 출발하자고 제안한다.

하지만 그의 이데올로기 비판은 여기서 멈추지 않는다. 마르크스 연구자들은 마르크스의 이러한 이데올로기 비판을 **반영모델**  (reflection model)이라고 부르는데, 왜냐하면 여기서는 의도하지 않은 잘못된 반영이 거짓을 만들어내고 있기 때문이다. 다른 모델을 연구자들은 이득모델(interest model)이라고 부르는데, 왜냐하면 여기서는 이득을 보고자 하는 사람들의 의도적인 왜곡이 거짓을 만들어내기 때문이다.[5]

어떤 시대에서나 지배계급의 사상이 지배적인 사상이다. 다시 말해서 사회의 지배적인 **물질적** 세력인 지배계급이 동시에 그 사회의 지배적인 **정신적** 세력이라는 말이다. 물질적인 생산의 수단을 통제하는 계급은 그 결과 정신적인 생산의 수단도 통제하고 있으며, 그에 따라 정신적인 생산수단을 가지지 못한 계급의 사상은 대체로 그것에 종속된다. 지배적인 사상은 지배적인 물질적 관계들의 관념적 표현, 사상으로서 파악된 지배적인 물질적 관계일 뿐이다. 그러므로 그것은 한 계급을 지배계급으로 만드는 관계들의 표현, 곧 지배이념 이외의 아무것도 아니다.[6]

---

5) Michael Rosen, "Karl Marx", *Routledge Encyclopedia of Philosophy*, Version 1.0(London: Routledge, 1998).

6) 마르크스, 엥겔스, p.92.

마르크스의 관점에서 보자면, 관념론자들을 권위자로 믿고 그들을 따르는 사람은 관념론자들의 오류를 그대로 답습하게 된다. 하지만 관념론자들이 그러한 오류를 일부러 저지르는 것은 아니다. 그들도 자신들이 그러한 오류를 범하고 있음을 모르고 있다. 하지만 관념론자들과 그들을 따르는 사람들을 의도적으로 오도하고 있는 사람들이 있다. 그들은 바로 시민사회의 지배계급들이다.

마르크스에 따르면, 정신에서부터 물질이 비롯되는 것이 아니라 물질에서부터 정신이 비롯된다. 그러므로 물질적 생산수단을 마음대로 처분할 수 있는 자본주의 사회의 지배계급들은 자연히 정신적 생산수단 또한 마음대로 처분할 수 있다. 그러므로 피지배계급의 의식, 피지배계급의 이데올로기는 지배계급에 의해서 결정되게 된다. 지배계급이 피지배계급의 의식내용을 어떻게 조정할 것인가는 불을 보듯 뻔하다. 지배계급과 피지배계급의 이해가 상반될 경우 지배계급의 이익을 정당화하는 방향으로 생각하도록 유도할 것이다.

지배의 가장 효율적인 방법은 무엇인가? 모든 경우에 힘을 사용하는 것은 비용이 많이 드는 일이다. 우리 모두가 교통규칙을 어기기로 결심하고 어기기 시작한다면 지금의 경찰력으로서는 교통질서를 유지할 수 없다. 한 경찰관이 하루에 처리할 수 있는 업무에는 한계가 있고 모든 위반차

오렌지를 보면 잠시 쉬어가세요

량을 모두 정차시키게 되면 교통이 마비될 것이다. 따라서 힘으로 처벌의 본보기를 보여줌으로써 위협하는 것이 훨씬 비용이 덜 든다. 음주운전을 사형에 처하는 나라는 이러한 전

술을 취하는 셈이다. 하지만 가장 비용이 덜 드는 방법은 스스로 음주운전을 하지 않도록 하는 것이다. "음주운전은 당신의 가정을 파괴합니다"라는 슬로건은 가정이라는 자기이익을 지키려는 동기에 호소함으로써 스스로 음주운전을 하지 않도록 유도한다.

지배 이데올로기가 작동하는 방식은 바로 이와 같은 것이다. 피지배계급으로 하여금 자기이익을 지키기 위하여 지배계급의 이익에 동의하도록 유도한다. 이데올로기는 강압이 아닌 자발적인 동의에 의해 지배계급의 이익을 옹호한다. 지배 이데올로기가 작동하는 전형적인 방식은 아래와 같은 것이다.

> 이때 이데올로기는 이미지의 정교하고 다층적인 망상 조직을 통해서 동의를 구한다. 지배계급은 이미지들을 증식시킨다. 즉, 지배계급 자신의 이미지는 '규준을 지키는 자', '문화유산의 보호자', '이성 혹은 문명의 옹호자' 등등이며, 다른 계급이 보는 지배계급의 이미지는 '최상의 것을 아는 사람들', '우리에게 최대한의 이익을 주려는 생각을 간직하고 있는 사람들', '전체의 선을 신봉하는 사람들' 등이다. 또한 지배계급이 아닌 다른 계급들[피억압계급, 피착취계급, 하층계급, 문화자본을 박탈당한 계급 등]의 이미지는 '능력이 모자라는 사람들', '지도를 필요로 하는 사람들' 등이며, 그들 스스로의 이미지는 '나는 예술에 대해 아는 것은 별로 없지만, 내가 좋아하는 것이 무엇인지는 안다'는 식이다.[7]

마르크스는 앞에서 소개한 것과 같은 방식으로 이데올로기라는

---

7) 젠크스 지음/김윤용 옮김, 『문화란 무엇인가』(서울: 현대미학사, 1996), p. 103.

말을 현대사상의 중심적인 용어로 부각시켰다. 마르크스의 관점에서 보면 문화는 물질의 반영물이기 때문에 1차적인 관심사가 될 수는 없었다. 하지만 마르크스가 문화에 대하여 긍정적으로 평가하고 있는 대목이 있는데, 그것은 인간의 소외에 대한 논의에서이다. 마르크스는 자본주의 사회에서 인간은 왜곡된 삶을 살게 되는데, 이러한 왜곡이 네 가지 형태[8]로 나타난다고 지적하였다. 그런데 그 중의 한 형태는 인간의 '유적 본질로부터의 소외'이다.

마르크스는 인간이라는 유, 즉 인간이라는 종류의 본질이 필요에 의한 생산이 아니라 자유로운 생산에 있다고 보았다. 그러므로 인간이 자유롭게 생산하면 인간이 되고 필요에 의해 생산하면 인간이 되지 못한다고 그는 생각했다. 예를 들자면 돼지는 필요에 의해 생산한다. 자신의 생물적 삶에 불필요한 일을 하지는 않는다. 하지만 인간은 자신의 생물적 삶에 불필요한 일까지도 한다. 예를 들어 아름다움을 추구하는 것은 돼지에게는 없는 일이다.

동물도 생산을 하기는 한다. … 그러나 동물은 자기 자신이나 그 새끼들에게 직접 필요한 것만을 생산한다. … 동물은 오로지 직접적인 신체적 욕망의 지배 아래서만 생산하는 데 반해, 인간 자신은 신체적 욕망에서 벗어나서 생산하며 실로 이러한 욕망으로부터의 자유 속에서 비로소 생산한다. … 동물은 오직 자기 자신만을 생산하지만, 인간은 자연 전체를 재생산한다. 동물의 생산물은 직접적으로 동물의 물리적인 몸에 속하

---

8) 이에 대해서는 김성동, 『인간 : 열두 이야기』의 9장을 참조하라.

지만, 인간은 자신의 생산물과 자유롭
게 마주 대한다. 동물은 오로지 그 동
물이 속한 종의 수준과 욕구에 따라
생산할 뿐이지만, … 인간은 미의 법
칙에 따라 조형하기도 한다.9)

마르크스는 인간의 이러한 생산능력이 돼지와 마찬가지로 필요
에 의한 생산에 투여되게 되면 그때 인간은 인간의 본질 즉 유적
본질을 상실하게 된다고 보았다. 이렇게 보면 예술을 위한 예술은
인간의 유적 본질에 해당하는 행위이지만 상업예술은 인간의 유적
본질을 상실하는 행위가 된다. 마르크스는 『자본론』(1867)에서 이
렇게 유적 본질을 상실한 "사람과 사람 사이의 일정한 관계가 …
마치 환상처럼 사람들의 눈에 사물간의 관계로 비친다"(밀너 106
재인용)고 지적하고 있다. 마르크스의 후계자들은 시민사회의 성숙
과 함께 성장하는 대중문화에 대하여 이러한 마르크스적인 비판을
다양하게 전개했다.

3. 대중문화의 이데올로기 비판

마르크스적인 전통에 서 있는 사람들은 대중문화가 전파하는 이
데올로기는 지배계급의 지배를 영속시키기 위한 이데올로기이며
이러한 이데올로기에 대항하기 위하여 피지배계급의 이데올로기를

---

9) 마르크스 지음/김태경 옮김, 『경제학-철학 수고』(서울: 이론과실천, 1987),
   p.62.

구성해 내어야 한다고 생각하였다. 그들의 과제는 대중문화의 이데올로기를 비판하고 대중문화에 반하는 이데올로기를 구성하는 것이었는데, 이러한 점에서 그들 또한 고급문화와 대중문화를 구분하는 서구적 전통의 귀족주의적이고 낭만주의적 전통의 대중문화 비판과 때로 같은 모습을 보인다. 다만 서구의 비판가들이 과거를 보존하려고 한 반면 마르크스적인 비판가들은 미래를 창조하려고 했다는 점에서 다르다.

헝가리의 문학역사가이자 예술철학자인 루카치(Georg Lukács, 1885~1971)[10]는 대중문화가 인간을 '사물화'(reification)시킨다는 마르크스의 비판을 계승하였다. 인간의 사물화는 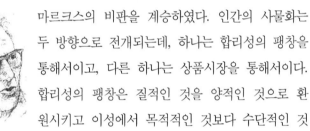 두 방향으로 전개되는데, 하나는 합리성의 팽창을 통해서이고, 다른 하나는 상품시장을 통해서이다. 합리성의 팽창은 질적인 것을 양적인 것으로 환원시키고 이성에서 목적적인 것보다 수단적인 것을 높이 평가하게 하고 인간을 인간이 아닌 자원으로 관리하는 관료제를 인간이 삶 깊이 침투시킨다. 상품경제는 인간의 삶을 지배하고 인간의 노동에 값을 매기고 인간에게 실업과 가난의 족쇄를 채운다. 그리하여 인간은 마르크스가 말한 대로 상품의 물신화(commodity fetishism)에 빠지고 만다.

루카치 당시는 아직 대중문화가 완전히 성숙하지 않은 상태였지만, 그가 읽어낸 것처럼 오늘날 인간은 대중문화 속에서는 더 이상 인간이 아니라 상품이다. 오늘날 대중문화 속에서 연예인들이 다루

---

10) 루카치에 대한 논의는 Alex Callinicos, "Georg Lukács", *Routledge Encyclopedia of Philosophy*를 참조했다.

어지는 방식을 '상품'보다 더 적합하게 서술할
단어는 없다. 하지만 일반인들도 따지고 상품
외의 그 어떤 것도 아니다. 좋은 신랑감과 좋
은 신부감을 재는 척도들을 한번 따져보라. 상
품 외에 그 어떤 것인지. 대중문화가 우리에게 제공하는 이데올로
기는 인간을 포함하여 모든 것이 상품이라는 이데올로기이다.

　이렇게 자본주의적인 삶의 방식을 비판한 루카치는 이러한 자본
주의적인 삶의 방식의 특징이 고립된 단편들이라고 지적하면서 인
간다운 삶의 방식은 통합된 전체 즉 '전체성'을 특징으로 한다고
주장하였다. 루카치에 따르면 대중문화 속에서 전체성을 확보하는
길은 상품인 객체가 자신에 대한 자의식을 가짐으로서 객체이자
동시에 주체가 되고 그렇게 함으로써 객체이기를 멈추는 것이다.
상품인 인간이 자신이 상품으로서 다루어지고 있다는 것을 앎으로
써 상품으로 머물기를 거부하고 인간으로 되살아날 수 있어야 한
다는 것이다. 루카치의 대중문화에 대한 거부는 상업성에 대한 거
부로 요약할 수 있다. 포퓰러 컬처의 특징인 예술가와 수용자의 일
치성이 루카치적인 관점에서는 전체성으로 번역될 수 있을 것이다.

　이탈리아 공산당의 창건자인 그람시(Antonio Gramsci, 1891∼
1937)11)는 이데올로기에 동의하는 문제를 조명했다. 그는 이것을
헤게모니(hegemony) 즉 주도권의 문제로 보았다. 그에 따르면 지
배계급은 지배를 두 가지 수단을 통하여 즉 강제와 동의12)라는 방

---

11) 그람시에 대한 논의는 Richard Bellamy, "Antonio Gramsci", *Routledge
　　Encyclopedia of Philosophy*를 참조했다.

12) 그람시에 따르면 국가는 두 요소로 구성되어 있다. 한편으로는, 경찰, 군대,

식에 각각 의거하여 수행하고 있는데, 이때 이
데올로기는 동의의 방법으로 지배권을 확보시킨
다. 대중매체, 교회, 학교, 각종 단체에서 이루
어지는 정당화를 통해 지배 이데올로기에 대한
피지배계급의 동의를 받아냄으로써 지배계급은
헤게모니를 확보하고 이 헤게모니로 지배권을 유지한다.

하지만 헤게모니는 상대적이기 때문에 피지배계급도 이러한 헤
게모니를 장악할 수 있는 기회가 있다. 지배계급의 이데올로기는
지배계급의 이익을 대변하지 않는 듯 초연한 척하는 '전통적인 지
식인'(traditional intellectuals)에 의해 제시되고 있다. 하지만 피지
배계급이 자기의 계급이익에 대해 자각을 가지
게 되면 계급이익을 대변하는 '유기적인 지식
인'(organic intellectuals)에 의해 헤게모니 구성
에 참여할 수도 있다. 그람시에서 대중문화는

어느 쪽으로든 작동할 수 있다. 우선은 지배계급의 헤게모니를 위
하여 봉사하지만 이는 그것이 피지배계급의 헤게모니를 위해서 봉
사할 수도 있다는 의미이다. 대중사회와 대중문화에서 전체적으로
보면 대중은 수동적이고 객체적이 존재이지만, 소비자운동이나 시
청자운동 등을 통하여 국면을 전환시킴으로써 헤게모니 구성적인

법원과 같은 강제적인 기구들이 있는데 이것은 힘을 통해서 지배계급의 권
위를 유지한다. 다른 한편으로는, 매체, 학교, 교회, 사교클럽, 정당, 직업조
합 같은 다양한 시민 사회적 제도들이 있다. 이러한 조직들은 지배계급이
나머지 인구가 자발적으로 지배를 수용하도록 하는 수단 즉 헤게모니의 도
구들이다. 같은 글.

역할을 할 수 있다.

20세기 초엽에 활동했던 루카치나 그람시와 달리 소위 프랑크푸르트학파[13])의 여러 사람들은 대중사회의 대중문화가 20세기 중엽에 어떻게 새로운 영역을 개척하는지를 목도하게 되었다. 루카치나 그람시가 생각했던 피지배계급의 자각은 있을 수 없는일이 되고 말았다. 대중문화의

이데올로기는 훨씬 강력해져서 거부할 수 없는 이데올로기를 제공하기 시작하였다. 아도르노(Theodor Wiesengrund Adorno, 1903 ~69)와 호르크하이머(Max Horkheimer, 1895~1973)는 『계몽의 변증법』(1947)에서 대중문화의 강력함을 이렇게 감지하고 있다.

문화산업의 지위가 강화되면 될수록 그것은 소비자들의 욕구를 처리하고 그 욕구를 생산, 통제, 훈련시키는 결정적인 힘을 갖게 되며, 심지어 소비자들의 흥미까지도 포기시킬 수가있다. 이 종류의 문화적 발전에는 한계가 없다.[14]

---

13) 프랑크푸르트학파는 '프랑크푸르트대학 사회연구소'와 관련된 일련의 독일 지식인들을 지칭한다. 이 기관은 1923년 창설되었고, 1933년 히틀러 정권 수립에 따라 뉴욕의 콜롬비아대학으로 그 자리를 옮겼다가 1949년에 독일로 다시 돌아갔다. '비판이론'은 이 기관이 행했던 마르크스주의와 심리분석 양자의 비판적 혼합에 붙여진 이름이다. 대중문화에 대한 사회연구소의 연구들은 아도르노, 벤야민, 호르크하이머, 뢰벤탈, 마르쿠제의 저술들과 연관되어 있다. 스토리 지음/박모 옮김, 『문화연구와 문화이론』(서울: 현실문화연구, 1994), p.148. 앞으로 이 책에서 인용할 때는 (스토 ??)로 표시한다.

14) 이강수, 『대중문화와 문화산업론』(서울: 나남출판, 1998), p.297 재인용.

오늘날 미리 처방된 유행을 따라 말하지 못하는 사람, 즉 대량문화의 공식이나 관습, 판단들을 아무런 노력 없이 제 것인 양 재생산하여 쉽게 받아들이지 못하는 자들은 그 존재조차 위협받으며, 바보가 아니면 지식인일 것이라고 의심받는다. (스토 153 재인용)

그렇다면 지식인에 대한 새로운 처방이 생기면 어떤 의심을 받게 될까? IMF 이후에 우리 사회는 신자유주의로 도색되었다. 돈이 아닌 그 어떤 것도 가치가 될 수 없었다. 돈이 아닌 그 어떤 것을 주장하려고 하면, 엄청난 돈다발로 그의 목소리를 포위해 버렸다. "돈이 되지 않는 것은 가라!" 이것이 우리 사회의 지배이데올로기였다. 우리 사회도 비로소 천박한 자본주의에 도달했고 지금도 유지되고 있다. 그 결과는 가진 자의 지배의 영속화 그밖의 그 어떤 것도 아니었다.

이렇게 문화산업이 주도하는 대중문화는 억압적이고 착취적인 자본주의 사회의 틀 안에서 지배계급이 허용하는 정치, 경제적 목표로만 피지배계급의 지평을 제한함으로써 헤게  모니를 다투기 전에 이미 헤게모니를 장악하고 있다. 그들이 장악한 헤게모니에 대해 이의를 제기하려고 하면, 대중문화의 끝없는 오락성이나 일 방성으로 이를 잠재워 버린다. 그러므로 대중문화는 자신의 이데올로기를 전파함으로써 인간을 마르쿠제(Herbert Marcuse, 1898~1979)가 지적한 것처럼 『1차원적 인간』(1964)으로 만든다. 그리고 자본주의 사회에서 이러한 1차원적 인간은 상품 그 외의 어떠한 것이 아니다.

사람들은 상품 속에서 자신을 확인한다. 그들은 자동차에서, 하이파이 전축에서, 층층의 집에서, 부엌가구에서 자신의 영혼을 발견한다.15)

대량수송과 커뮤니케이션의 수단, 의식주의 일용품들, 억제할 수 없이 쏟아져 나오는 오락 및 정보산업들은 앞선 말한 태도와 습관, 어떤 지적, 정서적 반응을 가져오는데, 이것은 소비자들을 다소간은 기분 좋게 생산자한테 묶어 매며, 나아가서는 생산자를 통해 전체에 묶어 놓는다. 생산자들은 교화시키고 조작한다. 즉, 그들은 허위에 면역된 거짓된 의식을 증진시킨다. 그리고 이 유익한 생산물들은 더 많은 사회계층의 더 많은 인간들에게 보급되면, 그들이 수행하는 교화는 선전이 되는 것을 그치고 하나의 생활양식으로 된다. 그것은 훌륭한, 전보다 훨씬 훌륭한 생활양식이며, 그것은 훌륭한 생활양식이라는 것임으로 해서 질적 변화를 방해한다. 그리하여 일차원적 사유와 행동이란 패턴이 나타난다.16)

하지만 대중문화는 대중을 조작하는 데에서 끝나지 않는다. 대중문화는 대중을 조작할 뿐만 아니라 아예 구성하거나 심지어는 창조해 내기까지 한다. 대중문화의 이데올로기가 행하는 이러한 극단적 상황을 지적하고 나선 이는 알튀세르(Louis Pierre Althusser, 1918~90)이다. 그의 주장은 대략 다음 네 명제로 요약할 수 있다.

첫째, 이데올로기는 반드시 기관 또는 제도에 새겨 있다. …

---

15) 마르쿠제 지음/차인석 옮김, 『일차원적 인간』(서울: 진영사, 1979), p.38.
16) 같은 책, pp.40~41

둘째 이데올로기의 주요 사회적 기능은 구
조화된 사회적 불평등을 재생산한다. … 셋
째, 이데올로기는 생물학적 개인을 사회적
주체로 구성하는 기능을 한다. 넷째, 이데올
로기는 그럼으로써 실제 존재 조건에 대한
개인의 상상적 관계를 재현한다.(밀너 133)

첫째 명제는 그람시와 공통되고, 둘째 명제는 마르크스적 관점
일반과 공통되는데, 알튀세르에서 주목되는 점은 이데올로기가 "생
물학적 개인을 사회적 주체로 구성"하여 "실제 존재 조건에 대한
개인의 상상적 관계를 재현"한다는 분석이다. 알튀세르는 이러한
이데올로기 기능을 설명하기 위하여 호명(interpellation)이라는 개
념을 도입한다. 호명이란 부름이다. 대중문화는 우리를 호명한다.
이러한 호명의 이데올로기적인 효과는 무엇인가?

　　이데올로기의 기본기능은 개인들을 주체로 변형시키는 것이
　　고, '호명'을 통해서 개인들과 사회구성체간의 실재적 관계들
　　을 상상적 관계로 전도시킨다. 이 상상적 관계 안에서 사람들
　　은 마치 자신들이 그것들을 결정하는 듯이, **구성되는** 주체가
　　아니라 **구성하는** 주체인 듯이, 자신들의 실제적 존재조건들과
　　관계를 체험한다. 달리 말하자면, 이데올로기는 사회질서와 그
　　질서의 요구에 대해 사람들의 복속을 강제하기 위하여 개인들
　　을 사회의 의식적인 **주체**("자유로운 주체성, 즉 창의성의 중
　　심")로서 구성한다.17)

17) 엘리어트 지음/이경숙, 이진경 옮김, 『알튀세르: 이론의 우회』(서울: 새길,
　　1992), p.349.

이데올로기는 호명을 통하여 우리가
주체라는 생각을 갖도록 만든다. 그것도
대중문화가 우리에게 기대하고 있는 그
러한 행위를 하기로 자발적으로 결심한
주체인 것 같이 자신을 느끼도록 만든다. 자신이 그것을 하는 것은
자신의 사회적 시대적 역할의 일부이며, 자신이 그것을 하지 않는
것은 자신의 사회적 시대적 역할을 저버리는 것으로 느끼도록 만
든다. 이러한 호명의 소비적인 예들을 우리는 광고에서 찾아볼 수
있다. 현대인들이 자신의 영혼을 발견한다는 자동차 광고에서 보면
"대한민국의 1%"라는 카피는 소비자를 대한민국의 상위 1%로 구
 성해 냄으로써 사회적 불평등을 재생산한다.
한국인들이 자신의 영혼을 발견하는 또 하나
의 대중문화적 산물은 핸드폰이다. "사랑은
움직이는 거야"라는 카피는 이제까지의 사랑
의 영원성을 영원히 유동하는 사랑으로 만들면서[18] 불평등을 재생
산한다. 전화회사는 수입을 올리고 소비자는 가난해진다.

4. 대중문화의 신화 비판

하지만 우리는 왜 그러한 호명에 답하게 되는 것일까? 이에 대
한 설명들 중의 하나는 우리가 신화를 믿기 때문이라는 것이다.

---

18) 원승룡, 김종헌, 『문화이론과 문화읽기』(서울: 서광사, 2001), pp.168~69.

'신화'(神話, myth)라는 말의 어원은 그리스어 mythos인데 미토스는, 논리적 사고와 그 결과의 표현인 로고스(logos)의 상대어로서, 논리적 사고와 마찬가지로 사실에 관계하기는 하지만 그러한 논리적 사고를 뛰어넘는 숨어 있는 깊은 뜻을 포함하는 사유와 그 표현이다.

우리 민족의 건국신화인 단군신화를 보자. 단군신화는 어떤 사람이든 자신이 한민족이라고 할 때 그 정체를 구성하는 몇 가지

요소를 가지고 있다. 그 하나는 우리가 궁극적으로 믿고 의지해야 할 존재는 하느님(桓因)이라는 것이며, 다른 하나는 정치는 세속의 삶을 중심으로 이치를 따라서 하여(在世理化) 사람을 이롭게 하여야 한다(弘益人間)는 것이며, 또 다른 하나는 인간의 삶에서의 이상형은 범과 같은 성품이 아니라 곰(熊女)과 같은 성품이라는 것이다. 이러한 단군신화는 5천여 년의 삶 속에서 우리의 신앙과 정치와 일상을 규제해 왔다.19) 다시 말해서 우리가 어떻게 행동해야 할 것인지를 지시해 왔다. 신화는 신화를 믿는 사람들이 스스로 따르도록 하는 힘을 가지고 있다. 이러한 신화적이 힘이 호명에 답하게 한다.

신화는 과거에만 존재하는 것이 아니다. 과거의 신화는 신화의 오래된 모델을 보여주고 있을 뿐이며 오늘날에도 신화는 계속 생산되고 변용되고 도태되고 있다. 과거에는 신화가 주로 정치적 지

---

19) 새로운 아기가 태어났을 때 삼칠일 동안 금줄을 치고, 백일이 되면 그날을 기념하여 떡을 해먹는 일은, 단군신화가 만들어지기 이전부터 지금까지 그리고 앞으로도 우리가 지켜나갈 한국인의 삶이다.

배계급의 대리자들에 의해 만들어졌지만 오늘날에는 신화가 주로 경제적 지배계급의 대리자들에 의해 만들어진다. 그것은 곧 대중문화가 만들어내는 신화이다. 잊혀졌던 한 인물이 책으로 텔레비전으로 재현되면 그 인물은 로고스적으로가 아니라 미토스적으로 되살아난다. 체 게바라가 그렇고 김두한이 그렇다.

이렇게 생산되는 대중문화의 신화가 이데올로기적으로 작용한다는 것을 밝혀 보여준 이는 프랑스의 평론가인 바르트(Roland Barthes, 1915~80)이다. 그는 자신의 신화론을 이렇게 요약했다.

1. … 신화는 … 언론, 광고, 거대한 소비 대상 등의 익명적인 진술 안에서 읽힌다. 신화는 사회적으로 결정된 것, 다시 말해서 사회에 의해 '반영된 것'이다.

2. 그럼에도 이러한 반영은 마르크스가 제시한, 이미 잘 알려진 이미지와 부합하는 것으로서, **전도된 것**(inversé)이다. 신화는 문화를 자연으로, 혹은 적어도 사회적인 것, 문화적인 것, 이데올로기적인 것, 역사적인 것 등을 '자연적인 것'으로 뒤집어 놓는다. 단지 계급적인 구분의 산물이며, 이에 대한 도덕적이고 문화적이고 미학적인 파급효과들의 산물에 지나지 않는 것이 신화 안에서는 **자명한 것**으로 제시된다(진술된다). 그리고 진술의 모든 우연적인 토대들은 신화적인 전도의 효과에 의해 '양식', '정당한 권리', '규범', '일반적인 여론', 한마디로 말해서 일반여론(endoxa) … 이 된다.

3. 현대의 신화는 불연속적이다. 현대의 신화는 법정에서 벌어지는 거대한 이야기들이 아니라 '담론들'(discours) 안에서

진술된다. 현대의 신화는 기껏해야 어법체계(phraséologie), 다시 말해서 (관형적인) 문장들의 집합인 것이다. …

　4. 현대의 신화는 일종의 빠롤 … 이다. 그리하여 신화는 기호학의 대상이 된다. 기호학은 전언(message)을 두 개의 의미론적 체계로 분해하면서, 신화적으로 전도된 것을 바로 세운다. 그 첫 번째 체계는 내포된(connoté) 체계이다. 이 체계는 이데올로기적인 … 시니피에를 가지고 있다. 그리고 두 번째 체계는 겉으로 드러난(dénoté) 체계 … 이다. 이 체계는 계급의 명제를 자연의 가장 '순진무구한' 것에 의해, 다시 말해서 가장 '순진한' 것처럼 보이는 언어 … 에 의해 보증하면서 그 명제를 자연화하는 기능을 지닌다.[20]

　바르트는 그의 신화론을 스위스의 언어학자 소쉬르(Ferdinand de Saussure, 1857~1913)의 기호학에 의존하고 있기 때문에 그

의 요약에는 낯선 말들이 있다. 우선 파롤(원어발음을 살려 적으면 '빠롤')인데 소쉬르는 인간의 언어활동을 랑그(langue)와 파롤(parole)로 나누었다. 랑그는 본질적, 등질적, 사회적인 언어체계이며, 파롤은 이러한 언어체계에 따라 개별적으로 수행되는 언어행위이다. 다른 한 쌍은 시니피에(signifie)와 시니피앙(signifiant)이다. 시니피앙은 '기표'라고도 번역되는데 의미를 뜻하는 어떤 표식이고, 시니피에는 '기의'라고도 번역되는데 그러한 표식에 의하여 뜻해지는 의미이다. 내포와 외연은 논리학 용어인데 외연은 어떤 말이 가리키는 구체적인 사물들의 집합이며

---

20) 바르트 지음/정현 옮김, 『롤랑 바르트 신화론』(서울: 현대미학사, 1995), pp.237~38.

내포는 그러한 사물들이 가지는 공통의 성질이다.

바르트의 첫째 명제는 앞에서 이미 언급한 것처럼 대중문화 속에서 신화가 생산되고 소비된다는 것이다. 둘째 명제는 대중문화의 신화적 이데올로기는 자연적이지 않은 것을 자연적인 것처럼 유도하는 기만적인 특성이 있다는 것이다. 즉 신화는 허위의식적인 여론형성을 목적으로 한다는 것이다. 셋째 명제는 현대의 신화는 기독교나 계몽주의나 사회주의와 같은 거대담론이 아니라 단절된 작은 이야기들이라는 것이다. 넷째 명제는 이러한 신화는 순진무구한 외연을 가지고서 뻔뻔스러운 내포를 구성하고 있는데, 이를 기호학적으로 분석해 보면 그러한 신화는 탈신화화된다는 것이다.

넷째 명제를 좀더 자세히 살펴보자. 우리가 어떤 말을 하거나 행동을 할 때 어떤 의미가 전달된다. 이러한 의미전달의 작용은 말이나 그림이나 물건이나 제스처 등의 기표를 통해서 이루어진다. 바르트의 이야기는 이러한 의미작용이 이중적으로 일어난다는 것이다. 첫째 단계는 외연의 단계이다. 예를 들어 한 남자가 자기의 비서인 여자에게 장미꽃을 선물했다고 하자. '장미꽃'을 기표라고 본다면 그 기의는 '선물'이다. 둘째 단계는 내포의 단계이다. '장미꽃을 선물했다는 것'이 내포의 단계에서는 새로운 기표가 되는데 이것의 기의는 '그 남자가 그 여자를 사랑한다'는 것이다. 그리하여 이 행위는 그 여자에게 달콤한 사랑의 환상을 심어주게 된다. 이것이 그 행위가 빚어내는 신화이다. 이를 도식으로 나타내면 다음과 같다.[21]

---

21) 이 표는 바르트의 표를 역전시켜 놓았다. 신화는 아래에 있는 것이라기보다 위에 있는 것이라고 생각했기 때문이다.

파롤 즉 신화 (내포)	III.기호 = 그녀는 행복하다.	
	I.기표 = 그가 그녀에게 장미를 주었다.	II.기의 = 그는 그녀를 사랑한다.
랑그 (외연)	3.기호 = 그가 그녀에게 장미를 주었다.	
	1.기표 = 장미	2.기의 = 선물

장미가 아닌 핸드폰을 선물 받았다고 하더라도 '한 남자가 한 여자에게 무엇을 주었다'라는 외연적 의미에서는 큰 차이가 없다. 하지만 내포적 의미에서는 '나는 당신을 사랑합니다'가 아니라 '나에게 전화하시오, 아니면 내 전화를 받으시오'라는 의미가 되고 만다.

이러한 탈신화화의 예를 대중문화의 총아인 광고를 통해서 살펴보자.[22] 우선 이 광고사진은 전체적으로 블랙톤으로 되어 있으며,

원본에는 여성 모델이 입고 있는 속옷과 카피만이 빨간색으로 표현되어 있다. 스타킹을 착용하고 있는 여성의 얼굴은 그림자로 처리되어 있고, 위에서 아래로 조명을 희미하게 연출하고 있다. 빨간색 속옷이 스타킹과 더욱 대비가 되고 있으며, 속옷이 그래서 여성의 성적 매력이

모델의 스타킹 때문에 시선을 끌 수 있음을 암시하고 있다. 여성 모델은 신발을 벗고 의자에 앉은 채 성적 호기심을 자극할 만한 자세를 취하고 있다. 카피는 "한 번 더 보고 싶은 그녀— 앙코르"

22) 이하의 논의는 다음 글을 주로 참조했다. 김정탁, "기호학적 시각으로 보는 광고", *Cheil Communication 02/03*(서울: 제일기획, 2002), pp.10~15.

라고 크게 제시되어 있다. 또한 그 아래에 "처음엔 시선을 빼앗기고, 두 번째엔 마음을 빼앗겼다. 그녀의 아름다움에 앙코르"라고 작게 제시되어 있다. 이 광고의 이데올로기적인 신화는 여성이 착용하고 있는 앙코르 스타킹이 타인의 시선을 끌고 또 끌고 즉 재삼재사 앙코르 하여 끝내는 마음까지 끌게 해준다는 것이다. 이는 다음과 같은 도식으로 정리할 수 있다.

파롤 즉 신화 (내포)	III.기호 = 광고작품의 신화적 이데올로기	
	I.기표 = 광고작품	II.영상기의 = 은밀함 성적 매력 성적 상상력 II.언어기의 = 시선을 끌어주는 스타킹
랑그 (외연)	3.기호 = 광고작품	
	1.기표 = 영상+카피	2.영상기의 = 검은색+빨간색 앉은 자세 보이지 않는 표정 2.카피기의 = 여성의 매력

신영의 앙코르 스타킹과 비비안의 네오패션 스타킹을 남자들이 구분할 수 있을까? 물론 없을 것이다. 하지만 이 광고가 만들어내는 신화적 이데올로기는 앙코르 스타킹을 신었을 때 남성의 시선을 다시 한번 끌 수 있다는 것이다. 물론 이러한 개연성은 별로 높지 않다. 하지만 광고의 수용자는 광고가 영상과 텍스트를 제공해주는 방식에 의해 이것을 개연성 높게 받아들인다. 바르트의 용어

를 빈다면 그 개연성은 높은 정도가 아니라 '자명한' 것이다. 그래서 소비자는 더 가난해지고 스타킹회사는 더 부유해진다. 사회적 불평등은 더욱 더 확산된다.

이 장에서 우리는 현대의 대중문화가 현대의 지배계급 즉 자본가의 지배이데올로기를 제공함으로써 현재의 계급구조를 영속시키고 있다는 비난을 살펴보았다. 하지만 지배계급은 자본가만이 아니다. 여성의 입장에서 볼 때 남성은 또 하나의 지배계급이며, 돈 많은 남성이란 이런 의미에서 이중적으로 지배적이다. 다음 장에서는 지배계급으로서의 남성에 대항하는 여성주의자들의 대중문화에 대한 비판을 살펴보자.

생각거리

1. 이데올로기의 여러 의미에 대하여 조사해 보자.
2. 자신이 개인적으로 가졌던 잘못된 생각들 중에서 반영모델적인 것과 이익모델적인 것을 하나씩 들고 이러한 생각에서 어떻게 벗어나게 되었던가를 서술해 보자.
3. 마르크스의 네 가지 소외를 알아보자.
4. 현대인이 상품을 신적인 것으로 승격시켜 섬기고 있는 한 현상을 소재로 하여 그러한 현상을 비판하는 짤막한 에세이를 작성해 보자.
5. 이데올로기에는 계급적 이데올로기뿐만 아니라 민족적 이데올로기도 있다. 이러한 민족적 이데올로기가 잘 드러나는 한국, 중국, 일본의 대중문화작품을 찾아보자.
6. 적당한 광고를 하나 선택하여 이 글에서처럼 바르트적인 분석을 시도해 보자.

읽을거리

맥렐런 지음/구승회 옮김, 『이데올로기』(서울: 이후, 2002)
스토리 지음/박모 옮김, 『문화연구와 문화이론』(서울: 현실문화연구, 1994)
마르쿠제 지음/차인석 옮김, 『일차원적 인간』(서울: 진영사, 1979)
원승룡, 김종헌, 『문화이론과 문화읽기』(서울: 서광사, 2001)

볼거리

강제규 감독의 영화 『쉬리』와 박찬욱 감독의 『공동경비구역』에서 제시되는 대중문화적 이데올로기를 찾아내 비판해 보자. 위의 『문화이론과 문화읽기』에 실려 있는 이 두 영화에 대한 분석도 참조하라.

제 9 장

여성주의 대중문화론

1. 페미니즘과 대중문화

대중문화가 대중사회의 지배관계를 유지하고 강화시키는 이데올로기를 제공하고 있다는 것을 일단 인식하게 되면, 그 다음에 묻게되는 것은 이러한 이데올로기를 통해서 이득을 얻는 지배계층이과연 누구인가이다.

마르크스적인 관점에서 본다면, 생산수단을 소유한 자들이 지배계층이며 이를 소유하지 못한 자들이 피지배계층이 된다. 하지만대중사회를 이렇게 두 계층으로만 나누는 것으로는 충분하지 못하다. 그리스의 도시국가에서도 자유민과 노예가 구분되는 것은 물론이고, 시민과 외국인도 구분되었고, 남자와 여자도 구분되었으며,

어른과 아이도 구분되었다. 그러므로 도시국가보다 훨씬 복잡한 사회구조를 가지고 있는 대중사회를 두 계층으로 나누는 것이 충분하다고 보기는 어렵다.

대중사회에서 지배와 피지배의 관계를 보는 여러 분류가 가능하지만, 자본가의 노동자에 대한 지배를 제외하고 보면, 그 중에서도 가장 보편적이고 가장 문제가 많은 것은 여성에 대한 남성의 지배이다. 이것이 보편적인 문제인 것은 어떤 사회든  그 사회의 인구의 반은 여성이도록 생물학적으로 정해져 있기 때문이며, 해결하기 어려운 문제인 것은 남자와 여자는 지배관계뿐만 아니라 협력관계를 더불어 가지고 있기 때문이다.

이 문제는 대중사회의 대두와 더불어 불거져 나왔다. 대중사회의 등장과 더불어 사회의 대부분의 사람들이 자유와 여유를 누리게 되었을 때 이렇게 새롭게 인간이라는 범주에 들게 된 사람들에는 5장에서 보았던 것처럼 여성들과 청소년들이 있었다. 하지만 이들 중 여성들이 진정한 인간이 되기 위해서는 참정권이 필수적이었다. 참정권 없이는 그리스 도시국가의 시민들이 누린 모든 권리를 결코 누릴 수 없었다. 그래서 여성들은 참정권 획득을 위한 노력을 경주하게 되는데, 일반적으로 이러한 노력을 제1차 페미니즘이라고 부르고 있다.

하지만 페미니즘이 이때 시작되었다고 보기는 어렵다. 본질적으로 이야기하자면 가부장제가 시작된 그 순간부터 여성들의 저항이 시작되었다고 볼 수 있겠지만, 근대의 역사에서 본다면 프랑스혁명과 더불어 '여성의 권리'에 대한 논의도 시작되었다. 프랑스혁명을

지지하면서도 로베스피에르의 피의 숙청을 반대했던 드 구주(Olympe de Gouges, 1745~93)는 1791년 『여성과 여성시민의 권리 선언』을 발표하여 모든 점에서 남녀의 평등을 주장하였다. 이의 영향을 받아 영국의 울스턴크래프트(Mary Wollstonecraft, 1759~1851)는 1792년 『여성권리 옹호』를 발표하여 여성이 오직 남성을 기쁘게 하기 위해 존재해야 한다는 생각을 비판하고 여성도 남성과 마찬가지로 교육, 노동, 정치에서 동일한 기회를 가져야 한다고 주장하였다.(밀너 224)[1]

하지만 실제로 여성들이 참정권을 확보한 것은 1920년대에 이르러서였다. 영국은 1918년 30세 이상의 여성들에게만 참정권을 주었고, 미국은 1920년 헌법수정안의 통과로 마침내 전국적으로 여성들에게 참정권을 주었으며, 영국은 다시 1928년 모든 성인 여성에게 참정권을 주었다. 최초로 여성의 참정권을 주장했던 프랑스의 경우는 1946년에 이르러서야 법률상 여성참정권이 보장되었다. 이렇게 보면 1948년 여성의 참정권이 법률적으로 확보된 우리나라에서는 법률이 늘 현실을 뒤따랐던 구미국가

---

1) 용어로만 본다면 1871년 프랑스에서 출간된 한 의학서적에서 남성환자의 여성화 경향을 묘사하기 위하여 '페미니스트'라는 용어가 처음 사용되었다고 하고, 1872년 프랑스의 작가이자 반페미니스트인 알렉상드르 뒤마 피스에 의해서 남성적이라고 여겨지는 방식으로 행동하는 여성을 묘사하기 위하여 사용되었다고 한다. 프리드먼 지음/이박혜경 옮김, 『페미니즘』(서울: 이후, 2002), p.18 앞으로 이 책에서 인용할 때는 (프리 ??)로 표시한다.

들과 달리 법률이 현실을 훨씬 앞서 있었다.

이러한 여성운동의 역사를 보면 근세의 인간해방은 결코 여성해방이 아니었으며 남성해방에 불과했다는 사실이 드러난다. 그러므로 여성의 해방에 이르기까지는 긴 추가적인 여정이 필요하였을 것이고 앞으로도 그러할 것이라는 것을 쉽게 짐작할 수 있다. 왜냐하면 아직도 인간과 여성의 해방이 완성되었다고 볼 수는 없는 까닭이다. 여하튼

제1차 페미니즘을 계승하는 제2차 페미니즘은 거의 40여 년 이후 즉 1960년대 후반 학생운동의 전개와 더불어 시작되었다.

2차 페미니즘은 1차 페미니즘의 성과 위에 세워졌기 때문에 법률적인 남녀평등에 머무르지 않고 실제적인 남녀평등을 지향하였다. 이러한 입장은 2차 페미니즘의 도화선이 되었던 보부아르(Simone de Beauvoir, 1908~86)가 『제2의 성』(1949)에서 보여준 문제제기에서 여실히 드러난다.

인간은 근본적인 자유 속에서 의식적인 실천을 통해 자기 자신을 만들어가고, 인간 본성의 특징은 본질적으로 이런 근본적인 자유에서 찾을 수 있는데, 인간은 어떻게 해서 부자유에 대한 나쁜 신념을 지니도록 속임을 당할 수 있는가? "모든 인간과 마찬가지로 자유롭고 자율적인 존재"인 여성이 어떻게 해서 "남성들이 여성들로 하여금 타자로서의 지위를 받아들이도록 강요하는 세계에서 살아가게 되는 걸까?"(밀너 228)

여성이 다른 주체에 의해 대상으로 간주되는 타율적인 '타자'가 아니라 자율적인 '주체'이기를 바랐던 페미니스트들은 여성을 '타자'로 만드는 원인들을 제거하고자 했다. 하지만 이러한 원인이 무엇이냐에 대해서는 몇 가지 다른 의견이 있었다.

그 중 하나는 이러한 원인이 가부장제 즉 집단으로서의 남성이 집단으로서의 여성을 지배하는 체제에 있다는 입장인데, 이러한 입장을 견지하는 이들은 급진적 페미니스트(radical feminist)라는 이름을 갖게 된다. 이들은 가부장제가 임신과 출산이라는 여성의 생물학적 특징에 의거한다고 보고 이에 대하여 부정적인 입장을 취하게 된다.

이러한 원인이 자본주의 즉 노동에 대한 자본의 지배에 있다는 입장도 있는데, 이러한 입장을 견지하는 이들은 마르크스주의(marxist feminist) 또는 사회주의 페미니스트(socialist feminist)라고 불리게 된다. 이들은 자본가가 노동자를 억압하는 동일한 메커니즘이 남성이 여성을 억압하는 데에 동원된다고 본다. 일반적으로 사회주의 페미니스트들은 자본주의와 가부장제 모두를 원인으로 보기도 하는데, 이를 이중체계 페미니스트(dual-systems feminist)라고 이르기도 한다.

또 다른 하나는 자유주의 페미니스트(liberal feminist)라고 불리는 입장인데, 이들은 이러한 원인을 사회적 편견 즉 여성은 이성적이라기보다는 감성적이기 때문에 남성에게 의존해야 한다는 전통적 편견에서 찾는다. 이러한 편견이 여성을 가정에 묶어놓고 사회적 진출을 제한하기 때문에 결국에는 여성이 타자화된다는 것이다.

이렇게 원인에 대해서는 의견을 달리했지만 페미니스트들은 대

 개 한결같이 대중문화에 대하여 비판적인 입장을
취했다. 왜냐하면 대중문화는 이데올로기와 신화
를 통하여 여성을 타자이게 하는 이러한 원인들
을 강화시키고 있었기 때문이다. 그러므로 대중
문화는 사회의 그 어떤 세력보다도 여성운동으로
부터 강력한 비판과 통제를 받게 되었다.

그러한 영향력의 사례를 우리는 이 책에서도 찾아볼 수 있다.
앞의 주 1)을 보면 번역자의 이름이 네 자로 되어 있는 것을 볼
수 있는데, 이는 우리나라에서 1997년에 3월 9일 여성의 날에 시
작된 '부모성 함께 쓰기' 운동의 결과이다. 아버지의 성을 따라야
하는 우리의 실정법을 고치기 위하여 성을 자유롭게 선택하기 이
전의 잠정조치로 이러한 전술을 여성운동가들은 채택하고 있다. 서
구의 책에서 불특정한 인간을 가리킬 때 '그' 대신에 '그 혹은 그
녀', '그/그녀', '그녀'라는 표현을 사용하기 시작한 것도 비슷한 이
유에서이다.

대중문화에 대한 여성운동의 비판과 통제를 가
장 잘 보여준 사건은 1968년의 미스 아메리카 선
발 대회에 대한 공격이다. "미스 아메리카는 이제
그만"(No More Miss America)이라는 글은 대중
문화적 여성관과 페미니즘의 여성관을 잘 대비시
켜 주고 있다.

9월 7일 애틀란틱 시에서 열리는 연례 미스 아메리카 행렬
이 다시 '당신의 이상형'에 왕관을 씌울 것이다. 그러나 올해

는 **성형수술**도 받지 않은, 생긴 그대로의 살아 숨쉬는 여자들
이 나와 **가축 경매** 같던 대회를 해방시킬 것이다. … 우리는
미스 아메리카의 이미지를 반대한다. 그 이미지는 그것이 재
현하는 모든 영역에서 여성들을 억압하기 때문이다.[2] (강조는
재인용자)

2. 급진주의의 대중문화 비판

급진주의적 페미니즘은 '급진적'이라고 불릴 이유가 있다. 그들
은 남성과 여성의 차이가 생물학적으로 선천적이라고 가정한다. 수
사자가 암사자의 포획물을 가로채고 새로 차지한 암사자의 새끼들
을 죽이듯이 남성은 선천적으로 여성을 공격하고 착취하며 이를
효율적으로 수행하기 위하여 가부장제를 고안했다는 것이다. 그러
므로 이 문제를 개인적인 행동의 교정이나 사적 소유의 개혁과 같
은 방식으로는 해결할 수 없다고 본다. 그러므로 그들은 급진적인,
즉 이제까지의 사회통념과 상당히 배치되는 전술을 취한다. 물론
그렇다고 모든 급진적인 페미니스트들이 하나의 의견을 가지고 있
다는 것은 아니다. 다양한 정도의 차이를 보이고 있다는 점은 당연
히 전제되어야 할 것이다.

우선 그들은 가부장제를 지탱하고 있는 요소가 여성의 임신, 출
산, 양육과 관계가 있다고 본다. 그러므로 그들은 이 문제에 대한

---

2) 월터스 지음/김현미 외 옮김, 『이미지와 현실 사이의 여성들』(서울: 또 하나
   의 문화, 1999), p.48 재인용. 앞으로 이 책에서 인용할 때는 (월터 ??)로
   표시한다.

해결책으로 생물학적 혁명을 제시한다. 우선 생각할 수 있는 것은 남성과의 격리 내지 분리인데, 예컨대 여성동성애 즉 레즈비언3)을 추천한다. 그렇다고 하더라도 인류의 생존을 위해서는 생식이 이루어져야 하기 때문에 그들은 또 정자 은행과 시험관 아기를 제안한다. 그러므로 적어도 그들에게는 인간 복제를 공공연하게 주장하는 라엘리안 무브먼트나4) 그의 클로나이드사5)는 희망일 수 있다. 심지어는 출산된 아기의 양육을 위하여

3) 레즈비언에 대해 페미니스트 진영에서는 다양한 의견이 있다. 가학증과 피학증을 포함하는 여성간의 성관계를 의미하기도 하고, 이러한 지배복종관계 만을 제외한 모든 성관계를 의미하기도 하며, 여성과의 성관계 없는 동류로서의 강력한 유대감을 의미하기도 한다. 이럴 때 이를 '정치적 레즈비언' 또는 '레즈비언 연속체'라고 부를 수도 있다. 다른 페미니스트들은 이성애의 방식이 변하는 것이 필요하다고 본다. 예를 들어, 질 오르가즘은 남근을 전제로 하고 있기 때문에 여성에 대한 남성의 권력을 강화시키기 위해 고안된 신화라고 본다. 그러므로 질이 아니라 음핵 오르가즘을 인정해야만 한다고 주장한다.(프리 114~18)

4) 프랑스 기자출신인 무신론적 종교운동가 라엘이 시작한 운동으로 인류는 우주인에 의해 창조되었다고 본다. 그들은 자신들이 우주인에게 다음과 같은 메시지를 받았다고 주장한다. "우리들은 또 하나의 다른 태양계에서 와서 지구에 과학적인 방법으로 우리의 모습을 본뜬 인간을 포함해서 모든 생명들을 창조했습니다. … 당신들은 우리를 신들로 잘못 알았습니다. … 우리는 당신들을 우리들 자신의 자녀들로서 사랑했고 당신들에게 예언자들을 통해서 지혜를 보냈습니다. … 당신들은 우리들의 가르침을 왜곡시켰으며 그리고 그것을 싸우는 데 사용했습니다. … 오늘날 당신들은 우리들이 누구인지를 이해할 수 있으며, 우리는 공식적인 대사관에서 접촉을 성사시키고 싶습니다."

5) 클로나이드사는 인류의 영원한 삶을 과학적으로 가능하게 하기 위하여 라엘이 수립한 인간복제회사로서 세포복제 나아가 성체복제를 목표로 하고 있다.

남성들에게 호르몬 요법을 수행하자는 제안을 하기도 한다.[6]

　이러한 극단적인 주장이 있기는 하지만 그들의 입장에서 가장 특징적인 것은 '분리주의'적 입장이라고 볼 수 있다. 즉 남성들의 삶의 방식과 여성들의 삶의 방식이 따로 있으며, 현재로서는 남성들의 삶의 방식이 여성들의 삶의 방식을 잠식해 있기 때문에 이러한 점을 비판하고 분리를 통해 여성적인 삶의 방식을 복원해 내어야 한다는 것이다.

　예를 들면, 인간의 의식적인 삶의 가장 기본이 되는 언어가 이미 가부장제로 오염되어 있으므로 이러한 오염을 걷어내고 또 여성 고유의 언어유형(genderlect)을 회복해야 한다고 주장한다. 따라서 문학에서도 여성의 문학을 특별한 장르로 설정하며, 비평에서도 또한 여성 비평(gynocritics)을 남성적 시각에 의해 굴곡된 페미니즘 비평과 구분한다. 사회과학의 방법론에서도 객관적인 조사방법보다는 주관적인 조사방법, 예컨대 참여관찰, 심층인터뷰, 질적 분석 등을 해야 한다고 주장한다.[7]

　대중문화와 관련해서도 급진주의자들은 분리주의를 내세우는데, 그들은 남성 지배 언론과 구별되는 페미니스트 언론을 생각한다. 여성종사자, 독립채널, 여성수용자가 이러한 페미니스트 언론의 구성요소일 것이다. 하지만 대중문화와 관련하여 이야기하자면 "급진적 페미니스트 이론에 기반을 둔 페미니스트 대중매체 연구는 거의 없다."[8] 그들이 대중문화와 관련해서 주로 다룬 주제는 포르노

---

6) 스티브스, "페미니즘 이론과 매체 연구", 원용진, 한은경, 강준만, 『대중 매체와 페미니즘』(서울: 한나래, 1993), pp.122~23.
7) 같은 글, pp.125~26.

또는 애정물 정도인데, 그들은 이것이 여성에 대한 성폭행 내지 성차별적 편견의 직접적인 원인이라고 본다.

급진적인 페미니스트들, 특히 섹슈얼리티를 여성에 대한 남성의 지배의 핵심으로 보는 사람들에게 포르노그래피는 여성에 대한 남성 지배의 결정적인 요소이다. 왜냐하면 이러한 견해에 따르면 남성과 여성의 모든 관계는 지배와 복종의 성애 바깥에 존재하지 않는데, 이런 상황에서 포르노그래피는 바로  그러한 지배와 복종의 성애를 이데올로기화하는 결정적 수단이기 때문이다.

 이러한 입장의 대변자들 중의 한 사람인 드워킨(Andrea Dworkin, 1946~   )은 『포르노그래피』(1981)9)에서 포르노그래피의 이데올로기는 남성들이 페니스를 가지고 있기 때문에 여성들보다 우월하며, 여성을 신체적으로 소유하고 여성의 몸을 성적이거나 재생산적인 목적을 위해 사용하는 것은 남성의 자연적인 권리라는 관념에 기반을 두고 있다고 비난한다.

> 남성의 성적 지배는 이데올로기와 형이상학을 갖춘 물질적 체계이다. 여성들의 몸에 대한 성적 식민화는 물질적 현실이다. 즉 남성들은 여성들의 몸에 대한 성적 재생산적 사용을 통제한다. 통제 제도에는 법, 결혼, 성매매, 포르노그래피, 보건,

---

8) 같은 글, p.123.

9) 드워킨 지음/유혜연 옮김, 『포르노그래피』(서울: 동문선, 1996).

경제, 조직화된 종교, 여성에 대한 체계화된 신체적 공격(예를
들어 강간과 구타 등과 같은)이 포함된다.(프리 120 재인용)

이러한 드워킨의 공격은 포르노그래피가 강간과 연결될 때, 그
래서 포르노그래피는 이론이고 강간은 실천이라고 주장할 때 더욱
강력해진다. 드워킨과 비슷한 입장을 개진하고
있는 브라운밀러(Susan Brownmiller, 1935~   )
는『우리의 의지에 반하여』(1975)[10]에서 남성에
게 여성에 대한 통제권을 주는 것은 성폭력, 특
히 강간과 강간의 위협이라고 주장한다. 그녀는
모든 여성은 강간의 위협에 의해서 고통을 받고 모든 남성은 강간
의 위협에 의해 이익을 얻는다고 지적한다. 왜냐하면 여성들로 하
여금 복종하게 하는 것은 강간에 대한 위협이 만들어내는 공포이
기 때문이다.

그리스의 전사 아킬레스는 개미[11]의 후예인 한 무리의 남자
들, 미르미돈들을 고용하여 전투에 나가 자신의 명령을 수행
하도록 했다. 충성스럽고 의심이 없는 미르미돈들은 효과적인
공포의 대리자로서 익명으로 활동하면서 주인에게 잘 봉사했
다. 경찰 기록부의 강간범들은 진정한 의미에서 우리 사회의

---

10) 브라운밀러 지음/편집부 엮음, 『성폭력의 역사』(서울: 일월서각, 1990). 한
   국어판은 원저 중에서 '성폭력의 역사'와 관련된 부분을 발췌한 것이다.
11) 그리스 신화에 따르면 미르미돈(Myrmidon)은 개미로 변한 제우스에 의해
   유혹을 받는 공주가 낳은 사람의 후손이라는 설도 있고, 역병 때문에 주민
   이 모두 죽은 도시에 주민을 채우기 위하여 제우스가 개미를 변화시켜 만
   든 인간이라는 설도 있다. 어원은 개미를 뜻하는 그리스어인 myrmex이다.

모든 남성들을 대신하여 미르미돈의 기능을 수행하는 것이다. 정체를 은폐하고 신화로 덮인 그 사람들은 익명의 공포 수행자들이다.(프리 124 재인용)

강간은 비합리적이고, 충동적이고, 통제할 수 없는 정욕에 의해 일어나는 것이 아니라, 정복자가 되려는 자가 위협하고 공포를 불러일으키기 위하여 저지르는 주도면밀하고, 적대적이고, 폭력적인 타락과 소유의 행위라는 기본적인 진실을 일단 우리가 받아들이고 나면, 우리는 우리 문화 속에서 이러한 태도를 장려하고 선전하는 요소들에 주의를 기울여야 한다. 이것은 특히 영향받기 쉬운 청소년기에 있는 남성들, 즉 잠재적인 강간범들인 이들에게 대부분, 도덕적인 잘못은 고사하고, 처벌받을 수 있는 범죄를 저질렀다는 자각도 없이 공격 행동을 저지르도록 하는 이데올로기와 심리적 격려를 제공해 준다.(프리 125 재인용)

그녀에 따르면 포르노그래피나 포르노그래피적인 대중문화는 이와 같은 메커니즘을 통하여 남성의 여성에 대한 지배를 지속시키며 기존의 가부장적인 질서를 수호한다. 이런 까닭으로 어떤 급진주의자들은 포르노그래피를 법률적으로 금지시키기를 원한다. 하지만 또 어떤 급진주의자들은 이러한 금지를 달가워하지 않는다. 왜냐하면 이러한 법이 "여성들에 의하여 그리고 여성들을 위하여 만들어진 것까지 포함하여 모든 성적 표현물에 대한 검열을 야기"할 수 있으며 그런 의미에서 이는 "신우익과의 위험한 동맹"(프리 122)일 가능성이 있기 때문이다. 비록 법적으로 통제하는 데는 의견의 일치가 이루어지지 않는다고 하더라도 포르노그래피 등의 대중문화의 위험성을 급진주의자들은 효율적으로 폭로하였다.

3. 자유주의의 대중문화 비판

자유주의 페미니즘은 시민사회를 이끌고 온 자유주의 이념을 배경으로 하고 있다. 그들은 자유주의적인 방법을 통하여 남성들이 정치적이고 경제적인 자유를 얻었던 것처럼, 여성들도 마찬가지의 방법을 통하여 그러한 자유들을 얻을 수 있을 것이라고 본다.

자유주의자들은 남녀불평등이 남녀의 역할에 대한 과거의 편견  에 기인하는 것으로서 이러한 편견이나 선입견은, 인간성 존중이라는 자유주의의 원칙을 이성적으로 견지하는 한, 계몽에 의해서 해소될 수 있는 것으로 본다. 이러한 전술은 물론 근본적이지 못하다는 비판을 받지만 자유주의자들은 여타의 페미니즘이 사실은 자유주의 페미니즘의 역사적 성과 위에 현재 전개되고 있는 것이며,(월터 57) 따라서 이것이 역사적으로 입증된 가장 현실적인 방법이라고 자신한다.

이런 까닭에 자유주의자들은 두 방향으로 여성해방운동을 전개해 왔는데, 그 하나는 사회가 가지고 있는 편견 즉 여성의 공적인 지위를 제한하려는 법률적 장애를 제거하고, 다른 하나는 인간 개인이 가지고 있는 편견 즉 여성의 삶을 사적인 영역에 한정시키려는 전통적인 여성관을 개선하는 것이었다.

여성의 공적인 지위를 수정하려는 움직임은 이미 제 1 차 페미니즘에서 시작되었다. 드 구주가 발표했던 『여성과 여성시민의 권리선언』은 프랑스혁명 시 선포되었던 『인간과 시민의 권리 선언』에 대응한 것이었다. 후자에서 인간은 영어로 이야기하자면 Man이었으며 이는 인간으로도 읽힐 수는 있었지만 역사적 사실로서는 인간이라기보다는 남성이었다.(프리 69) 이런 까닭으로 드 구주는 이것이 인간이 아닌 남성임을 폭로하고 이에 대응하여 여성의 법적 권리를 주장하였던 것이다. 잘 알려져 있는 것처럼 이러한

드 구주는 "여성이 단두대에 오를 권리가 있다면 의정단상에도 오를 권리가 있다"는 유명한 말을 남기고 단두대에서 처형당했다.12) 하지만 드 구주의 선각자적인 노력은 130여년 후에 영국과 미국에서 그리고 150여 년 후에 프랑스에서 결실을 거두었다.

　하지만 1차 페미니즘의 성과는 예상처럼 그렇게 성공적이지 못했다. 왜냐하면 여성들의 지위가 법률적으로 확보되었음에도 불구하고 여성은 여전히 충분한 공적인 지위를 누릴 수 없었기 때문이

었다. "피선거권과 투표권을 가졌음에도 불구하고 여성들은 세계 대부분의 국회와 정부기구들에서, 그리고 그밖의 선거를 통해 구성된 지역적이거나 전국적인 의사결정 기구들에서도 여전히 과소대표되고 있다."(프리 69) 제 2 차 페미니즘은 이 문제와 관련해서는 1990년대에 이르러서야 제대로 대응할 수 있게 되었다. 그 대응은 젠더13) 동률을 위한 캠페인이었다. 공적인 위치를

---

12) 출전 http://kr.encycl.yahoo.com/final.html?id=111848

13) 남성과 여성의 생물적인 신체적인 정체를 sex라고 이름하고, 사회적인 문화적인 정체를 gender라고 이르기도 하는데, 이는 "여성으로 태어나는 것이 아니라 만들어진다"는 보부아르의 지적처럼 여성정체의 후천성을 강조하기 위한 언어사용법이다. 이런 입장에서 female과 feminine을 구분하기도 한다. 인간종인 여성female은 태어날 수 있지만 여성woman을 만드는 것은

차지하는 남녀의 비율을 동등하게 하자는 페미니스트들의 이러한 주장은 일종의 차별수정조치14)라고 할 수 있다. 이러한 운동은 아직까지 충분한 성공을 거두었다고 볼 수는 없지만 상당한 성공15)을 거두고 있고 이러한 성공은 자유주의자들이 의도한 여성의 공적 지위와 관련한 장애제거에 상당히 기여할 것으로 보인다.

문명이며, 이 문명이 무엇이 여성적인 것feminine인지를 정의하고 여성들이 어떻게 행동해야 하고 행동하는지를 처방한다고 주장되기도 한다(프리 38). 하지만 이러한 구분은 분리할 수 없는 것을 분리하는 편의적인 것이라고 볼 수 있다.

14) 자유주의는 사회주의처럼 결과적 평등을 목적으로 하지 않기 때문에 불평등한 결과를 늘 수용해 왔으나 이러한 불평등한 결과를 정당화하기 위해서는 기회의 평등을 확보하는 것이 필수적이었다. 동일선상에서 경쟁이 시작되었다면 그 경쟁의 승패는 경쟁자 본인에게 달려 있기 때문에 경쟁의 결과에 승복해야 한다는 것이 자유주의의 논리였다. 하지만 기회의 평등을 확보하는 것이 그렇게 쉬운 일이 아니기 때문에 기회의 평등에 좀더 다가가기 위하여 차별수정조치를 하게 된다. 예를 들어 대학입학에서 소수민족의 비율을 미리 정해 놓는 경우가 있다. 왜냐하면 소수민족은 다수민족에 비해 여러 면에서 불리한 처지에 있는 것이 보통이기 때문이다. 그러므로 소수민족학생은 자신의 그러한 핸디캡을 이러한 차별수정조치에 의해 보상받게 되고 이러한 특혜에 의해 기회의 평등과 결과의 불평등은 정당성을 얻게 된다. 하지만 이런 경우 다수민족의 학생은 오히려 역으로 차별을 받는 그런 결과가 생기게 되기 때문에 이러한 정책은 늘 논쟁거리가 되곤 한다. 여기에 대해서는 싱어 지음/황경식, 김성동 옮김, 『실천윤리학』(서울: 철학과 현실사, 1997)의 2장을 참조하라.

15) 동률을 위한 페미니즘의 이러한 활동은 특히 프랑스에서 강했는데, 프랑스는 <동률을 위한 운동>(이 쟁점을 중심으로 캠페인을 벌이는 다양한 페미니스트 조직들의 연맹)의 압력으로, 2000년 1월에 남녀 동수의 선거 후보를 내지 않는 정당에 대한 재정적 지원을 철회하는 것과 같은 수단을 통해 젠더 동률을 확고히 하는 행동을 취할 수 있게 하는 헌법 수정안을 통과시켰다.(프리 75) 하지만 통과 첫해에는 이러한 조치가 효과를 거두었으나 둘째 해에는 덜 효과적이었다는 보도도 있었다.

자유주의자들이 여성의 공적 지위 향상과 관련
하여 대중문화를 크게 비난할 이유는 없었다. 오
히려 자유주의자들이 대중문화를 비판하고 나선
곳은 전통적인 여성관의 개선과 관련해서이다. 이
들은 대중문화가 여성의 이미지를 굴절시켜 반영
하거나 왜곡시킴으로써 전통적인 여성관을 유지하고 심지어는 강
화하는 방향으로 작용하고 있다고 지적하고 이의 개선을 위하여
대중매체들이 운영이나 제작태도를 바꾸어야 한다고 주장했다. 그
들의 이러한 입장은 여성의 이미지를 중심으로 전개되었다.

이러한 입장의 대변자들 중 한 사람인 터크만(Gaye Tuchman)
은 『화로와 가정: 매스미디어에서의 여성의 이미지』(1976)에서
"대중매체에 의한 여성의 상징적 전멸"을 주장하는데, 이 글에서
그는 이렇게 지적하고 있다.

> 대중매체는 두 가지 과제를 동시에 수행
> 한다. 첫째로, 얼마간의 문화지체는 있지만
> 사회의 지배적인 가치와 태도를 반영한다.
> 둘째로 어떻게 행동할 것인가와 관련하여
> 청소년들에게는 사회화의 대리인으로 기능
> 한다. 텔레비전을 많이 보면 아이들과 청
> 소년들은 전통적인 성역할을 믿게 된다. 남자아이는 직업을
> 가져야 하며, 여자아이는 직업을 갖지 말아야 한다. 미디어에
> 서는 여성을 위해 고안된 성역할 스테레오타입들이 특히 잘
> 드러난다. 이런 이미지들은 여성들은 가정에 마음을 두어야
> 한다고 가르친다.(월터 54 재인용)

터그만과 비슷한 입장을 전개한 사람들인 리히터와 로드만 (Robert Lichter and Stanley Rothman)은 "루시에서 레이시까지: 텔레비전의 꿈의 소녀들"(1986)에서 1955년부터 1986년까지 31년에 걸쳐 전국적인 텔레비전 황금시간 대의 주제와 등장인물을 분석하여 아래와 같이 보고하고 있다.

여성 등장인물은 남성보다 덜 눈에 띄고, 여러 측면에서 더 약한 성으로 묘사된다. 그들은 다소 덜 성숙한 어른처럼 보이고, 덜 교육받고 낮은 지위의 직업을 가지고 있는 것처럼 보인다. 그들의 활동은 가정, 개인적인 관계 및 성이라는 사적인 영역으로 묘사되는 경향이 있고, 반면에 남자들은 직장, 사회적 관계 및 성이라는 공적 영역으로 나타나는 경향이 있다.16)

자유주의자들은 정형화된 성차별적 이미지와 여성의 종속이 연관이 있다고 보고, 대중매체가 여성에게 모욕감을 주는 이미지를 제거하거나 개선하면 여성의 있는 그대로의 모습을 보여줄 것이라고 믿고 있다. 그들은 도덕적이고 법률적인 제한, 대중매체의 여성 종사자 수의 증대 등의 여러 가지 수단을 통하여 대중매체가 여성의 이미지를 좀더 긍정적으로 묘사토록 함으로써 여성의 인간으로서의 삶을 가로막는 전통적인 여성관이 수정될 것이라고 보고 있다. 하지만 사회주의 페미니스트들은 이러한 방식으로 여성이 해방될 수 있다고 생각하지 않는다.

___

16) 스티브스, p.132 재인용.

4. 사회주의의 대중문화 비판

8장에서17) 보았던 마르크스의 이데올로기 분석을 참조하여 말하자면, 자유주의의 대중문화 비판은 반영 모델에 의거하고 있다. 대중문화는 사람들의 가치와 태도를 반영하고 있는데 이러한 사람들의 가치와 태도가 달라지면 대중문화는 참된 인간으로서의 여성을 반영할 수 있을 것이라는 입장이다. 거울이 우리의 좌우를 바꾸어서 보여주고 있다는 것을 알기만 하면 우리가 거울을 본다고 해서 착오가 일어나지는 않을 것이라는 주장이다.

이에 반해 사회주의자들은 이익모델에 의거하고 있다. 그들은 대중매체가 결코 단순한 거울일 수 없으며 대중매체는 여성을 거울처럼 반영하고 있는 것이 아니라 특정한 의도에 따라 왜곡하여 반영하거나 더 나아가 창조자처럼 여성을 구성하고 있다고 주장한다. 자유주의자들이 거울이라고 말하는 것은 가부장제라는 창조자의 거울이기 때문에 그 거울을 아무리 보수하고 깨끗이 한다고 하여도 진정한 여성은 나타나지 않는다는 것이다.

아니 여성의 영원한 정체성을 전제하는 '진정한 여성'이라는 그러한 생각 자체가 가부장적인 사유의 결과라고 사회주의자들은 지적한다. 그런 이상적 이미지는 가부장제적 문화 속에서 여성의 종속과 남성의 지배를 위해 구성된 이미지에 불과하다는 것이다. 그

---

17) 8장 2절 참조.

러므로 그들은 "문화적 이미지들이 어떻게 이 '여성'이라는 범주를 생산해 내어, 성적 차별성을 만들어 내고, 남성 지배를 이루게 하는지를 설명"(월터 69)하고자 한다.

이러한 작업의 개척자라고 할 사람은 마르크스주의 문화비평가인 버거(John Berger)이다. 버거는  『바라봄의 방식』(1972)에서 고전적인 누드화나 현대의 광고나 간에 가부장제적 사회가 여성을 남성의 바라봄의 대상으로 만들고 있으며 이러한 바라봄을 통하여 남성은 여성에 대한 남성의 소유권을 강화시키고 여성은 자신이 남성의 욕망의 대상이라는 관점을 내면화시켜 여성의 정체성을 만들어낸다고 지적하였다.

> 여성은 자신의 모습과 행동을 구석구석 살펴보아야만 한다. 다른 사람에게, 궁극적으로는 남성에게 어떻게 비칠 것인가가 그 여성이 성공하느냐마느냐를 판가름하는 데 결정적으로 중요하기 때문이다. … 남성은 보고 여성은 보여진다. 남성은 여성을 바라본다. 여성은 바라보이는 자신을 쳐다본다. 이것이 대부분의 남녀 관계를 결정지을 뿐 아니라 여성들간의 관계를 결정짓는다. 여성 안에서 여성을 관찰하고 있는 자는 남성이다. 그리고 관찰되는 사람은 여성이다. 이러한 과정을 통해 여성은 스스로를 시각의 대상 즉, 볼거리로 바꾸어 버린다.(월터 72 재인용)

이러한 버거의 선구자적 통찰은 사회주의 페미니스트 멀비(Laura Mulvey)에 의하여 사회주의자들의 일반적인 입장이 되었

다. 그녀는 『시각적 쾌락과 다른 쾌락들』에서 프로이트(Sigmund Freud, 1856~1939)와 라캉 (Jacques Lacan, 1901~81)의 정신분석이론을 응용하여 대중문화 속에서 묘사되는 여성들을 볼 때 관음증과 물신주의라는 두 가지 기본 쾌락이 존재한다고 지적하였고 많은 사회주의 페미니스트들이 이를 따랐다.

관음증(voyeurism)이란 다른 사람의 성교 장면이나 성기를 몰래 반복적으로 보면서 성적인 만족을 느끼는 성도착증이다. 엿보는 사람은 자신은 보이지 않으면서 남을 보는 즐거움을 갖는다. 이것은 이미지에 대한 권력과 통제와 결합된다. 카메라의 눈은 틈새의 구멍을 들여다보는 눈과 같다.

> 관음증은 훔쳐보는 사내아이처럼 특정한 욕망의 대상과 접촉하지 않고 단지 바라보기만 함으로써 성적 즐거움을 갖는 것을 말한다. 거기서는 훔쳐보는 사내아이가 통제권을 쥘 수 있다. 훔쳐보는 사내아이는 무슨 일이 벌어지든 자신이 본 것에 대한 의미를 자신이 결정할 수 있다.(월터 77 재인용)

물신주의(또는 주물숭배, fetishism)는 신체의 일부, 또는 특정한 사물에 대해서 이상한 성적 애착을 느끼는 일종의 도착현상이다. 멀비는 남성들에게는 어머니한테 페니스가 없음을 발견하고 당황스러워 한 어린 시절의 기억 때문에 여성신체의 일부분을 숨겨진 페니스로 간주하여 이것에 집착하는 경향이 있다고

설명한다. 앞 장에서 '신화'를 설명하기 위한 예로서 제시했던 스타킹 선전에서 여성의 얼굴이 삭제되고 다리만 강조되고 있었던 점을 기억할 수 있다.

> 광고에서 여성은 보통 '파편화되어'(fragmented) 재현된다.
> … 여성은 입술, 다리, 머리카락, 눈, 손으로 나타나고 이 경우에 그 부분들은 '성적인'(sexual) 여성을 환유적으로 나타낸다. 반면 남성들이 '파편화되는' 경우는 훨씬 적다.(월터 79 재인용)

멀비의 이러한 분석에 따르면 영화관에서는 세 가지 응시가 있게 된다. 첫째는 영화 속의 남자 주인공이 여자 주인공을 응시하는 것이다. 둘째는 남자 주인공을 통해 남자 관객이 여성 주인공을 응시하는 것이다. 셋째는 남자주인공을 통해 여자 관객이 여성 주인공을 응시하는 것이다. 급진주의자들의 입장에서는 둘째 응시에 우선 초점을 맞추어 여성에 대한 남성의 권력을 이야기하겠지만, 사회주의자들은 셋째 응시에 강조점을 더 두게 된다. 관객이 남성으로 전제되어 있기 때문에 여성 관객은 남자 주인공의 시선을 따라갈 수밖에 없다. 그러므로 여성 관객은 여자 주인공을 응시하면서 또한 동시에 자신을 남

성의 시선으로 응시할 수밖에 없다. 그러므로 여성의 여성은 이 세상에 존재하지 않는다. 오직 남성의 여성만이 존재할 뿐이다.

이러한 상황은 불가피한 것인가? 사회주의자들은 이러한 상황이

불가피하다고 생각하지 않는다. 이제 사회주의자들은 앞 장에서 이미 살펴본 그람시의 논의를 이용할 수 있다. 왜냐하면 대중문화란 한쪽에서 다른 한쪽으로만 흐르는 침투적인 과정이 아니라 양쪽에서 서로 다른 쪽으로 흐를 수 있는 헤게모니적인 과정이기 때문이다. 그러므로 사회주의 대중문화 비판은 매체를 비판하는 것에서 멈추지 않고 매체를 수용하는 수용자에 대한 비판을 전개한다.

여성주의 문화이론을 추구하고 있는 월터스(Susanna Walters)는 영국의 문화이론가인 홀(Stuart Hall)의 약호화/약호 해독 모델(encoding/decoding model)을 사용할 것을 제안한다.

홀의 모델은 관람자들이 취할 수 있는 독해의 세 가지 위치를 설명해 주고 있다. 첫째는 전적으로 이데올로기 안에서 이미지를 읽는 것이다. 이것은 생산자가 '약호화해 놓은' 대로 재현을 해석하는 것이다. 두 번째는 '협상적' 읽기이다. 이것은 이데올로기의 기본틀은 받아들이지만 어떤 특별한 지점에 대해서는 도전을 가하는 읽기이다. 셋째는 '저항적' 읽기이다. 이것은 관람자가 재현의 근본 가정에 도전하는 것으로 거슬러 읽기[18]와 비슷하다.(월터 106)

---

18) 거슬러 읽기는 자유주의자들의 일반적인 대중문화비판이 소극적이라고 보고 보다 더 적극적으로 대중문화를 비판하기 위하여 대중문화의 허구성을 내용분석을 통하여 폭로하고자 하는 사회주의적인 시도이다. 예를 들어 Judith Mayne은 *Woman and Film*에 수록된 "The Female Audience and the Feminist Critic"에서 이렇게 말하고 있다. "고전영화에 대한 '거슬러 읽기'는 가부장제가 획일적이거나 일관된 것이어서 그 자체의 목적에만 기여하는 이미지를 생산할 수 있다고 가정하지 않는다. 그렇다면 이론적으로 볼 때 이 두 가지 접근 방식의 차이는 무엇보다도 이데올로기의 개념이 서

사회주의 페미니즘의 입장에서 보면 대중문화의 수용자는 보다 더 비판적으로 대중문화를 수용해야 한다. 수용자는 해독 없이 대중문화의 메시지나 이미지나 이데올로기를 받아들여서는 아니 된다. 적어도 협상적 읽기를 시도해야 하며, 할 수만 있다면 저항적 읽기를 시도해야 한다. 여성운동가들의 기본적인 생각은 여성이 해방되어야만 남성도 해방될 수 있다는 것이다. 남성과 여성의 헤게모니적 관계를 생각한다면 이는 당연한 결론이다. 남성도 이러한 읽기의 책임을 면할 수는 없다.

여기서 우리는 1부에서 전개하던 역사적 고찰로 잠깐 되돌아갈 필요가 있다. 왜냐하면 우리는 1부의 후반부에서 1920년대까지 추적하고서 그 이후의 전개를 추적하지 않았기 때문이다. 1920년대 이후 대공황과 제2차 세계대전의 발발, 동서냉전과 해빙 등 우여곡절이 있었지만 미국은 전 세계적으로 패권을 확립하게 되었고, 이와 아울러 1920년대에 확립된 미국적 삶의 방식은 그 싹을 계속 발달시켜 미국인의 삶의 방식뿐만 아니라 세계인의 삶의 방식이 되었다. 다음 장에서는 이 책의 성격상 이러한 모든 전개를 추적할 수 없으므로 '대중매체의 기술적 발달과 그 영향'이라는 관점에 국한시켜 이러한 전개를 추적해 보고자 한다.

로 다르다는 데에 있다. '여성 이미지' 접근은 사회 통제에 관한 비교적 단순한 조작 체계를 보여주는 반면, '거슬러 읽기'는 모순, 틈새, 말실수 등으로 가득 찬 세계를 보여준다."(월터 100 재인용).

생각거리

1. 과거 역사에서 여성들의 처지가 어떠했는가를, 특히 한국 여성들의 처지가 어떠했는가를 조사해 보자.
2. 호주제 폐지 운동에 대하여 알아보자.
3. 급진주의자 페미니스트들의 포르노그래피에 대한 공격내용을 정리해 보자.
4. 우리나라 여성부에서 시행하고 있는 다양한 여성할당제에 대하여 알아보자.
5. 여성에 대한 편견을 나타내는 광고물을 적어도 둘 이상 찾아보자.
6. 여러 통신수단을 이용한 포르노그래피의 전파에 대하여 법적인 규제가 필요한지, 필요하다면 어떤 방식의 규제가 적당할 것인지를 논의하는 에세이를 작성해 보자.

읽을거리

프리드먼 지음/이박혜경 옮김, 『페미니즘』(서울: 이후, 2002)
월터스 지음/김현미 외 옮김, 『이미지와 현실 사이의 여성들』(서울: 또 하나의 문화, 1999)
원용진, 한은경, 강준만, 『대중 매체와 페미니즘』(서울: 한나래, 1993)

볼거리

임상수 감독의 『처녀들의 저녁식사』를 보고 이 영화가 어떤 의미에서 페미니스트 영화이고 어떤 의미에서 그 반대로 해석될 여지를 가지는지 분석해 보자.

제 10 장

기술시대의 대중문화

1. 인간과 기술

오늘날 '기술'은 일상이 되었지만 '기술'이 이렇게 일상사가 된 것은 그리 오래된 일이 아니다. 우리의 경우 100년 전만 하더라도 기술자는 예술가와 마찬가지로 '장이'에 불과했다. 서구를 보더라도 에디슨(Thomas Alva Edison, 1847~1931)의 왕성한 기술적 발명과 그 이후에 그러한 기술적 발명가가 없었다는 사실은 그 이전에 기술이 어떠한 처지에 있었고 그 이후에 기술이 어떤 새로운 처지에 있게 되었나를 알려주는 반증자료가 된다.

오늘날에도 기술은 여러 가지 의미를 가지고 있다. 이러한 기술의 여러 의미는 기술을 **신체적 기술**과 **기계적 기술**로 구분함으로써 크게 묶을 수 있다. 기계적 기술을 기술의 발휘가 기계에 달려 있어 비숙련노동자도 쉽게 발휘할 수 있는 기술이라고 본다면, 신체적 기술이란 기술의 발휘가 신체에 달려 있어 숙련노동자만이 발휘할 수 있는 기술이라고 할 수 있을 것이다.

산업혁명 이전의 기술은 대개 신체적 기술이라고 볼 수 있다. 그 당시의 기술자는 예술가와 다를 바 없었다. 영어의 'art'라는 단어는 '기술'과 '예술'을 동시에 뜻하는데, 그러할 충분한 이유가 있었던 셈이다. 신체적 기술자는 예술가와 마찬가지로

오랜 숙련을 거쳐 그러한 기술을 획득했으며 그렇게 획득된 기술은 자식에게도 넘겨줄 수 없는 오직 그만의 기술이었다.[1] 왜냐하면 신체적 기술은 객관화가 되지 않기 때문이다.

산업혁명 이후에 이러한 기술세계는 혁명을 겪게 된다. 신체적 기술이 점진적으로 기계적 기술로 환원됨에 따라 기술자는 예술가

---

1) 『장자』 천도편에 보면 책이라는 객관화된 지식을 공부하는 왕에게 수레바퀴를 깎는 기술자인 윤편이라는 노인이 기술이 책에 있을 수 없음을 설득하는 이런 이야기가 나온다. "저는 제 일로 보건대, 수레를 만들 때 너무 깎으면 헐거워서 튼튼하지 못하고 덜 깎으면 빡빡하여 들어가지 않습니다. 더 깎지도 덜 깎지도 않는다는 일은 손짐작으로 터득하여 마음으로 수긍할 뿐이지 입으로 말할 수가 없습니다. 거기에 비결이 있는 겁니다만 제가 제 자식에게 깨우쳐 줄 수 없고 제 자식 역시 제게서 이어받을 수가 없습니다. 그래서 일흔인 이 나이에도 늘그막까지 수레바퀴를 깎고 있는 겁니다. 옛사람도 그 전해 줄 수 없는 것과 함께 죽어버렸습니다. 그러니 전하께서 읽고 계신 것은 옛사람들의 찌꺼기일 뿐입니다!"

로서의 지위를 상실하고 노동자로 전락하게 된다. 이렇게 전락한 노동자는 기술을 기계적으로 체계화한 공학자의 지시를 받게 되는데, 공학자의 기술이란 사실 객관화 가능한 기술 즉 복제 가능한 기술이었기 때문에 결코 예술은 아니었다. 기술세계의 이러한 혁명 이후 인류는 본격적인 기계적 기술의 시대에 살고 있다.

기계적 기술이 신체적 기술과 구분되는 것은 기술의 복제가능성 하나만이 아니다. 기계적 기술은 신체적 기술과 달리 인간적 가능성의 범위를 초월한다는 특징이 있다. 인간이 아무리 신체를 단련한다고 해도 자신의 체중의 세 배를 들어올리는 것이 불가능하지만 크레인은 체중의 백 배 천 배를 쉽게 들어올린다. 무게뿐만 아니라 속도에서 마찬가지이다.

마라톤 우승자도 시속 25km를 내지 못하지만 비행기는 물론이고 자동차만 해도 250km로도 달릴 수 있다. 감각도 마찬가지인데, 인간의 시각이나 청각은 망원경이나 현미경, 텔레비전이나 전화와 비교의 대상이 되지 못한다.

이러한 신체초월적 기계기술을 가진 인류는 신체적 수공기술을 가진 인류와 비교하여 정말 신인류라고 이를 만하다. 사실 이러한 새로움은 기계기술에서 비로소 나타난 것은 아니고 인간이 석기를 사용하기 시작했을 때, 청동기를 사용하기 시작했을 때, 철기를 사용하기 시작했을 때도 늘 있었던 일이다. 석기와 더불어 인간은 동물의 세계에서 떨어져 나왔으며, 청동기와 더불어 부족국가를 형성했고, 철기와 더불어 현재와 같은 삶의 방식을 수립했다. 기계기술과 더불어 인류가 대중사회에 도달한 것은 과거의 극적인 변화와 같은 수준의 혁명적 사건이었다.

하지만 기술은 인간의 삶을 확대만 하는 것이 아니다. 미국의
기술철학자 아이디(Don Ihde, 1936~   )는 기술은 확대와 더불어
축소한다는 특징을 가지고 있다고 지적하고 있다. 예를 들어 전화
는 나의 청각의 도달거리는 엄청나게 확대시켜 주지만 나의 시각
을 축소시킨다고 말한다.

　　　　　　　그렇지만 이러한 확장은 동시에 … 축소이
　　　　　　다. … 이러한 확장은 분명히 타자에 대한 나
　　　　　　의 포괄적인 감각경험을 축소시킨다. 그래서
　　　　　　전화를 통하여 말할 때에는, 얼굴을 마주보고
　　　　　　대화할 때에 내가 가지게 되는 타자의 풍부한
　　　　　　시각적 현전이 없다. … 타자는 오직 부분적
으로만 [오직 청각적으로만] 현전한다. 이는 준현전이거나 변
형된 현전이다. 나는 타자에게 확장된다. 그러나 그러한 타자
는 축소된 현전이다.[2]

화상전화로 이야기하면 이러한 상황은 타
파될까? 아이디는 이해를 위하여 시각의 부
재를 말하고 있지만 그가 말하고 있는 것은
전화가 단일감각기계인 반면 화상전화는 시
청각기계라는 것이 아니다. 우리가 기계를 통하여 다른 사람과 만
나는 것은 직접 만나는 것과는 다른 부분이 있으며 이는 기계를

---

2) 아이디 지음/김성동 옮김, 『기술철학』(서울: 철학과현실사, 1998), pp.49~
　　50. 아이디의 기술철학에 대한 인간학적 소개가 김성동, 『인간: 열두 이야
　　기』의 7장에 실려 있다..

통할 때 겪게 되는 어쩔 수 없는 변형이라는 것이다. 왜냐하면 우리의 감각은 인간적인 지향성을 가지고 있는 반면 기계는 기계 나름의 지향성을 가지고 있기 때문이다.

강아지가 보는 세상과 인간이 보는 세상이 다르듯이 기계가 보는 세상과 인간이 보는 세상이 다르다는 것은 당연한 일이다. 인간이 기계를 이용한다는 것은 기계가 보는 세상을 본다는 뜻이기도 하기 때문에 이러한 변형이 있게 된다. 하지만 기계의 사용은 비록 이러한 변형이 있다고 하더라도 우리의 능력을 기계의 능력 수준에 가져다 놓는다. 이것이 우리가 기계를 사용하는 이유이다. 아이디는 이렇게 인간이 기계의 지향성을 수용하는 일을 기계와 인간의 공생(symbios)[3]이라고 표현하고 있다.

하지만 이것은 공생이기 때문에 인간이 인간의 인간됨을 완전히 상실하는 것은 아니다. 인간은 그 어떤 기계를 사용하든지간에 자신의 키보다 낮은 천장을 가진 집을 짓지 않는다. 인간이 어떤 환상을 만들어내든지간에 자신이 예전에 가졌던 경험의 범위를 벗어나는 환상을 만들어내지 못한다. 인간의 몸과 마음은 또한 기계를 제작하고 사용하는 데에 제약을 준다. 인간적 지향성이 이미 언제나 기계적 지향성을 통제하고 있다. 이런 까닭에 이것을 아이디는 공생이라고 이른 것이다.

기술에 대한 환호는 가끔 이러한 측면을 무시한다. 기술이 언제나 인간이라는 장(field)에 있다는 것을 보지 못한다. 영화『매트릭스』는 인공지능(artificial intelligence)이 인간과 동일한 수준에 이

---

3) Ihde, *Instrumental Realism*(Bloomington and Indianapolis: Indiana University Press, 1991), p.74.

 른 것으로 가정하고 있다. 하지만 인공지능연구는 연금술 즉 구리나 기타 금속을 금으로 만들 수 있다는 중세의 기술과 같다는 사실이 이미 1960년대에 밝혀졌다. 미국의 기술철학자인 드라이푸스(Hubert Dreyfus, 1929~)는 인공지능연구가 연금술처럼 애초에 목표한 것을 이루는 것은 원리적으로 불가능하지만 다른 많은 성과를 이룰 것이라는 의미에서 인공지능연구를 연금술이라고 이름했다.

드라이푸스의 지적에 따르면 인공지능을 구현하는 컴퓨터는 신체를 가지고 있지 않다. 그의 지적은 컴퓨터는 인간의 몸 중에서 머리, 머리 중에서도 아주 작은 한 부분의 기능을 확대시키고 있을 뿐이며, 이것이 인간이나 인간의 몸의 전체적인 기능을 결코 대신할 수 없다는 것이다. 이런 까닭에 그  는 컴퓨터는 결코 전문가가 될 수 없으며 인간을 전체적으로 추월하는 것이 원리적으로 불가능하다고 지적한다. 즉 『컴퓨터가 할 수 없는 일』(1972)이 있다.4)

이런 까닭으로 기계기술이 비록 복제 가능한 객관적 기술이라고 하지만 그 기술을 사용하는 사람에 따라서 또 차이가 날 수밖에 없다. 비록 예전에 예술가가 차지하고 있었던 것처럼 그러한 독특한 위치는 아니라고 하더라도 오늘날에도 기술자가 전혀 기계와 같은 것은 아니다. 특히 비록 기계를 사용한다고 하더라도 문화적

---

4) Dreyfus, *What Computer Can't Do*(New York: Harper & Row, 1972).

작업을 하는 영역에서 이러한 예술가적인 특징은 더욱 강할 수밖에 없다.

　여하튼 우리가 살고 있는 이 시대가 기술시대인 것만은 틀림없는 사실이다. 그 어떤 시대에도 기술이 인간의 삶에 이렇게 결정적으로 영향을 미친 적은 없었다고 보인다. 하지만 이 기술시대는 또한 동시에 대중문화의 시대이다. 이 시대를 특징짓고 있는 기술이 대중문화에 어떠한 모습으로 반영되고 있는지를 이 장에서 살펴보고자 한다.

2. 기술 이전의 문화원리: 아우라

근대에 들어 기계기술은 인간을 바꾸어 놓았다. 이러한 인간의 변혁에는 당연히 인간의 예술문화의 변혁도 포함된다. 이러한 예술문화의 변화를 날카롭게 감지하고 기술 이전과 이후의 문화예술의 모습을 통찰력 있게 분석했던 사람은 독일의 문화평론가 벤야민(Walter Benjamin, 1892～1940)이다. 그는 "기술복제시대의 예술작품"(1934)에서 기술시대 이전의 예술작품의 특징을 아우라(Aura)라고 정의했다. 그는 이 논문의 서두에 프랑스의 시인이자 사상가인 발레리(Paul Valery, 1871～1945)의 시대적 통찰을 인용하고 있다.

　우리의 예술들과 예술들의 상이한 형식들과 용법들은 오늘

날과는 아주 다른 시대에 생겨났다. 그 당시
사람들이 사물에 부과했던 힘은 오늘날 우리의
힘과 비교하면 없는 것이나 마찬가지였다. 오
늘날 우리의 기술들의 놀라운 성장, 기술들이
달성한 적응력과 정확성, 기술들이 만들어낸
이념들과 습관들은 고대의 미의 기술에 심각한
변화를 일으킬 것이 분명하다. 모든 예술에는 과거처럼 간주
되거나 다루어질 수 없는 물리적인 요소들이 있다. 이는 우리
의 근대적인 지식과 힘에 의해서 영향을 받고 있다.5) (강조는
재인용자)

발레리가 예언했던 그 '변화'가 무엇이었느냐 하면 그것은 기술
적 복제였다. 물론 복제가 20세기에 처음 생겨난 것은 아니다. 최
 초의 복제는 말을 따라 하는 것이었을 것이지만
복제라고 제대로 부를 만한 최초의 복제는 문자
의 복제이다. 문자는 말을 말이 아닌 방식으로
즉 동형적이 아니라 이형적으로 정착시켰다. 이
렇게 정착된 문자는 다시 필사의 방식에 의해 동
형적으로 복제되었다. 하지만 대규모의 복제라는
관점에서 본다면 구텐베르크를 그 창시자로 볼 수 있을 것이다. 구
텐베르크(Johannes Gutenberg, 1397~1468)는 인쇄술을 발명함으
로써 문자수준에서 대규모 복제를 가능하게 하였다. 하지만 인간의

---

5) 벤야민, "기술복제시대의 예술작품", 벤야민 지음/반성완, 『발터 벤야민의
   문예이론』(서울: 민음사, 1983), p.197 재인용. 앞으로 이 글에서 인용할 때
   는 (벤야 ??)와 같이 표시한다. 의미전달을 명확하게 하기 위하여 재인용하
   면서 표현을 약간 수정하였다.

신체적 능력을 훨씬 뛰어넘는 수준의 복제가 가능하기 위해서는 사진기와 윤전기가 개발되기를 기다려야만 했다.

기술적 복제란 문자나 그림이라는 입장에서 보면 과거에 '손'을 주로 이용하던 수공업적 복제보다 훨씬 동시적이고 대규모적인 '눈'을 이용하는 기계공업적 복제6)이지만, 그 바깥에 소위 시간예술이나 공간예술7)이라는 측면에서 보면 그러한 시간과 공간을 말이 문자로 정착되듯이 그렇게 이형적으로 정착시켜서 — 이것이 바로 발레리가 말하는 "어떤 물리적 요소"이다 — 그 정착품을 동형적으로 복제하는 것이다. 물론 이러한 후자의 복제는 영화라는 새로운 기술의 발달과 더불어 가능하게 된 것이다. 하지만 벤야민은 이러한 복제과정을 통해서 생산되는 복제품은 결코 그 원본과 같을 수 없다고 지적한다.

   아무리 완벽한 복제라고 하더라도 거기에는 한 가지 요소가

---

6) 영상의 복제과정에서 사진술은 처음으로 지금까지 손이 담당해 왔던 중요한 예술적 의무를 덜어주게 되었다. 지금까지 손이 담당해 왔던 예술적 의무를 이제는 렌즈를 투시하는 눈이 혼자 담당하게 된 것이다.(벤야 199~200)

7) 예술 일반을 각종 예술로 분류할 때, 그 예술의 모습이 연속되는 시간 위에서 드러나는지 일정한 공간 위에서 드러나는지에 따라 시간예술과 공간예술로 나눈다. 시간예술에는 낭송, 음악, 연극 등이 있고, 공간예술에는 회화, 조각, 건축 등이 있다. 이러한 분류법을 수립한 이는 독일의 극작가이자 비평가인 레싱(Gotthold Ephraim Lessing, 1729~81)이다. 시간 위에서 드러난다는 것은 음악연주와 같이 연주를 시작해서 계속 연주하다가 그것이 끝나면 없어져버린다는 의미이며, 공간 위에서 드러난다는 것은 회화나 조각처럼 제작이 끝나면 오랜 시간 동안 작품이 일정한 공간에 그대로 남는다는 의미이다.

빠져 있다. 그 요소는 시간과 공간에
서 예술작품이 갖는 유일무이한 현존
성, 다시 말해 예술작품이 위치하고
있는 장소에서 그 예술작품이 지니는
일회적 현존성이다. …

　　원작의 시간적·공간적 현존성은 원작의 진품성이라는 개념
의 내용을 이룬다. … 이처럼 진품성의 모든 영역은 기술적인
… 복제 가능성을 배제한다.(벤야 200)

　이렇게 복제품에 빠져 있는 예술작품의 유일무이한 현존성이 바
로 아우라이다. 그러므로 "예술작품의 기술적 복제가능성의 시대에
서 위축되고 있는 것은 예술작품의 아우라이다."(벤야 200) 그렇다
면 기술 이전 시대의 문화원리로서의 아우라라는 것은 도대체 어
떠한 것인가? 벤야민은 아우라 즉 분위기를 이렇게 설명하고 있다.

　　　　　　　　우리는 자연적 대상의 분위기를 아
　　　　　　　무리 가까이 있더라도 어떤 먼 것의
　　　　　　　일회적 나타남이라고 정의내릴 수 있
　　　　　　　다. 어느 여름날 오후 휴식의 상태에
　　　　　　　있는 자에게 그림자를 던지고 있는
지평선의 산맥이나 나뭇가지를 보고 있노라면, 우리는 이 순
간 이 산, 이 나뭇가지가 숨을 쉬고 있다는 느낌을 받는다. 이
러한 현상을 우리는 산이나 나뭇가지의 분위기가 숨을 쉬고
있다고 말할 수가 있을 것이다.(벤야 204)

　벤야민 자신의 이러한 설명은 충분하지 않다. 반성완 교수의 아
우라에 대한 설명을 더 들어보자. "그리스어로 본래 <숨결의 분위

기>의 의미를 갖는 <분위기>란 그러니까 먼 곳에 있는 대상이 그 대상을 보는 사람에게 와 닿는 숨결과 같은 교묘한 분위기를 뜻한다. … 어떤 사람이 … 어떤 사물을 유심히 들여다보면 그 사물도 자신을 보고 있다는 막연한 느낌 내지 기대가 생겨난다. … <분위기>란 사물과 관찰자 사이에 생겨나는 이러한 분위기와 느낌을 뜻한다. 이를 예술작품에 적용하면 예술작품과 예술작품의 관찰자 사이에 일종의 분위기 내지 일종의 은밀한 교감이 작용한다는 것이다. 예술작품이 우리들에게 주는 신비스러운 체험을 설명하고 있는 벤야민의 이러한 <분위기> 개념은 … 사물과 언어의 사이에는 알레고리8)적 관계가 존재하고 하나의 사물이나 단어를 자세히 들여다보면 하나의 의미가 저절로 떠오른다는 생각"이다.9)

이처럼 설명적 언어로는 딱히 꼬집어 말할 수 없는 아우라는,

다시 말해서 "<진짜> 예술작품의 유일무이한 가치는, 그것에 제일 먼저 본래적 사용가치가 주어졌던 종교적 의식에 그 근거를 두고 있다."(벤야 205) "석기시대의 인간이 동굴의 벽에 그린 사슴은 일종의 마법적 도구였다. 그 사슴은 다른

---

8) 일반적으로 알레고리(allegory)는 그 어원인 그리스어 allegoria가 의미하는 것처럼 다른(allo) 이야기하기(agora)라는 뜻으로 추상적인 개념을 직접 표현하지 않고 다른 구체적인 대상을 이용하여 표현하는 문학형식을 가리키는데, 보통 의인화가 그 주류를 이룬다. 하지만 벤야민이 말하는 알레고리는 하느님이 어떤 사물에 이름을 붙여줄 때 맺어준 그 사물과 그 사물의 이름간의 관계를 뜻한다. 그러므로 사물은 이름의 다른 이름이고 이름은 사물의 다른 이름이다.

9) 반성완, "발터 벤야민의 비평개념과 예술개념"(벤야 378).

사람들에게 보여주기 위해 그려지기도 했지만, 그러나 그것은 무엇보다도 신령들을 위해 바쳐졌던 것들이다."(벤야 208) 제사상에 올리는 음식들처럼 제사를 장식한 예술품들은 제사를 올리는 자와 제사를 받는 자의 관계를 매개하는 사적인 통로였던 것이다. 그러므로 예술작품의 아우라는 달리 말하자면 이러한 형이상학적 만남 즉 신이나 진리나 예술과의 만남을 주선하는 제례가치(cult value)를 가지는 것이다.

이러한 벤야민의 문화예술적 사고를 그의 비평에 대한 견해에서도 엿볼 수 있다. 그는 작품에 대해서 말하는 두 종류의 사람 즉 해설자와 비평가가 있는데, 해설자는 작품의 사실내용(Sachverhalt)을 목표로 하고 있는 반면 비평가는 작품의 진리내용(Wahrheits-gehalt)을 목표로 하고 있다고 하면서 비평과 해설은 서로 상보작용을 하지만 궁극적으로 중요한 것은 해설이 비평에 봉사하는 데에 있다고 보았다. 그러면서 그는 다음과 같은 알레고리적 비유로 이를 설명하고 있다.(벤야 372)

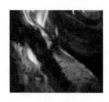

우리가 점점 생장해 가는 작품을 비유적으로 불꽃이 활활 타오르는 장작더미라고 본다면, 해설자는 마치 화학자처럼 그 앞에 서 있고 비평가는 마치 연금술사처럼 그 앞에 서 있다고 할 수 있다. 해설자의 경우에는 단지 나무와 재만이 그의 분석의 대상이 된다면 비평가의 경우에는 그 불꽃 자체만이 하나의 수수께끼, 다시 말해 살아 있는 것의 수수께끼로 남게 된다. 따라서 비평가의 과제가 있다면 그것은, 과거(지나간 것)의 무거운 장작더미와 체험된 것의 재 위에서 아직도 살아서 계속 타오르

고 있는 생생한 진리를 물어보는 데에 있다.(벤야 372~73)

기술시대 이전에는 이러한 생생한 진리로서의 아우라가 문화의
원리였다. 그러나 이제 기술 이후의 시대에는 이러한 아우라가 더
이상 문화원리가 될 수 없다. 왜냐하면 기술시대의 대중문화는 과
거와 같이 유일무이하게 현존하며 아우라를 갖는 그러한 작품이
아니라 기술적으로 복제된 그리하여 아우라가 상실된 즉 탈아우라
(de-aurification)된 작품으로 구성되기 때문이다.

3. 기술 이후의 문화 원리: 시뮬라크르

기술 이전의 예술품과 기술 이후의 예술품은 어떻게 다른가? 아
우라를 가진 원본과 아우라를 가지지 못한 복제품은 어떻게 다른
가? 아우라를 가지지 못한 복제품이 어떻게 하여 기술시대에는 아
우라를 가진 진품을 능가하게 되었던가?

> 일반적으로 진품은 위조라는 낙인이 찍힌 손으로 만든 복제
> 품에 대해서는 그 권위를 백퍼센트 유지할 수 있으나 기술적
> 복제품에 대해서는 그렇게 완전한 권위를 유지하지 못한다.
> 그 이유는 두 가지이다. 첫째, 기술적 복제는 원작에 대해서
> 수공적 복제보다 더 큰 독자성을 가진다. … 둘째, 기술적 복
> 제는 원작이 다다를 수 없는 상황 속에 원작의 모상을 가져다
> 놓을 수 있다.(벤야 201)[10]

---

10) 의미전달을 명확하게 하기 위하여 인용하면서 표현을 약간 수정하였다.

첫째 이유는 기술적 복제는 원작을 능가한다는 것이다. 왜냐하면 기술은 확대하는 능력을 가졌기 때문이다. 맨 눈이 보지 못하는 것을 카메라 렌즈는 잡아낼 수 있으며 그것을 보는 각도도 또한 마음대로 할 수 있다. 클로즈업과 고속촬영은 우리가 일상적으로 볼 수 있는 것을 능가하여 볼 수 없는 것을 볼 수 있게 한다. 둘째 이유는 기술적 복제는 시간예술과 공간예술을 복제할 수 있다는 것이다. 오늘

날 우리는 정보통신기술이 시공간의 제약을 극복한다고 말하지만 녹음기술이나 영화기술은 예술의 시공간적 제약을 극복했던 것이다. 베토벤의 교향곡 연주가 셰익스피어의 공연이 모두 영화에 담겨져 연주와 공연이 불가능한 곳에서 그것을 재현해 낸다.

이런 까닭에 기술적 복제품은 진품을 능가하게 되었다. 하지만 이러한 해명에서 이미 알아챌 수 있듯이 기술복제품의 유행은 예술품의 생산과정에만 그 이유가 있는 것이 아니다. 그러한 복제품을 소비하는 대중에게도 나름대로의 이유가 또한 있다.

우리는 오늘날에 있어서 아우라의 붕괴를 초래하는 사회적 조건이 무엇인가를 쉽게 이해할 수가 있다. 여기에는 두 가지의 사정이 있는데, 이 두 가지 사정은 모두 오늘날의 삶에서 날로 커가는 대중의 중요성과 관계를 맺고 있다. 즉 사물을 공간적으로 또 인간적

으로 보다 자신에게 가까이 끌어오고자 하는 것은 현대의 대중이 바라 마지 않는 열렬한 욕구이다. 또 이와 마찬가지로 현대의 대중은 복제를 통하여 모든 사물의 일회적 성격을 극복하려는 성향을 가지고 있다. 대중은 바로 자기 옆에 가까이 있는 대상들을 그림을 통하여, 아니 모사와 복제를 통하여 소유하고자 하는 간절한 욕망을 가지고 있는 것이다.(벤야 204)

벤야민에 따르면 첫째, 대중은 과거에 자신이 가까이 할 수 없었던 물질을 가까이하고자 하는 욕망을 가진다. 하지만 대중의 이러한 욕망이 충족되기 위해서는  그 물질이 유일성을 가져서는 아니 된다. 그 물질이 다수가 되어야만 대중의 그러한 물질적 욕망이 충족될 수 있기 때문이다. 이런 까닭으로 대중문화에서는 기술적 복제품이 진품의 아우라를 능가하게 된다.

이렇게 진품을 능가하게 된 복제품은 이제 그 가치의 근거도 진품과는 다른 곳에서 찾게 된다. "마치 원시시대에서는 절대적 역점이 의식적 가치에 주어짐으로써 예술작품이 마법의 도구가 되었던 것처럼 … 오늘날에는 절대적 역점이 그 **전시가치**(exhibition value)에 주어짐으로써 예술작품은 전혀 새로운 기능을 가진 형상체가 되었다."(벤야 209)

대중과 복제품이라는 기술 이후 시대의 새로운 문화 요소는 대중문화를 새로운 문화상황에 처하게 한다. 우리는 연극과 영화를 비교해 봄으로써 이러한 차이를 쉽게 확인할 수 있다. 연극의 경우 배우와 관중은 연극의 유일무이한 현존성 때문에 직접 시선을 교

 환할 수밖에 없었다. 하지만 영화에서 배우
와 관중은 이제 카메라를 사이에 두고 만나
게 되었다. 이것은 상당한 변화를 몰고 왔
다.

- 연기는 통일적인 전체일 필요가 없다.
- 연기자와 관중의 직접적인 접촉이 없다.
- 관중은 연기자와의 일치 없이 비평가의 입장에서 영화를 보
  게 된다.
- 연기자는 관중과 호흡하는 자신의 아우라를 상실한다.
- 영화와 스타는 상품이 된다.
- 영화는 배우와 관중이 따로 없고 누구나 배우가 되고 관중이
  된다.
- 영화는 기술의 확대기능을 발휘하여 이제까지 보지 못하던
  세계를 보게 한다.
- 영화 관중은 관객으로서 감상하며 비평가로서 평가한다.
- 관중의 영화에 대한 반응은 집단에 의해 영향을 받는다.
- 영화에서는 관조적 침잠이 불가능하고 정신분산적 오락이 대
  두한다.
- 영화는 소수가 아닌 대중이 참여하는 예술이다.[11]

---

11) 벤야민이 "기술복제시대의 예술 작품"에서 이야기하고 있는 이러한 대중문
   화적 특징들은 인용자가 임의로 추출한 것이다. 그는 이 글을 당시의 마르
   크스주의적인 관점에서 서술하였기 때문에 그러한 역사적 한계가 이 글의
   여기저기에 강하게 나타나고 있다.

벤야민은 1930년대라는 역사적 한계에도 불구
하고 대중문화의 여러 특성들을 선구자적으로 파
악하고 있다. 그는 영화의 이중적인 가능성을 보
고 있는데, 예를 들자면 영화는 대중이 참여하는
예술이고 대중이 배우가 될 수 있는 예술이지만,
다른 한편으론 영화는 스타와 영화 그 자체를 상품화하는 산업이
다. 또 영화의 관중은 향유자이면서 동시에 비평자이지만, 이러한
향유는 정신분산적 오락이고 비평은 대중에 의해서 먼저 규정된다.
또 그는 영화가 보여주는 단편적인 경향도 예상하고 있는데, 예를
들자면 영화는 영화의 생산자와 소비자, 연기와 촬영을 계속 나눔
으로써 인간의 모든 활동을 다수가 참여하는 분업적인 상황으로
몰고 간다. 또 영화는 기술의 확대성을 이용하여 일상적인 신체로
서는 표현할 수 없는 것을 표현할 뿐만 아니라 기술의 지향성을
이용하여 우리가 의식할 수 없었던 것조차 표현할 수 있게 한다
등이다. 물론 벤야민에게서 이 모든 것을 한마디로 요약하면 그것
은 아우라의 상실, 그것이다.

이렇게 보면 기술 이후의 문화원리는 탈아우라로 요약할 수 있
 을 것인데, 이러한 탈아우라를 보다 더 긍정적
으로 표현하면서 현대 대중문화의 문화원리로
정착시킨 이는 프랑스의 문화평론가 보드리야
르(Jean Baudrillard, 1929~   )이다. 벤야민은
"복제된 예술작품은 날이 갈수록 점점 더 복제
를 겨냥해서 제작되는 예술작품의 복제품이 되어 가고 있다. 예를
들면 사진의 원판으로부터는 여러 개의 인화가 가능하다. 어느 것

이 진짜 인화냐고 묻는 것은 아무런 의미가 없다"라고 진술했다. (벤야 206~207) 하지만 보드리야르는 한걸음 더 나아간다.

앞 페이지의 보드리야르의 사진은 자연인 보드리야르가 있고 카메라에 의해 보드리야르의 사진의 원판이 생산되고 이 원판으로부터 인화된 것이다. 기술복제시대에는 사진의 원본인 보드리야르는 실재하지만 그 복제품인 사진에는 진본이 없다. 원래 복제를 겨냥한 작품인 판화처럼 모두가 진품이기 때문이다. 하지만 컴퓨터그래픽을 이용하는 소위 전자복제시대에는 기술복제시대의 보드리야르에 해당하는 자연인 그 자체가 없다. 사이버가수 루시아[12])는 자연인이 아니다. 루시아는 시뮬라크르(simulacre)이다.

> 오늘날의 추상은 더 이상 지도나 복제, 거울 또는 개념으로서의 추상이 아니다. 시뮬라시옹은 더 이상 영토 그리고 이미지나 기호가 지시하는 대상 또는 어떤 실체의 시뮬라시옹이 아니다. 오늘날의 시뮬라시옹은 **원본도 사실성도 없는 실재, 즉 파생실재(hyperreality)**를 모델들을 가지고 산출하는 작업이다.[13]) (강조는 인용자)

시뮬라크르는 전자복제시대에 비로소 시작된 것이 아니다. 기술복제시대에 이미 시작되었다. 복제를 겨냥해서 제작되는 예술작품

---

12) 출전 http://www.lucia.com
13) 보드리야르 지음/하태환 옮김, 『시뮬라시옹』(서울: 민음사, 2001), p.12. 앞으로 이 책에서 인용할 때는 (보드 ??)로 표시한다.

은 복제기술의 발달과 더불어 점차 원본을 잃어갔다. 원본은 더 이상 통일적으로 존재하지 않게 되었다. 영화는 다른 시간, 다른 순서로 촬영된 필름을 편집해 만든 구성물이고, 음반 또한 똑같이 다른 시간, 다른 순서로 녹음된 소리들을
편집해서 만든 구성물이다. 둘 다 지속적인 오리지널 연주나 연기에 대한 복제물(스토 238) 즉 실황녹음이나 다큐멘터리 필름이 아닌 것이다. 6장에서 언급된 몽키스나 7장에서 언급된『매트릭스』가 바로 그러한 원본 없는 시뮬라시옹(simulation: 시뮬라크르를 하기)의 결과인 시뮬라크르들이다. 기술 이후의 문화원리는 바로 이 시뮬라크르이다.

4. 시뮬라크르와 시뮬라시옹

시뮬라크르의 의미는 무엇인가? 보드리야르는 지도를 예로 들어 이를 설명한다. 과거에 인간은 지형을 본떠서 지도를 만들었다. 그  러므로 지도에는 정확한 지도와 잘못된 지도가 있었다. 왜냐하면 옳고 그른 것의 기준이 되는 실제 지형이 있었기 때문이다. 잘못된 지도는 도움이 되는 것이 아니라 오히려 재앙이었다. 하지만 오늘날 더 쓸모 있는 지도는 잘못된 지도이다. 예를 들자면 간척사업을 수행하기 위하여 작성된 지도이다. 현재 존재하고 있는 지형이 아니라 지도에 의해서 만들어질 지형을 미리 보여주는 지도, 이러한 지도가 현대적 지도이다. 이처럼 잘못된 현대적 지도가 바로 시뮬라크르 이다. "영토는 더 이상 지도를 선행하거나, 지도가 소멸된 이후까지 존속하지 않는다. 이제는 지도가 영토에 선행하고

— 시뮬라크르들의 자전(自轉) — 심지어 영토를 만들어낸다."(보드 12～13) 하지만 이러한 시뮬라크르는 비단 지도에 머물지 않는다.

> 오늘날의 시뮬라크르 제작자들은 일종의 제국주의로서, 한발 더 나아가 모든 실재를 그들이 시뮬라시옹에 의해 만든 모델들과 일치시키려 하기 때문이다. 그렇지만 이제 더 이상 지도나 영토의 문제가 아니다. 무엇인가가 사라져버렸다: 추상의 매력을 낳았던, 어떤 것에서 다른 것 사이에 게재되었던 지고의 <다름>이 사라져버렸다. 지도의 서정과 영토의 매력, 개념의 마술과 실재의 매력을 낳는 것은 다름이기 때문이다. … 이 시뮬라시옹의 작용은 핵분열적이고 발생론적이지, 전혀 사변적이거나 담론적이지 않다. 사라져버린 것은 모든 형이상학이다.(보드 13～16)

시뮬라크르의 시대에 사라져버린 형이상학이란 무엇인가? 그것은 실재와 재현의 다름이라는 형이상학이다. 한때 재현은 거울처럼 실재를 반영한다고 생각했다. 거울 자체는 그대로 반영되도록 되어 있는 것이지만 거울에 먼지가 묻거나 금이 가서 실재를 제대로 반영하지 못한다고 생각했다. 그러다가 거울 자체가 실재를 제대로 반영하지 못하도록 만들어졌다는 의심을 하기도 했다. 거울이 만들어질 때부터 휘어져 있었다는 것이다. 하지만 보드리야르에 따르면

오늘날 거울에 비치는 실재와 같은 것은 이미 없다. 거울은 상대방을 반영하는 것이 아니라 자기가 투영하는 것이다. 이렇게 투영된 이미지는 실재와 다름 여부가 없다. "왜냐하면 어떠한 상상 세계도 더 이상 실재를 포괄하지 않기 때문이다. 실재는 대가도 없는 파생 공간 속에서 조합적인 모델로부터 발산되어 나온 합성물인 파생실재이다."(보드 16)

어떻게 해서 대중문화에서 이러한 파생실재가 실재와 무관하게 실재보다 오히려 더 실제적인 것으로 인정받게 되었는가? 벤야민

이 일찍이 이 물음에 대해 대답을 했었다. 그것은 이러한 파생실제가 "사람의 마음을 사로잡는 시각적 환영이나 사람의 귀를 솔깃하게 하는 청각적 구조이기를 그치고 일종의 폭탄"(벤야 226)이 되었기 때문이다. 이러한 폭탄은 시각과 청각에 충격으로 다가가서 이들을 마치 촉각과 같은 방식으로 움직이게 만든다. 한 대 얻어맞은 사람처럼 우리의 생각은 멈추어지고 얻어맞은 충격만이 우리의 의식을 지배한다.

영화가 펼쳐지는 **영사막**과 그림이 놓여 있는 **캔버스**를 한번 비교해 보자. 캔버스는 보는 사람을 관조의 세계로 초대한다. 그는 그 앞에서 자신을 연상의 흐름에 내맡길 수가 있다. 그러나 영사막  앞에서는 그렇게 할 수 없다. 영화의 장면은 눈에 들어오자마자 곧 다른 장면으로 바뀌어 버린다. 그것은 고정될 수가 없는 것이다. … <이제 나는 더 이상 내가 생각하고자 하는 바

를 생각할 수 없게 되었다. 움직이는 영상들이 내 사고의 자리에 대신 들어앉게 된 것이다.>(벤야 226) (강조는 인용자)

계속하여 움직이는 영상이라는 이러한 충격이 사고의 자리를 차지해 버린 오늘날 이러한 충격에 해당하는 파생실제가 실재의 자리를 차지하게 된 것은 당연한 일이다. 파생실제는 촉각적으로 사람들을 사로잡아 버리며 사람들은 이러한 파생실제의 위엄에 눌려 파생실제를 실제보다 더 실제적인 것으로 받아들인다. 아니 오히려 사람들이 파생실제를 받아들인다기보다는 파생실제가 사람들에게 들어와 사람들을 장악한다.

옛날 중국의 전설에 어떤 화가가 자기가 완성한 그림을 보고 그 속으로 들어갔다는 식으로 예술 작품 앞에서 정신집중하는 사람은 그 작품 속으로 들어간다. 이에 반해 정신이 산만한 대중은 예술작품이 자신들 속으로 빠져 들어오게끔 한다.(벤야 227)

기술복제시대가 아닌 전자복제시대의 대중문화는 대중의 정신을 장악하는 데에 그치지 않는다. 대중문화는 이제 대중의 삶 그 실재까지도 시뮬라크르로 만들어버린다. 글자 그대로 대중문화가 대중들 속으로 침투한다. 보드리야르는 1971년 방영된 TV물 "라우드가의 사람들과"를 예로 들고 있다. 이 프로그램은 대본도 없고 각본도 없이 있는 그대로의 가정사를 7개월 동안 촬영하여 300시간을 생방송했다. 실재에 대한 이러한 희롱은 시뮬라크르의 마지막 승리이다.

> 사실, 라우드가의 진실은 TV이다. 진실인 것은 TV이며, 진
> 실을 만든 것은 TV이다. 더 이상 거울의 반사적인 진실도 …
> 아니라 조작적인 진실이다. …
> "라우드가의 사람들과"라는 프로와 함께, <더 이상 당신이
> TV를 보는 것이 아니라, 당신을(당신이 사는 것을) 보는 것은
> 거꾸로 TV이다.> …
> 생활 속에 TV의 용해와 TV 속에 생활의 용해, 즉 구별할
> 수 없는 화학적 용해가 일어난다. 우리는 모두 라우드가의 사
> 람들인데, ….(보드 68~75) (강조는 인용자)

이처럼 시뮬라크르를 통하여 우리를 지배하
고 있는 대중문화의 세계는 도대체 어떤 세계
인가? 보드리야르에 따르면 "디즈니랜드는 모
든 종류의 얽히고 설킨 시뮬라크르들의 완벽한
모델이다."(보드 39) 디즈니랜드에서 오가는 모

델들은 모두 영화 속에서 튀어나온 모델들이다. 실재로부터 자신의
정당성을 가지는 존재가 아니라 시뮬라크르로부터 자신의 정당성
을 지니는 존재들이다. 광화문 네거리의 이순신 장군상과 롯데월드
의 미키마우스는 각각 자신의 정당성을 전혀 다른 곳에서 구하고
있다. 이런 의미에서 디즈니랜드는 시뮬라시옹의 세계이고 시뮬라
크르의 왕국이다.

그러나 이것은 다른 것을 숨기고 있다. 그리고 이 <이념적
인> 경이는 세 번째 질서의 시뮬라시옹[14]에 대한 은폐물로

사용된다. 디즈니랜드는 <실제의> 나라,  <실제의> 미국 전체가 디즈니랜드라는 사실을 감추기 위하여 거기 있다(마치 감옥이 사회 전체가 그 평범한 어디서고 감방이라는 사실을 감추기 위하여 거기 있는 것과 약간은 유사하게). 디즈니랜드 는 다른 세상을 사실이라고 믿게 하기 위하여 상상적 세계로 제시된다. 그런데 사실은 그를 감싸고 있는 로스앤젤레스 전 체와 미국도 더 이상 실재가 아니고 파생실재와 시뮬라시옹 질서에 속한다.(보드 40)

보드리야르에 따르면 현대적인 삶 그 전체가 곧 시뮬라크르이며 실재는 어디에도 없다. 실재는 우리의 형이상학 위에서만 존재하였 으며 그러한 형이상학이 붕괴된 지금 실재는 그 존재근거를 상실 하였다. 오늘날 대중문화란 이러한 시뮬라크르의 삶, 바로 그것이 라고 보드리야르는 주장한다. 『매트릭스』를 감독한 워쇼스키 형제 는 보드리야르의 『시뮬라시옹』을 그의 영화에 사용하고 있다. 네 오가 불법프로그램 디스켓을 숨겨두고 있는 장소가 바로 『시뮬라 시옹』이라는 책 속이다. 실제로 워쇼스키 형제는 네오 역할을 맡 은 키아누 리브스(Keanu Charts Reeves)에게 『매트릭스』 시나리 오를 읽기 전에 이 책을 진지하게 읽어볼 것을 권하기까지 했다고 한다.[15] 이러한 일화에서 보드리야르가 말하는 세계와 『매트릭스』 가 보여주는 세계의 연관성을 짐작할 수 있다. 그러나 이것들이 진 정한 세계인가?

---

14) 11장 1절 참조.
15) 출전 http://www.nkino.com/NewsnFeatures/article.asp?id=7599

생각거리

1. 아이디가 기술과 인간의 '공생성'의 예로 들고 있는 것들을 찾아보자.
2. 자기의 개인적인 삶에서 자연물에 대해서든 인공물에 대해서든 '아우라'를 경험한 예를 들고 자세히 서술해 보자.
3. 복제술의 발전과 그에 따른 삶의 변화에 대하여 조사해 보자.
4. 벤야민이 기술적 복제품이 진품을 능가한 이유로 들고 있는 것을 예와 더불어 설명해 보자.
5. 보드리야르는 이미지의 네 단계를 구분하고 있는데, 이것들이 어떻게 구분되는지 알아보자.
6. 우리의 일상에서 시뮬라크르의 예들을 찾아서 서로 이야기해 보자.

읽을거리

아이디 지음/김성동 옮김, 『기술철학』(서울: 철학과현실사, 1998)
벤야민 지음/반성완, 『발터 벤야민의 문예이론』(서울: 민음사, 1983)
보드리야르 지음/하태환 옮김, 『시뮬라시옹』(서울: 민음사, 2001)

볼거리

피터 위어 감독의 『트루만쇼』에서 묘사되는 현대 대중문화의 시뮬라크르적 성격을 검토해 보자.

제 11 장

대중문화와 포스트모더니즘

1. 모더니즘과 포스트모더니즘

모더니즘(modernism)과 포스트모더니즘(postmodernism)을 구분
하는 여러 방식이 있을 수 있지만, 앞 장에서 검토했던 보드리야르
의 입장에서 이들을 구분해 볼 수 있다. 그는 인류의 삶에서 세 가
지 시뮬라크르가 있었다고 보고 있다.

시뮬라크르의 세 가지 질서 : 이미지, 모방, 위조 위에 세워
지고, 조화로우며 낙관주의자적이고, 신의 이미지에 따라 자연
의 이상적인 회복과 그 이상적인 제도를 목표로 하는 자연적
이고, 자연주의자들의 시뮬라크르들

에너지와 힘 위에, 기계에 의한 물질화 위
에, 그리고 모든 생산 시스템 속에 세워진 생
산적이고 **생산주의자들이** 시뮬라크르들 ─ 끝
없는 에너지의 해방과, 세계화 그리고 지속적
인 팽창의 프로메테우스적인 목표 …

정보, 모델, 정보통신학적 게임 위에 세워진
시뮬라시옹의 시뮬라크르들 ─ 완전한 조작성, 파생실재성, 완
전한 통제 목표.(보드 198) (강조는 인용자)

보드리야르에 따르면 모더니즘은 둘째 질서의 시뮬라크르이며,
포스트모더니즘은 셋째 질서의 시뮬라크르이다. 디즈니랜드가 포스
트모더니즘의 완벽한 예라면, 모더니즘의 완벽한 예는 포드자동차

회사이다. 그러면 어떻게 모더니즘은 포스
트모더니즘을 향해서 나아갔던가? 포스트모
더니즘의 정체를 확인하기 전에 그 경로를
잠시 쫓아 가보자.

포드가 꿈꾸었던 대로 이제 자동차 공장에서는 값싸고 신속하게
대량으로 자동차를 생산할 수 있게 되었고 자동차를 만드는 사람
은 자동차를 타고 주말을 즐길 시간적 경제적 여유를 가지게 되었
다. 대량생산 대량소비의 메커니즘이 작동하기 시작하였다. 제 1 차
세계대전이 미국에 대중사회를 가져다주었다면 제 2 차 세계대전은
이러한 대중사회를 한 단계 더 성숙시켰으며, 또한 동시에 전 세계
에 유포시키게 되었다.

영화의 라디오화인 **텔레비전**[1]이 1950년대에 본격적으로 등장하

---

1) 1931년 미국에서 첫 시험방송이 시작되었고, 1937년에 영국의 BBC 방송

여 1960년대와 1970년대로 나아가면서 대중 문화는 새로운 국면을 맞이하게 되는데 바로 이때가 시기적으로 모더니즘이 포스트모더니 즘으로 넘어가는 시기라고 할 수 있다. 제2차 세계대전의 종전으로부터 이어지는 이 시기에 텔레비전을 중심으로 하는 대중매체는 예전에는 결코 누릴 수 없었던 권력을 장악하게 되는데, 그것은 바로 보드리야르가 지적하고 있듯이 새로운 현실을 구성하는 힘이었다.

산업사회는 모순적인 두 원리의 결합에 따라 움직이고 있다. 대중은 한 사람이지만 효율적인 생산과 효율적인 소비 모두를 수행해야 한다. 후기 산업사회에서는 생산과 소비가 희비의 쌍곡선처럼 쌍곡선을 그리면서 흘러가고 있다. 보다 더 효율적인 생산을 위한 레크리에이션이 강조되면서도 또한 동시에 보다 더 효율적인 소비를 위한 디자인과 광고가 또한 새로운 관심사로 등장하였다. 대중매체는 이러한 모순적인 두 관심을 얽어매면서 본래의 욕망을 충족시킨 후 조작된 욕망 위에서 전개되는 후기 산업사회의 새로운 권력으로 부상하였다.

본래의 욕망이 주류를 이루었던 초기 산업사회에서는 정치와 경제가 핵심적 권력이었다. 하지만 최소한의 정치적 자유와 경제적 필요가 보장된 후기 산업사회에서 정치와 경제는 그 위력이 둔화되었다. 이제 사회의 생존과 발전은 조작된 욕망에 달려 있게 되었으며, 이를 담당할 수 있는 권력은 정치와 경제의 외벽 속에서 내

국이 세계 최초로 흑백텔레비전 방송을 시작하였으며, 한국은 1956년 세계에서 15번 째로 텔레비전 방송을 시작하였다.

적인 환상을 만들어내는 문화였다.

물론 지금도 전쟁이나 자연재난이 닥치면 권력은 다시 정치와 경제로 되돌려진다. 하지만 그러한 특수한 상황이 발생되지 않는 한, 정치와 경제까지도 문화라는 매체를 통해서만 이야기된다. 최근에 우리가 이미 경험하고 있듯이 정치적 행위의 핵심이라고 할 수 있는 선거도 이제는 문화적 매체에 그 승패가 달려 있다.

"권력은 총구에서 나온다." 모택동의 이 말은 이제 더 이상 우리나라에서 유효하지 않다. 이 말은 "권력은 TV에서 나온다"로 바꾸어야 한다. 오늘날의 정치선거는 전적으로 언론 특히 텔레비전에 의해 승패가 결정되기 때문에 모든 후보들의 선거운동은 텔레비전을 중심으로, 그리고 유권자보다는 텔레비전을 겨냥하여 선거전략을 세울 수밖에 없다. 이런 점에서 오늘날의 선거는 분명 'TV선거'이다. 그런데도 우리는 계속해서 텔레비전을 바보상자라고 말하고 있다. 분명히 말하건대 텔레비전은 이미 바보상자가 아니라 마법상자가 되어 버렸다.[2]

2002년 대통령 선거를 경험한 지금으로서는 "권력은 총구에서 나온다"라는 모택동의 말은 "권력은 TV와 인터넷에서 나온다"로 바꾸어야 할 것이다. 유권자보다는 텔레비전과 인터넷을 겨냥하여 수립되는 선거전략은 보드리야르의 셋

---

2) 권혁남, "1997 대통령선거의 TV 모델 개발 연구"
출전 http://ncck.peacenet.or.kr/cw8-5.htm

째 질서의 시뮬라크르이다. 텔레비전과 인터넷은 바보상자와 모니터 속의 홍등가가 아니라 요술상자와 모니터 속의 하이드파크 스피커스코너[3]가 되었다. 후기 산업사회에서 대중매체는 정치와 경제 그리고 문화까지 인간의 삶 전체를 통제하는 새로운 거대권력이 되었다.

산업사회의 인간의 삶이 8시간의 노동, 8시간의 사생활, 8시간의 수면으로 구성된다고 보면 노동하는 8시간은 마르크스가 지적한 것처럼 소외된 시간으로서 결코 노동하는 노동자의 시간이라고 말할 수 없다. 그렇게 되면 남는 시간은 노동하지 않는 시간들이지만, 생산자로서의 대중이라는 입장에서 보면 금주령이나 사회체육

활동에서 이미 보았던 것처럼 이 시간들  에서도 인간은 자유스럽지 않다. 하지만 후기 산업사회에서 더 중요한 것은 소비자로서의 대중이다. 그러므로 오락과 광고는 소비자들을 조작된 소비의 순환 속

으로 밀어 넣는다. 노동하지 않는 시간의 이 모든 일들 즉 노동을 준비하게 하고 노동의 생산물인 상품을 소비하게 하는 일들의 담당자는 바로 대중매체이다.

새로운 거대권력으로서의 대중매체는 현대인의 삶을 거의 완전히 장악하고 있다. 수면과 노동의 16시간을 제외한 8시간의 사생활 중에서 50% 전후의 상당시간을 우리는 대중매체에 할당하고 있다.[4] 여가시간은 물론이고 출퇴근시간이나 작업시간에서조차도

---

3) Hyde Park은 런던의 공원으로 speakers' corner라는 애칭을 가진 자유로운 연설장이 있다.

피할 수 없는 광고의 홍수를 고려한다면 대중은 자신의 삶의 대부분을 대중매체와 함께 하고 있다. 하지만 이 '함께 한다'는 표현은 잘못된 것이다. 왜냐하면 대중매체는 대중과 함께 하는 것이 아니라 알튀세르가 지적한 것처럼 호명하고 있기 때문이다.

새로운 거대권력으로서의 대중매체는 하루 24시간 쉼 없이 대중의 눈과 귀를 장악하고 호명을 통하여 세계를 구성하고 우리를 구성한다. 우리는 광고에 의해 『매트릭스』적인 현실 속에 살고 있다. 그러므로 대중매체의 세례 속에 살고 있는 우리에게 이제 현실은 대중매체가 제공해 주는 현실 그것밖에 없다. 그런데 이러한 새로운 거대 권력으로서의 대중매체가 우리에게 제공하는 현실, 그것의 이데올로기는 무엇인가? 그것이 바로 포스트모더니즘이다. 리오타르(Jean-François Lyotard, 1924~   )는 포스트모더니즘의 시작을 알린 기념비적인 서술 『포스트모던의 조건』 (1979)에서 이러한 포스트모더니즘의 요체를 "대서사의 해체"라고 보고 있다.

---

4) 1997년 케이블TV 가입자들의 전체 TV 시청량(공중파TV와 케이블TV를 모두 포함시킨 시청량)을 살펴보면, 평일은 3시간 55분(1996년: 3시간 49분), 토요일은 4시간 54분(1996년: 4시간 45분), 일요일은 5시간 27분 (1996년: 5시간 7분)이며, 일일평균 TV 시청시간은 4시간 45분(1996년: 4시간 8분)인 것으로 나타났다.
출전 http://adchannel.co.kr/sanupbook/98ad/98ad6.htm
한편, 전 국민을 대상으로 보면 일일 평균 시청시간은 2시간 45분으로 약 2시간의 편차를 보이고 있다.

2. 대서사의 해체와 상업주의

대서사(grand discourse)란 무엇인가? 현학적
인 표현을 피하자면, 대서사란 큰 이야기이다.
큰 이야기가 있다면 작은 이야기도 있다는 의미
가 될 것인데, 큰 이야기와 작은 이야기의 차이
점은 무엇인가? 그것은 큰 이야기는 작은 이야

기의 근거가 된다는 것이다. 단군신화는 우리 민족의 정치적 삶에
대한 큰 이야기를 담고 있다. 우리 민족이 정치에 대하여 이야기하
고자 하면 즉 작은 이야기를 할 때면 우리는 늘 단군신화를 그 정
당화근거로 인용하게 된다.

리오타르에 따르면 모더니즘의 특징은 바로 이러한 대서사 즉
큰 이야기에 있다. 모더니즘을 구성하는 요소는 도구적 과학기술과
목적적 철학이다. 자연에 관한 이야기인 과학기술은 피시스의 특징
상 오직 하나의 이야기로 전개될 수 있었지만, 문화에 관한 이야기
인 철학은 노모스의 특징상 여러 이야기로 전개될 수밖에 없었다.
하지만 그 이야기가 어떤 이야기가 되었든지 철학은 과학기술의
목적을 구성하고 과학기술을 정당화하는 데에 근거를 제공하였다.

과학이 유용한 합규칙성을 발언하는 것에 국한되지 않고
[그러한 합규칙성으로써 무엇을 할 것이냐를 묻는 목적적 의
도를 가지는] 진리를 탐구하는 한, 과학은 자신의 게임 규칙을
스스로 정당화해야 한다. 그래서 과학은 자기 고유한 위치를
넘어 철학이라고 불리는 정당화 담론(discours de légitimation)
으로 나아간다. 이 메타 담론들(métadiscours)이 정신의 변증

법, 의미의 해석학, 사유 혹은 노동하
는 주체의 해방, 부의 발전과 같은 거
대 이야기(grand récit)에 도움을 호소
할 때, 사람들은 스스로를 정당화하기
위해 이것과 연관된 학문을 '모던적'이라 부른다.5)

18세기에 문명을 주장했던 계몽적인 사람들은
기술을 통한 인간의 해방과 자유를 하나의 큰
이야기로 제시하였다. 이 이야기는 대중사회와
대중문화가 대두하기까지 축적되는 실적과 더불
어 거부할 수 없는 진리로 격상되었다. 하지만
이러한 큰 이야기는 20세기에 들어 위기를 맞게 되는데, 그것은
두 차례의 세계대전과 이를 전후한 비인간적인 사건들이 이러한
큰 이야기의 실제적 결과가 어떤 것인지를 보여주었을 뿐만 아니
라 철학적 반성이 반성 그 자체를 반성하기 시작하였기 때문이다.

극단적으로 말해서 '포스트모던적'이라는 것
은 메타 이야기에 대한 불신이다. 이 불신은
분명히 과학적 진보의 결과이다. 그러나 이
진보는 자신의 측면에서 본다면 메타 이야기
에 대한 불신을 전제로 하고 있다. 메타 이야
기적 정당화 장치의 효력 상실은 형이상학적
철학의 위기 및 이것에 의존된 보편적 제도의 위기와 명백하
게 상응한다.6)

---

5) 리오타르 지음/이현복 옮김, 『포스트모던적 조건』(서울: 서광사, 1992), pp.
13~14.

큰 이야기 내지 메타 이야기에 대한 불신과 거부, 이것이 포스트모더니즘이다. 포스트모더니즘은 모더니즘에 이어서 계속하여 자유를 지향한다. 다만 이제 자유는 큰 이야기에 대한 회의와 더불어

It says, "I am not a nose"

서만 확보된다. 과거에는 마르크스주의, 자유주의, 기독교 신앙이 자유의 수호자들이었다. 하지만 이들은 자유의 수호자이자 또한 동시에 자유의 억압자들이었다. 이들은 정당한 것과 정당하지 않은 것을 구분하는 무소불위의 잣대로서 다른 이야기를 억압함으로써 인간의 자유를 억압해 왔음이 이미 밝혀졌다. 그러므로 포스트모더니즘은 동질성이 아니라 이질성으로 자유를 확보하고자 한다. 포스트모던 "그것은 전문가들의 일치에서가 아니라 창안가들의 불일치 속에 근거를 두고 있다."7)

하지만 이러한 자유의 추구가 자유를 가져왔던가? 자유주의자들의 입장에서 보면 자유가 아닌 방종을, 마르크스주의자들의 입장에서 보면 퇴폐적인 물질주의를, 기독교 신앙의 입장에서 보면 물신숭배를 가져왔을 뿐이다. 이는 메타서사에 의존했던 과학기술적 서사의 필연적인 결과이다. 의존할 메타서사가 붕괴된 포스트모던 시대에 과학기술적 서사가 의존할 곳은 과학기술적 서사 그 자체밖에 없다. 과학기술적 서사의 맥락은 무엇이었던가? 그것은 기술과 자본의 융합이다.

『방법 서설』의 끝부분에서 데카르트는 이미 실험실을 위한

---

6) 같은 책, p.14.

7) 같은 책, p.15.

자금을 요구하고 있다. … 따라서 돈 없이는 증명, 진술의 검증, 진리도 없는 것이다. … 이렇게 해서 부, 효율성, 그리고 진리 사이에 하나의 등식이 성립된다.

18세기 말 제1차 산업혁명 당시 일어난 것은 그 반대의 발견이었다. 즉 부 없는 기술은 없다가 아니라, 기술 없는 부는 없다는 것이다. 기술 장치는 투자를 요구한다. 그러나 기술 장치는 그 적용 대상인 수행을 극대화하기 때문에, 그것은 또한 이 최상의 수행에서 기인되는 잉여 가치를 극대화할 수 있다. … 바로 이때에 과학은 생산력으로, 다시 말해서 자본 유통 내의 한 계기가 된다.[8]

그러므로 대서사의 해체로 자유를 얻으려는 포스트모던적인 시도는 수행성과 이에 따르는 **상업적 이익**이라는 새로운 대서사에 의한 구속을 자초하게 된다. "국가 그리고/또는 기업은 이 새로운 쟁취 목표를 정당화하기 위해 관념  적 또는 인본주의적인 정당화 이야기를 내던져 버린다. 오늘날의 투자자들의 담론에서 믿을 만한 유일한 쟁취 목표는 권력이다. 학자, 기술자, 기계 등을 사는 것을 진리를 알기 위해서가 아니라 권력을 확장하기 위해서이다."[9] 기존의 대서사들에 대한 거부는 유일한 대서사에 대한 복종으로 바뀌고 마는데 그러한 유일한 대서사는 자본, 바로 그것이다.

이러한 새로운 대서사가 과거의 대서사들과 가장 확연하게 대조되는 곳은 대학이다. 대학은 그 사회의 미래를 지향하는 곳으로서

---

8) 같은 책, p.103.
9) 같은 책, p.105.

그 사회가 그리고 있는 이상적인 삶의 모습이 가장 잘 확인된다. 과거에 대학을 다녔던 사람들에게 대학은 상아탑으로 기억되어 있지만, 오늘날 대학은 그러한 상아탑이라는 정체성을 해체시킨 지 오래다. 오늘날 대학은 포스트모던적 대서사의 전위이다. 대학은 이제 과거의 대서사였던 '자유'나 '해방'의 전위가 아니다. 대학은 '효율'과 '이익'의 전위이다.

오늘날의 대학은 목적이나 신념을 전하는 곳이 아니라 수단이나 지식을 전하는 곳이다. 오늘날의 대학은 자유인으로서의 교양을 갖추는 곳이 아니라 직업인으로서의 지식을 갖추는 곳이다. 교수는  인간적 모범이 아니라 지식의 저장고에 불과하며, 또 이러한 지식들은 두뇌에만 저장되는 것이 아니라 저장장치(data storage)에 저장된다. 그러므로 이러한 대학에서 우수한 학생이란 태도가 훌륭한 학생이 아니라 지식을 잘 수집하고 조직하여 활용하는 학생이다. 높은 철학적 교양이 아니라 외국어와 컴퓨터에 능통하는 것이 좋은 학생의 조건이다. 이러한 대학이 대학이냐고 묻는다면 그는 대학이 불변적인 정체성을 갖는 존재라는 형이상학을 가진 사람이다.

 정보 기계에 의한 교수의 부분적인 대체가 불완전하고 유지될 수 없게 보이는 것은, 단지 정신의 삶 그리고/또는 인류의 해방이라는 거대한 정당화 이야기의 관점에서일 뿐이다. 그러나 이제 이 거대 이야기는 더 이상 지식에 대한 관심의 주된 동기를 이루지 않는다. 만일 이 동기가 권력이라면, 전통적 교수법의 이러한 관점은 더 이상 적절하지 않다. 명시적이건 함축적이건간에 직업적 학생, 국가 및 고등교육기관이 제기하는 물음은 더 이상 "이것이 맞습니까?"가 아니라 "이것은 어디에 쓸모가 있습니까?"이다. 지식의 상업화란 맥락에서 이 두 번째 질문은 대체로 "이것은 팔 수 있습니까?"를 의미한다.[10]

'몸을 판다'는 표현은 과거에는 자신을 인간이 아닌 물건으로 내놓음으로써 인간이기를 포기하는 행위를 가리키는 데에 사용하였다. 자살이 생물적으로 자신을 죽이는 행위라면 몸을 파는 것은 인격적으로 자신을 죽이는 행위였다. 그러나 포스트모던 시대에 '몸을 판다'는 것은 더없이 자연스러운 일이며 누구든지 하는 일이다. 문제는 몸을 파는 것이 아니라 얼마나 높은 값에 자신을 팔 수 있느냐 하는 것이다. 예전에는 포주가 하던 일을 오늘날에는 대학총장이 한다. 예전에는 성적 쾌락이라는 일 감각적 쾌락이 파는 일의 목적이었다면 오늘날에는 전 감각적 쾌락이 파는 일의 목적이다. 이러한 것들이 포스트모던 시대에 대중매체가 제공하는 현실이고 그 이데올로기이다.

막강한 자본을 권력으로 하고 상업적 이익을 목표로 하며 텔레비전과 인터넷으로 무장한 포스트모더니즘이 생산하는 포스트모던한 대중문화는 구체적으로 어떤 내용을 가지고 있는가? 우리는 이해의 편의를 위하여 포스트모더니즘이 마치 하나의 정체를 가지고 있는 것처럼 서술해 왔지만 사실 포스트모더니즘은 하나의 정체라기보다는 하나의 일반적 경향이라고 이야기할 만큼 이질적인 다양

---

10) 같은 책, p.115.

한 정체를 가질 수 있다.11) 그러므로 당연히 포스트모던한 대중문화도 다양한 정체를 가질 수 있지만 여기에서는 이제까지의 이해에 근거해서 포스트모던한 대중문화의 몇 가지 모습만을 살펴보고자 한다. 우리가 선택한 이론가들은 제임슨과 보드리야르이다.

3. 제임슨의 포스트모던 대중문화

제임슨(Fredrick Jameson)은 미국의 마르크스주의 문화비평가이다. 그의 포스트모더니즘의 이해는 리오타르의 이해와 크게 다르지 않다. 전통적 서사의 붕괴와 그로 인한 상업주의의 대두는 두 사람이 같이 지적하는 포스트모더니즘의 특징이다.

제임슨은 포스트모더니즘을 모더니즘에 대한 다양한 **반발**로 이해하지만, 이러한 반발 또한 새로운 반발의 대상이 되는 '끊임없는 반발'이 포스트모더니즘의 특징이라고 본다. "과거의 파괴적이고 전투적인 스타일들 … 도 우리의 조부모

들에게는 상스럽고 쇼킹한 것으로 여겨졌으나, 1960년대의 세대들에게는 이 역시 기존질서이자 적으로, 다시 말해서 무엇인가 새로운 것을 하기 위해서 반드시 파괴하지 않으면 안 되는, 생명력이 없고 숨막히며 진부하고 물화된 기념비들로 간주되었다."12)

---

11) 포스트모던은 이런 의미에서 정의하기 어렵고 까다로운 개념이다. 포스트모더니즘을 이야기하는 사람들마다 약간의 강조점의 차이가 늘 있음을 발견할 수 있다.

반발과 더불어 포스트모더니즘을 규정
하는 다른 특징은 '경계나 분리의 해소'이
다. 제임슨은 특히 고급문화와 대중문화
사이에 존재하던 과거의 구분이 사라졌다
는 점을 지적한다. "많은 새로운 포스트모더니즘 추종자들이 광고
와 모델들, 라스베가스의 스트립쇼, 심야쇼와 B급 할리우드 영화,
그리고 공항 대합실에서 파는 괴기소설과 로맨스, 통속적인 전기,
살인추리소설과 공상과학소설 또는 환상소설 등의 이른바 주변문
학들로 구성된 바로 그러한 풍경에 매혹당해 왔다."13)

하지만 제임슨이 꼽는 포스트모던 대중문화의 가장 큰 특징은
패스티시(pastiche)이다. 그는 패스티시가 패러디(parody)와는 질적
으로 다른 것임을 지적하고 있다. 그에 따르면 패러디와 패스티시
는 모방이라는 점에서는 같지만, 그 성격에서는 완전히 다른 것이
다.

훌륭한 패러디 작가는 원작에 대해 어떤 은밀한 공감이 있

  어야 하며 … 패러디의 일반적 효
과는 … 이러한 스타일상의 매너리
즘의 개인적 성격과 그들의 과도함
과 기벽성을 사람들이 평소 말하거
나 쓰는 방식과 비교하여 조롱하는

것이다. 그러므로 모든 패러디의 이면에는 위대한 모더니스트
들의 스타일들이 조롱될 수 있는 비교대상으로서의 어떤 규범

---

12) 제임슨, "포스트모던과 소비사회", 강현두, p.192.

13) 같은 곳.

이 존재한다는 전제가 깔려 있다.

그러나 만약 표준언어, 일상적 회화, 언어적 규범 … 의 존재를 믿는 사람이 아무도 없다면 어떻게 될까? … 마침내 개개인이 다른 모든 사람들에게서 분리된 일종의 '언어적 섬'이 된다고 가정해 보라. 그렇게 되면 이 경우에는 개인적 언어들과 특이한 스타일들을 조롱할 수 있는 기준인 모든 언어적 규범의 가능성 그 자체가 사라지게 되며 단지 스타일상의 다양함과 이질성만 남게 될 것이다.

이러한 상황이 되면 패러디가 불가능해지고 패스티시가 등장하게 된다.[14]

이렇게 패스티시와 패러디를 구분하는 제임슨의 기준은 간단히 말하면 '주체'가 존재하느냐 여부이다. 독립적인 주체가 존재해야만 그 주체를 목표로 달걀도 던질 수 있고 토마토도 던질 수 있다. 하지만 독립적인 주체가 아닌 허수아비 괴뢰가 존재한다면 달걀도 토마토도 던질 이유가 없는 것이다. 허수아비나 괴뢰는 조롱할 대상이 되지 못하는 까닭이다. 포스트모던 사회에서 우리는 이러한 주체를 가지고 있지 않기 때문에 포스트모던 대중문화는 결코 패러디가 될 수 없으며 패스티시가 될 수밖에 없다는 것이 제임슨의 통찰이다. 그렇다면 패스티시의 정확한 모습은 어떤 것인가?

그 어느 누구도, 이제 표현해 낼 독특한 개인적 세계와 스타일 같은 것을 소유하고 있지 않기 때문에, …
… 세계에서 남아 있는 유일한 방법은 죽은 스타일들을 모방하는 것, 가상의 박물관에 있는 스타일들의 가면을 쓰고 그

---

14) 같은 책, p.194.

들의 목소리를 빌어 말하는 것이다. … 그것
은 포스트모더니즘 예술의 핵심적 메시지 중
하나가 예술과 미학의 필연적인 실패, 새로운
것의 실패, 과거에의 구속을 포함하리라는 것
을 의미한다.15)

　제임슨이 생각하고 있는 것은 이른바 '향수 영화'(nostalgia film)
이다. 과거의 어떤 시점을 재현하는 영화들이 바로 이러한 패스티
시라는 것이다. 하지만 패스티시는 이런 단순한 형태로만 나타나는
것은 아니다. 다양한 변종으로도 나타나는데, 제임슨은 『스타 워
즈』(Star Wars)를 그 예로 들고 있다. 이 영화는 미래의 어떤 시점
을 소재적 배경으로 하고 있기는 하지만 그 내용상의 맥락에서는
향수영화라는 것이다.

　　　　　　　　　　1930년대에서 1950년대 사이
　　　　　　　　　에 성장한 세대들의 가장 중요
　　　　　　　　　한 문화적 경험 중의 하나는
　　　　　　　　　'Buck Rogers' 타입의 토요일
오후 시리즈로 여기에는 외계인 악당들, 진정한 미국적 영웅
들, 곤경에 빠진 여주인공들, 살인광선이나 지구의 종말을 가
져오는 상자, 마지막의 아슬아슬한 모험, 그리고 다음주 토요
일에나 보게 되는 기적적인 결말 등이 있었다. 『스타 워즈』는
이 경험을 패스티시의 형태로 재창조하였다.16)

---

15) 같은 책, p.196.
16) 같은 책, p.197.

이렇게 보면 『매트릭스』를 누군가가 "근래에 만들어진 성경이나 이상한 나라의 앨리스를 패러디한 영화 중에서 가장 잘 만들어진 영화"라고 평한다면 그러한 평에서 '패러디'가 '패스티시'로  바뀌어야 된다는 것을 또한 알 수 있다. 제임슨은 이러한 패스티시를 하나의 징후로 감지하고 있다. "이는 어떠한 이유로 마치 우리가 오늘날 우리 자신의 현재에 집중할 수 없으며, 마치 우리가 우리 자신의 현재 경험을 심미적으로 재현하는 것이 불가능하다는 것을 보여주는 듯한 징후이다."17)

제임슨은 또 플라톤의 동굴의 비유를 빌어서 이러한 상황의 비극성과 가느다란 희망을 이렇게 표현하고 있다. "그것은 이제 더

이상 대상물을 찾기 위해 실제 세계를 자신의 눈으로 직접 볼 수 없으며, 마치 플라톤의 동굴 안에서처럼 세상에 대한 정신적 이미지들을 동굴의 제한된 벽 위에서 추적하여야 한다. 만약 여기에 어떤 리얼리즘이라는 것이 남아 있다면 그것은 이러한 구속을 파악하는 데서 오는 충격"18)이다.

제임슨은 다른 논문19)에서 포스트모더니즘에 대한 부정적 평가를 계속하고 있다. "자본주의의 상업문화를 조롱하는 모더니즘과는 달리 포스트모더니즘은 그에 저항하기보다는 '소비자본주의의 논리

---

17) 같은 책, p.198.
18) 같은 책, p.199.
19) "Postmodernism, or the cultural logic of late capitalism"

를 복제하고 재생산하며 또 보강할 뿐이다.' 더 나아가 포스트모던 문화는 '후기자본주의 논리를 단순히 복제하는 데서 그치지 않고 이를 더욱 보충, 강화시킨다.' 이것은 '예술의 생산도 … 일반적으로 상품생산에 통합되'는 과정의 중요한 부분이 된다."(스토 247) 이런 의미에서 고급문화와 대중문화의 구분이 없듯이, 문화와 경제 사이에도 구분이 없어지는 것이 포스트모던의 특징적 현상이다.

4. 보드리야르의 포스트모던 대중문화

보드리야르는 현대 포스트모던 대중매체의 일차적 특징을 "현실세계의 부인에 근거하는 기호의 예찬"[20]이라고 본다. 그의 현학적 말투는 아무리 익숙하고자 해도 낯설기만 한데, 현실세계를 부인한다는 것은 무엇이고, 기호를 예찬한다는 것은 또한 무엇인가? 이러한 말투 속에 담긴 의미를 파악하기 위해서는 아무래도 예로부터 출발하는 것이 좋겠다.

 엣소(Esso) 회사가 겨울에 주유소에서 자사제품의 숯과 바비큐 세트를 팔고 있는 것은 그 전형적인 예이다. ─숯과 그 일체의 상징적 가치를 <역사로부터 제거한> 석유왕이 오늘날에는 엣소제의 네오 숯으로써 숯을 다시 제공하고 있다. … 그것은 자동차와 그것에 의해 사라진 모든 것의 과

---

20) 보드리야르 지음/이상률 옮김, 『소비의 사회』(서울: 문예출판사, 1991), p.137.

거의 영광(자동차에 의해 부활된 영광!)이 공존하면서 공범관
계를 가지고 동시에 사용되고 있는 것이다.21)

이 예에서 부인되고 있는 현실은 '석유'이다. 그러면 예찬되고
있는 기호는 무엇인가? 그것은 '숯'이다. 엣소사는 석유를 파는 기
업이지만 그 석유로 인해서 이제는 은퇴한 숯
을 다시 불러 석유와 함께 팔고 있다. 한때 숯
이 오늘날의 석유처럼 연료로서 영광을 누린
적이 있었다. 하지만 그것은 과거의 영광이다.
왜냐하면 숯이 누리던 그 영광을 오늘날에는
석유가 누리고 있기 때문이다. 하지만 이제 사라진 숯은 영광의 자
리를 대신 차지한 석유에 의해 되불러내어진다. 석유의 시대에 숯
은 과거의 아련한 향수를 자아내며 부활한다. 하지만 숯이 가치가
있는 것은 오늘날이 석유시대이기 때문이다. 보드리야르는 대중매
체문화가 바로 이와 같다고 지적한다.

> 매스 커뮤니케이션은 3면기사적인 거짓 비장감을 돋구고 카
> 타스트로프(catastrophe)의 모든 기호(죽음, 살인, 강간, 혁명)로
> 평온무사한 일상생활의 진기함을 강조하는데, 바로 이처럼 기
> 호를 비장한 정도로 지나치게 사용한 표현은 도처에서 볼 수
> 있다.22)

이번에는 부인되는 현실세계가 무엇인가? 그것은 일상생활이다.

---

21) 같은 곳.
22) 같은 곳.

그렇다면 예찬되는 기호는 무엇인가? 그
것은 재앙들이다. 개가 사람을 물면서 기
삿거리가 되지 않지만 사람이 개를 물면
기삿거리가 된다는 보도내용의 선택원리
에 따라 대중매체가 보여주는 것은 비일상적인 재앙들이다. 대중매
체가 하는 일은 현실세계를 부인하며 반현실적인 기호를 예찬함으
로써 석유에 의해 숯이 판매가치를 되가지게 되듯이 실제로는 현
실에 의해 보도가치를 가지는 반현실적 재앙들을 판매한다. 가정의
해체라는 현실이 있을 때 대중매체는 가정이라는 반현실적 기호를
크게 예찬하는 것이다.

하지만 보드리야르에 따르면 이러한 복고만이
대중문화의 특징은 아니다. 다른 하나의 특징은
르시클라주(recyclage) 즉 재활용이다. 재활용은
비교적 긍정적인 뉘앙스를 가진 말이다. 하지만

그것이 인간의 재활용이라면 어떠할까? 그래도 문제가 없을까? 문
제가 없는 것이 아니라 오늘날에는 대단히 장려되는 일이다.

> 직업상의 지식, 사회적 자격, 개인의 경력에 관한 현대사회
> 의 특징적인 개념 중의 하나는 재교육(recyclage)이다. 이 개념
> 은 어느 누구도 좌천된다든가 밀려난다든가 쫓겨나지 않으려
> 면 자신의 지식과 학식, 즉 노동시장에서의 자신의 <실전용
> 지식>을 <시대흐름에 맞도록 재충전해야 할> 필요성을 뜻한
> 다. … <사회로부터 탈락하지 않기> 위해서는 누구도 이 진보
> 에 당연히 적응하지 않으면 안 된다는 것이다.[23]

---

23) 같은 책, p.138.

하지만 이러한 재활용은 유행과 같은 것이다. 다만 차이가 있다면 유행은 겉치레가 자의적으로 변하는 것인 반면 재교육은 내재적 자질이 진보한다는 것이다. 하지만 정말 그런 것인가? 과학성이라는 미명 아래 유행과 똑같은 것을 하고 있는 것은 아닐까? 폐품으로 처리되지 않고 재활용되기 위해서는 주기적으로 되돌아오는 그것을 원하지 않더라도 어쩔 수 없이 따라야만 하는 우리에게 유행과 재교육은 얼마나 차이가 있는 것일까? 그것은 모두 르시클라주에 불과한 것이다.

현대사회의 이 조직원칙은 오늘날 <대중>문화 전체를 지배하고 있다. 문화변용을 경험하는 모든 사람들 … 을 기다리고 있는 것은 문화 그 자체가 아니라 문화의 르시클라주, 즉 <유행에 밝은 것>, <무엇이 일어나고 있는가를 아는 것>이며, 매월 또는 매년 자신의 문화적 파노플리[24]를 갱신하는 것이다.[25]

오늘날의 대중문화는 유행이라는 메커니즘은 일반화시켰다. 모든 삶의 의미는 유행을 탄다. 옷이나 자동차만이 유행을 타는 것이 아니다. 교양과 사상도 유행을 탄다. 구조주의로 포스트구조주의로, 페미니즘으로 포스트페미니즘으로, 네오  마르크스주의로 포스트 마르크스주의로 유행은 흐른다. 사람이 주

---

24) panoplie : 4장에서 말한 디드로 통일체와 같은 것, 다른 말로 하자면 '목록' 정도가 적당할 것이다.
25) 보드리야르(1991), p.140.

기적으로 재활용되듯이 자연도 주기적으로 재활용된다. 택지조성이든 경관보전이든 환경정비든 그 무엇이든간에 그 자연은 르시클라주된 자연이다. 심지어는 사랑도 유행을 탄다. 한 핸드폰 회사의 선전처럼 "사랑은 움직이는 것이다."

복고와 재활용과 더불어 보드리야르가 현대 대중문화의 셋째 특징으로 꼽고 있는 것은 **티를리포(tirlipot)**이다. 티를리포는 간단히 말하면 스무고개와 같은 것이다. 스무고개는 정해진 시간 내에 스무 개의 질문을 통하여 상대방이 염두에 두고 있는 것을 알아맞히는 놀이이다. 이러한 놀이에서 중요한 것은 깊이 사고하는 것이 아니라 즉각 반응하는 것이다.

> 해답을 고르는 데 걸리는 시간이 중요한데, 출제와 동시에 대답한 자가 최고점으로 <챔피언>이다. 따라서 이 시간은 사고하는 시간이 아니라 반응하는  시간이다. 게임의 조립에 의해서 활발하게 되는 것은 지능의 움직임이 아니라 반사적 반응의 메커니즘이다. … 답을 일일이 음미한다거나 천천히 생각해서는 안 되고 … 특히 금물인 것은 분석적 사고이며, 이런 종류의 사고에 시간을 빼앗기면 총득점은 매우 적어지게 된다.26)

티를리포에서 시험하는 것은 무엇인가? 그것은 그가 대중문화적 교양을 가지고 있느냐 하는 것이다. IMF나 UFO가 무엇의 약자인

---

26) 같은 책, p.143.

지 아는지, 올해 가장 많은 투자를 하고서
도 가장 보잘것없는 수입을 올린 국내제작
영화가 무엇인지를 아는지, 모기가 일초에
몇 번이나 날개를 비벼서 소리를 내는지를
아는지를 물어보는 것이다. 이런 것들이 대중문화시민으로서의 자
격을 얻기 위하여 가져야 할 최소한의 공통 파노플리들이다. 하지
만 내용과 마찬가지로 또한 중요한 것은 형식이다. 대중문화는 대
중의 단세포적인 즉각 반응을 요구한다.

> 매스 미디어 문화의 가장 생생한 예는 그러므로 라디오의
> 퀴즈 프로그램이다. 그런데 이런 종류의 기구는 … 소비자의
> 개별적인 행동만이 아니라 소비행동 일반도 지배한다. 소비자
> 의 행동은 다양한 자극에 대한 반응의 연쇄로서 조작된다. 취
> 미, 선호, 욕구, 태도결정 등의 경우 소비자는 사물의 영역에
> 도, 관계의 영역에도 끊임없이 부추겨지고 <질문 받고> 대답
> 하도록 독촉 받는다. 이런 의미에서 사물을 산다고 하는 행위
> 는 퀴즈 프로그램과 비슷하다.27)

현대의 대중문화적 삶이라는 것은 복고적인 현실부정 중에 미래
를 위해 재활용되면서 대중매체가 던지는 질문에 대하여 즉각적으
로 답하는 것이다. 이 답을 정확하게 알아맞히는 게임이야말로 대
중문화적 삶의 요체이고 정수이다. 출제는 대중매체가 하는 것이고
대답은 대중이 하는 것이다. 그러므로 대중매체는 대중의 채점자가
되고 대중은 대중매체의 장난감이 된다. 출제자의 의도에 수험자는

---

27) 같은 책, p.146.

이의를 제기하지 말아야 되기 때문이다.

보드리야르가 지적하고 있는 현대 대중문화의 여러 특징들 중에서 마지막으로 주목하고자 하는 것은 이 출제자의 의도이다. 출제자인 대중매체는 대중들에게 어떤 것이 유행에 맞는 것인지를 끊임없이 묻고 있는데 이러한 유행이란 트리클다운 효과에서 볼 수 있었던 것처럼 시간적일 뿐만 아니라 계급적이기도 하다. 어떤 유행을 선택하느냐에 따라 대중문화는 답하는 사람이 유행에 뒤진 사람인지 앞서 가는 사람인지, 고상한 사람인지 저속한 사람인지를 정해준다. 그러므로 재활용에서 도태당하기 싫은 사람은 대중문화가 어떤 것을 **오늘의 최고가**로 보는지에 민감해야 한다.

복고적인 대중문화는 우선 이러한 최고가로 전통적인 최고가 제품을 제시한다. 그것은 예술품과 전문잡지이다.

> 예술작품은 수세기 동안 하나밖에 없는 사물, 특권을 지닌 요소로서 대중과 격리되었는데, 점차 고독에서 벗어나는 때가 온 것이다. 잘 알려져 있는 바와 같이 미술관도 역시 예전에는 성역이었으나 오늘날에는 고립된 수집가 및 식견 있는 미술애호가들이 대중으로 교체되었다.[28]

> 독자는 어떤 집단을 머릿속에 떠올려서 잡지를 읽는 것을 통해 그 집단의 실제적인 모습을 **추상적**으로 완성시키는 것이다. 그것은 비현실적이지만 **중량감** 있는 관계이며, 그야말로 <매스> 커뮤니케이션 효과라고 할 수 있다. … 이 행위는 이러한 독서의 깊은 곳에

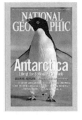

---

28) 같은 책, pp.147~48.

놓여 있는 생의 실질적인 내용 ― 상호승인, 어떤 집단에의 결집, 신화적 참가라고 하는 가치 ― 을 만들어내는 것이다.[29]

재활용적인 대중문화는 이러한 최고가를 폐기처분하기 전에 마지막으로 다시 한번 활용하는데, 그것은 이른바 키치(kitsch)[30]이다.

아름다움과 독창성의 미학에 대항해서, 키치는 **시뮬레이션의 미학**을 만든다. 실물보다 크거나 작은 복제품을 만들거나 소재를 (회반죽이나 플라스틱으로) 모조하거나, 어떤 형태를 일부러 우스꽝스럽게 하거나 아니면 어울리지 않게 조합한다든가 하여  키치는 실제로 체험한 적도 없는 **유행을 반복한다.** … 키치는 계급적 원망(願望), 계급상승에의 예감, 상층계급문화 ― 그 형식, 습속, 차이표시기호 ― 에 주술적 동화를 표현하기 때문이다.[31]

퀴즈게임적인 대중문화가 만들어내는 엉뚱한 최고가가 또한 있는데, 보드리야르는 이것을 가제트(gadget)라고 일컫는다.

 가제트에 대한 엄밀한 정의는 없다. … 소비대상을, 기호로서의 기능을 위해서 그 어떤 사물의 객관적 기능(도구성)을 상대적으로 없애는 것 … 소비

---

29) 같은 책, p.151.
30) 6장 2절 참조.
31) 보드리야르(1991), p.157.

대상이 일종의 기능적 무용성(무엇을 소비한다고 하면 그것은
<유용함>과는 전혀 다른 것을 소비하는 것이다)을 특징으로
하고 있다. …

　자동차에서 … 전기로 열리고 닫히는 유리창 등은 가제트인
가?32) 그렇다고 말할 수 있으면서도 또 그렇지 않다고도 할
수 있다. 그것들이 사회적 위세를 가져다준다는 점에서 어느
정도는 유용성이 있다.33)

　보드리야르가 현대 대중문화의 특징이라고 말하는 복고, 재활용,
퀴즈게임, 그리고 최고가는 포스트모던 대중문화의 각각의 측면들
을 상징하고 있기는 하지만 이것으로 충분하
지는 않다. 왜냐하면 포스트모더니즘은 정형
화를 거부하기 때문이다. 그것이 정형화되는
순간 그것은 그 정체를 교묘하게 벗어나기 때
문이다. 데리다(Jacques Derrida, 1931~　)가
말한 것처럼 다름에 의해 생겨난 의미는 또한 동시에 항상 지연되
기 때문이다. 즉 스스로를 결코 완전히 드러내지 않으며 항상 동시
에 존재하고 부재하기 때문이다. 데리다는 이러한 맥락에 '지연시
키다'와 '다르게 하다'라는 두 가지 의미를 가진 차연(差延,
differance)이라는 이름을 붙였는데(스토 128), 이는 포스트모던 대
중문화의 특징을 잘 나타내고 있다.

　하지만 포스트모던이 현대 대중문화의 결론인가? 데리다가 지적

32) 소위 명품보다 가제트에 잘 어울리는 것은 없다. 시간을 보는 데는 정가 만
　　원의 손목시계도 아무런 문제가 없다. 하지만 정가 수백 만원, 수천 만원의
　　시계를 소비하는 이유는 그것이 가제트로서의 기능을 갖기 때문이다.
33) 보드리야르(1991), pp.158~59.

하고 있는 것처럼 우리는 이론가들의 분석에 동의하면서도 또한 이의를 제기하고픈 마음을 저버릴 수 없다. 우리가 비록 포스트모던 이데올로기의 지배 속에서 살고 있다는 것을 부정할 수는 없지만 이러한 이데올로기에 대하여 대항해야 한다는 충동을 금할 수 없다. 이 책의 마지막 장인 다음 장에서 우리는 이러한 충동을 검토해 보아야 하겠다.

생각거리

1. 모더니즘과 포스트모더니즘의 여러 차이점을 표로 만들어 정리해 보자.
2. 현대사회에서 광고의 역할에 대하여 조사해 보자.
3. 우리나라의 대학이 모던적이어야 하는지 포스트모던적이어야 하는지에 대하여 토론해 보자.
4. 플라톤의 '동굴의 비유'에 대하여 알아보자.
5. 보드리야르가 설명하는 포스트모던적 대중문화의 특징을 정리해 보자.
6. 데리다와 라캉의 포스트모더니즘에 대하여 조사해 보자.

읽을거리

리오타르 지음/이현복 옮김, 『포스트모던적 조건』(서울: 서광사, 1992)
제임슨, "포스트모던과 소비사회", 강현두, 『현대사회와 대중문화』(서울: 나남출판, 1998)
보드리야르 지음/이상률 옮김, 『소비의 사회』(서울: 문예출판사, 1991)

볼거리

영화 *Body Heat*를 영화 *The Postman Always Rings Twice*이나 영화 *Double Indemnity*와 비교하여 parody와 pastiche의 차이를 구분해 보자.

제 12 장

대중문화의 미래

　우리는 1부에서 자연과 문화가 분리되기 시작한 시점에서부터
출발하여 고대의 문화가 발생하고 그것이 근세에 이르러 시민문화
로 성장하여, 드디어는 20세기에 들어 대중문화로 정착되는 과정
을 검토해 왔다. 그리하여 1부의 말미에서는 이러한 대중문화의
긍정적, 부정적 측면들을 평가하기도 했다. 이제 2부에서는 이렇게
정착된 대중문화가 보이고 있는 특징들을 몇 가지 관점에서 검토
하였는데, 여기에서도 각각의 관점은 대중문화의 긍정적, 부정적
측면들을 노출시켰다.

　이제 이 책의 마지막 장에 이르러 우리는 대중문화의 미래에 대
하여 생각해 보고자 한다. 이때 '미래'라고 하는 것은 반드시 시간
적인 나중을 가리키는 것은 아니다. 그것은 오히려 대중문화가 어

떤 방향으로 나아가야 할 것인가라는 물음에 답하는 방향제시적인 목표를 가리키는 것이다. 대중문화의 생산자 또는 소비자로서 대중문화를 어떠한 방향으로 이끌고 나가야 할 것인가라는 물음에 답하는 것이 우리가 이 마지막 장에서 수행해야 할 과제이다. 2부에서의 논의를 맺는 입장에서 이러한 과제를 수행하기 위하여 2부의 순서에 따라 대중문화의 미래를 짚어 보고자 한다.

1. 이데올로기와 헤게모니의 미래

대중문화는 대중문화의 창조자와 수용자의 관계를 고려할 때 두 관점에서 볼 수 있다. 그 하나는 이데올로기인데, 이는 대중문화가 그 수용자들에게 허위의식을 제공함으로써 그 창조자의 이익에 기여하고 있다는 관점이다. 다른 하나는 헤게모니인데, 이는 대중문화가 비록 그 수용자에게 일정한 영향을 미치는 것이 사실이기는 하지만 또한 동시에 그 창조자들이 수용자들에 의해 영향을 받는 측면이 있다는 것이다.

이러한 입장들은 이미 언급하였듯이 사실 정치적인 이론들로부터 유래하였다. 마르크스는 사회의 물질적 기초와 이의 정신적 산물을 토대 즉 하부구조와 이에 근거하는 상부구조로 명명하고 하부구조가 상부구조를 일방적으로 결정한다는 **하부구조 결정론**을 강조했다. 하지만 그의 전통을 계승한 사람들에게서 이러한 이론은 자주 비판의 대상이 되었다. 이러한 비판에서 선구자적인 입장을 취한 사람은 그람시이지만 문화와 관련하여 생각하면 그람시의 연장선상에 있는 프랑스의 알튀세르가 대표적인 인
물이다. 알튀세르와 달리 콜리지와 아놀드[1]로부
터 비롯되는 영국적 문화주의 전통을 또한 마르
크스적인 전통과 결합시킨 윌리엄스(Raymond
Williams, 1921~88)는 또 다른 대표적인 인물
들이다.

우리는 이미 알튀세르의 이데올로기에 대한 입장을 간단히 살펴
본 적이 있다.[2] 알튀세르와 마르크스의 차이는 하부구조에 대하여
어떤 위상을 부여하는가에 있다. 알튀세르는 토대에 의한 상부구조
의 결정이라는 일원론적 명제를 그대로 받아들이지 않는다. 그에
따르면 토대인 경제는 상부구조인 정치나 이데올로기의 상대적인
자율성의 수준을 결정할 뿐 두 영역은 **상호영향**을 준다.

> 자본주의 사회구성체는 진정으로 자본주의적 생산만으로, 즉
> 토대만으로 귀착될 수 없다. 계급착취란 그것의 생존조건의
> 재생산 없이 지속될 수 없는 것이다. 다시 말해 마지막 단계
> 에서 생산관계에 의해 결정되는 법률적, 정치적 그리고 이데
> 올로기적 관계없이 지속될 수 없다.[3]

알튀세르의 이러한 입장에 따르면 대중문화의 상업화라는 경제
적 측면이 대중문화의 전반을 지배할 수 없다는 결론이 나오게 된

1) 3장 3절 참조.

2) 8장 3절 참조.

3) 강명구, 『소비대중문화와 포스트모더니즘』(서울: 민음사, 1993), p.81 재인
용.

다. 알튀세르는 1917년의 러시아 혁명과 1960년의 중국의 문화혁명을 마르크스가 주장한 것과 달리 경제가 아니라 사회의 다른 구성요소가 사회적 변화를 결정한 예로 제시하였지만, 대중문화의 입장에서 보면 미국의 영화산업이 발달해 가는 과정에서 나타난 자체적인 검열시스템을 그 예로 들 수 있다.

1920년대 영화산업의 시작과 더불어 영화는 섹스와 폭력이 과다하고 심각하다는 비난을 받았다. 영화가 상업적으로 성공하기 위해서는 섹스와 폭력을 적절하게 활용할 수 있어야 했지만, 영화계 바깥에서는, 특히 종교계에서는 이에 대하여 강한 반발을 하였다. 미국의 영화생산업자들은 이러한 반발로 인해 영화산업이 근본적인 타격을 받는 것을 방지하기 위하여 미국영화제작배급협회를 조직하여 자체검열제도를 도입하였는데, 이때 위원장을 맡았던 이가 헤이즈(Will H. Hayes, 1879~1954)이기 때문에 이를 헤이즈 코드(Hayes Code)라고 부르기도 한다.(강원전 158)

하지만 알튀세르의 이론이 가지고 있는 중요한 결점은 인간의 주체성에 대한 고려가 없다는 점이다. 그람시의 견해를 상당 부분 받아들였음에도 불구하고 그는 인간을 이데올로기에 의해 호명되고 구성되는 자로 파악함으로써 인간에게서 역사적 주체로서의 입장을 빼앗아 버린다. 그에 따르면 "대한민국의 1%"라는 카피는 렉스톤을 사는 사람에게 그가 대한민국의 1%에 드는 사람이라고 가르쳐주고 그는 이것을 받아들인다는 것이다. 하지만 그 카피에 코웃음을 치는 사람도 있다. 알튀세르의 구조주의적 입장은 다시 마르크스와 마찬가지로 비판의 대상이 된다.

윌리엄스는 문화유물론이라는 입장으로 이러한 알튀세르적인 한계를 뛰어넘고 있다. 그가 알튀세르와 같은 구조주의적인 입장을

초월할 수 있었던 것은 콜리지나 아놀드로부터 유래하는 영국의 문화주의 내지 그 대표자의 이름을 딴 리비스주의에 힘을 입고 있다. 영국의 문화주의는 아놀드 이후 엘리엇 (Thomas Steams Eliot, 1888~1965)과 리비스(Frank Raymond Leavis, 1895~1978)에 의해 전개되었다.

엘리엇은 문화를 보다 더 포괄적으로 정의하게 되는데, "문화란 무엇보다도 어느 장소에서 함께 살고 있는 특정한 사람들의 삶의 양식이다. 바로 그런 의미의 문화는 예술, 사회체계, 습관과 관습, 종교를 통해서 눈에 띄게 된

다."(밀너 61 재인용) 그는 이러한 문화가 무제한적인 산업화에 의해서 전통과 종교로부터 분리되고 궁극적으로는 죽음에 이를 것이라고 보았다. 또 엘리엇은 문화를 사회 전체구성원이 만들어가는 것이라고 보지 않았다. 그에 따르면 문화를 의식적으로 이해하는 것은 사회의 문화 엘리트들뿐이며 일반적인 사회 구성원들에게 문화는 무의식적인 조직으로 존재한다.(밀너 61)

리비스는 문학적 언어가 가지고 있는 문화적 결정체를 중요하게 생각했다. "우리는 언어적 표현을 통해서 품위 있는 삶을 영위할 수 있기 때문에 언어 없이 시종 일관된 정신의 고결성을 유지할 수 없다. 계속 변화하는 언어를 … 맡아서 관리하는 사람들이 바

로 그 소수의 문화 엘리트들이다. 문화라는 말은 바로 그러한 언어의 사용을 뜻하는 말이다."(밀너 66 재인용) 리비스도 엘리엇과 마찬가지로 문화쇠퇴론을 전개하고 있기는 하지만, 그는 인간의 주체로서의 가능성을 또한 주목했다. "물질적 조건의

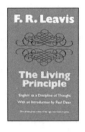

중요성이 엄청나게 증대됐지만 … 인간이 하는 일에는 어느 정도의 정신적인 자율성이 있으며 … 인간의 지성과 선택 그리고 의지가 하는 일은 실로 효과가 크다."(밀너 68 재인용)

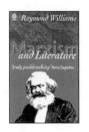

윌리엄스는 이러한 리비스주의적 전통과 마르크스적 전통을 결합하였다. 그는 마르크스의 하부구조 결정론을 거부하였지만 동시에 리비스의 엘리트주의도 거부했다. 그는 마르크스적인 전통을 반전시켜 물질도 엘리트도 아닌 대중의 문화적 중요성을 역설했고, 리비스적인 전통을 반전시킴으로써 공동체적 대중문화의 진보가능성을 제시했다.

> 공동체 문화의 특징은 문화적 전통을 자유롭게 선택할 수 있으며 또한 그 선택을 자유롭게 수정할 수 있다는 점이다. 공동체 문화의 또 하나의 특징은 공동의 의사결정에 따라 문화적 선택을 할 수 있다는 점이다. 공동의 의사 결정에 토대를 둔 공동체를 지향해 나가는 것이 시대의 흐름이다.(밀너 80 재인용)

윌리엄스는 그람시의 헤게모니론을 받아들임으로써 이러한 자신의 입장을 **문화유물론**(cultural materialism)으로 정식화시켰는데,

이에 따르면 문화는 마르크스가 주장하듯이 상부구조도 아니며, 알튀세르가 주장하듯이 이데올로기도 아니다. 문화는 전체적인 삶의 양식이지만 또한 동시에 물질적인 것이다. 아울러 문화는 지배적인 것과 잔여적인 것과 새로이 떠오르는 것들이 서로 헤게모니를 다투는 과정적인 것이다.(밀너 140~43)

우리는 이제 알튀세르와 윌리엄스를 통하여 문화의 이데올로기와 헤게모니의 미래에 대하여 생각할 수 있는 지점에 도달하였다. 알튀세르의 논의를 통하여 우리가 알 수 있는 것은 우리가 이데올로기의 구성적 기능을 간과하게 되면 그러한 구성의 대상으로 전락할 가능성이 높다는 것이다. 이데올로기는 호명을 통하여 우리를 소비의 주체로 구성하여 지배구조를 영속화시킨다. 그러므로 알튀세르의 의도와는 무관하게 알튀세르는 우리에게 이데올로기의 구성적 성격에 주목하고 이에 대해 대처하게 한다.

윌리엄스의 논의는 우리가 이렇게 구성적 성격에 주목하여 대처해 나가는 지배적 이데올로기와의 헤게모니 쟁탈전이 우리의 문화적 과제임을 지적해 준다. 우리가 이데올로기를 해석할 수 있는 가능성은 알튀세르가 말하듯이 반드시 지배적인 것만은 아니다. 홀[4]이 지적했듯이 타협적이거나 대항적으로 해석할 수도 있다. 그러므로 우리는 대중문화를 우리가 희망하는 방향으로 선택하여야 한다. 소비자로서 제공된 대중문화에 대한 선호를 비판적으로 확실하게 하는 것과 아울러 생산자로서 다른 생산자와 자신의 입장을 확실하게 달리하는 것이 우리에게 요청되는 이데올로기의 미래이다.

---

4) 9장 4절 참조.

2. 대중문화에 대한 여성주의적 접근

대중문화에 대해서 소비자로서 표현해야 할 선호가 무엇이고 생산자로서 달리해야 할 입장은 어떤 것인가? 페미니즘은 이에 대해서 명확하면서도 다양한 접근법을 우리에게 보여주고 있다. 물론 문화현상은 하나의 입장에 의해 전적으로 설명될 수 없는 복합적인 현상이지만, 이러한 문화 속에서 주체적인 입장을 취하려고 할 때 페미니스트들의 다양한 노력은 각각의 입장에서 전개할 수 있는 다양한 모범을 제시하고 있다.

우선 페미니스트들로부터 배울 수 있는 것은 논의의 참가자로서의 **자격박탈**에 저항해야 한다는 것이다. 문학비평과 관련한 다음과 같은 페미니스트들의 반론은 논의의 구조에서 상대방을 배제시키려는 모든 시도에 대하여 저항적이다.

 남성 중심 가부장제 사회에 있어서 사색가나 이론가로서 여성의 생각은 실제로 말 그대로 모순적으로 비친다. 여성 작가라는 말은 기본적으로 예술가는 남성이라는 사회의 통념을 반영하는 명백한 증거인 반면 … 남성 중심 가부장제 문화는 마지못해서 여성 예술가를 용인하는 것을 배웠다. 그러나 비평가로서, 이론가로서, 평론가로서의 여성을 경시하고 따돌리며 믿지 못하는 풍조는 여전히 계속되고 있다.[5]

---

5) 래코우, "대중 문화에 대한 페미니스트적 접근 방법", 원용진, 한은경, 강준만, 『대중매체와 페미니즘』(서울: 한나래, 1993), p.192 재인용.

대중문화와 관련해서 대중을 그 논의에서 배제시키는 것은 삶에 관한 논의에서 여성을 그 논의에서 배제시키는 것과 다를 바가 없다. 대중이 비이성적이거나 감성적인 폭도로 간주되는 것과 여성들이 이성적이지 못하고 감성적인 불안정한 존재로 간주되는 것은 그들을 논의에서 배제시키기 위한 전술 외의 그 어떠한 것도 아니다. 그러므로 문화적으로 자신의 정체성에 대한 통제력을 가지고 대중문화를 지배와 피지배의 도구가 아니라 공동체의 도구로 만들고자 한다면 대중문화가 어떻게 기능하는가를 따져서 비판적으로 접근해 나가야 한다.

가장 평범하면서도 가장 강력한 대중문화의 이데올로기적 도구는 어떤 특정한 이미지를 제시함으로써 그러한 이미지를 만든 사람의 의도를 그러한 이미지를 보는 사람의 자기이해 속에 스며들게 하는 것이다. 페미니스트들은 이러한 전술에 대하여 폭로적인 저항을 전개하였다. 대중매체 속에서 여성들이 남성이 원하는 방식으로 그려지고 이러한 이미지가 남성은 물론이고 여성 또한 표시나지 않게 설득하고 있다는 것이 페미니스트들의 항변이다. 다인종 사회에서 이러한 항변은 이중적이게 되는데, 예를 들자면 미국에서 흑인여성의 자기이해는 백인남성의 기호에 의해 정해진다는 항변이 있게 된다.

텔레비전과 영화에 있어서 흑인 여성의 부정적인 이미지는 단순히 백인 남성의 정신에만 각인된 것이 아니라 미국인들 모두에게 영향을 미쳤다. 흑인의 아버지, 어머니들은 텔레비전이 끊임없이 흑인 소녀의 자신감과 자존감을 깎아내린다고 불만을 터뜨린다. 텔레비전의 상업 광고 방송에 있어서조차 흑인 남성의 아이는 보기 드물다.6)

페미니스트들의 성공적인 반론이 보여주듯이 대중문화는 여성의 정체에 대하여 납득할 수 없는 이미지를 제공할 뿐만 아니라 실제로는 대중의 정체에 대해서도 의심쩍은 이미지를 제공하고 있다. 그러한 이미지에 대하여 대중은 페미니스트와 마찬가지로 비판의 시각에서 대응하여야 한다. 수용할 시각과 거부할 시간 혹은 타협할 시각을 구분하지 못한다면 대중 또한 여성과 마찬가지로 자신의 삶이 아니라 타자가 자신이 살아가도록 원하는 삶을 살 수밖에 없다.

대중문화가 이용하는 다른 전술은 역사적 사실을 은폐하고 **현재**를 마치 영원처럼 보이도록 하는 것이다. 대중문화는 오늘날 지배적인 삶의 방식이 마치 영원한 삶의 방식으로서의 특권을 가진 것처럼 행세하게 한다. 이러한 기능은 특히 삶의 방식의 역사를 은폐함으로써 이루어진다. 페미니스트들은 가부장제사회가 어떻게 철저하게 모계중심사회의 전통을 망각시켰는가를 지적한다.7) 그들은 한때 여성들도 대중문화의 생산자들이었으며, 여성들이 생산자로서의 입장을 상실하게 된 데는 여성들을 생산과정으로부터 소외시킨 제도들이 있었기 때문이라고 폭로한다.

---

6) 같은 글, p.199 재인용.

7) 조선시대 선비들은 시집 온 여자가 친정에 돌아가 아기를 낳는 것은 오랑캐의 풍습이기 때문에 이를 법률적으로 폐지하여야 한다고 상소하였다. 이는 모계중심사회의 전통에 대한 공격의 좋은 예이다.

그것[여성문학]은 17세기 '저속한' 희곡 작가이고 1689년에 죽은 아프라 벤(Aphra Behn)으로부터 시작했다. … 그것은 빅토리아 시대의 초기에 끝난다. 이 시기 동안에 여성 문학이 발생했고, 가벼운 소설이 모든 계층의 여성들에게 대중화되었다. 그러나 많은 여성 작가들은 그들의 '교양이 낮은' 표현 때문에 남성 지식인 엘리트들에게 비난을 받았다.8)

교양을 훈련에 의해 양적으로 축적되는 것이라고 보는 견해는 예컨대 민중문화를 저속하고 교양이 낮은 것으로 치부해 버린다. 여성문화 또한 저속하고 교양이 낮은 것으로 간주되어 역사의 뒤안길로 밀려나 부활을 오랫동안 기다렸어야 했다. 민중문화도 부활을 기다리고 있다. 오늘날 산업화된 대중문화는 특히 그것의 기술적 우월성을 강조하면서 여타의 문화적 가능성을 배제해 버린다. 하지만 교양은 인간이 쌓는 지식이기도 하지만 기르는 삶의 방식이기도 하다. 여성문화가 여성의 시각에서 삶을 노래하듯이, 민중문화는 분칠하지 않은 인간의 진솔한 모습과 냄새를 그대로 풍기는 인간적 교양이다. 도시적인 대중문화만이 문화이고 향토적인 민중문화는 문화답지 않다는 편견으로부터도 우리는 자유를 얻어야 한다.

우리가 얻어야 할 또 하나의 자유는 대중문화가 우리에게 부여하는 **수동성**으로부터의 자유이다. 영화가 전형적으로 보여주듯이 대중문화는 빠른 화면의 전환으로 우리로부터 사유의 여지를 빼앗

---

8) 래코우, pp.202~203.

아 버린다. 텔레비전 광고나 뮤직 비디오는 영화보다 더 빠른 화면전환으로 우리를 완전한 수동성으로 몰아간다. 왜냐하면 우리가 생각하는 여유를 가지는 순간 대중문화가 우리에게 전달하고자 하는 이데올로기는 효력을 상실할 가능성이 있기 때문이다. 그러나 이러한 수동성이 전적인 것은 아니다. 페미니스트들은 여성들이 소위 소프 오페라에서도 수동적이지 않다는 점을 지적한다.

> 시청자들은 어떠한 정신적 활동이나 창조성 없이 단지 그것을 시청하고 수용하기 위해 그곳에 앉아 있지는 않다. … 일상의 연속에서 거의 아주 환상적인 것처럼 보이는 이야기들은 동정적인 수용자 해독을 통해 어떻게든 줄거리를 벗겨내어 그 이면에 숨어 있는 사상을 파악하고, 남겨진 윤곽에 대한 이해를 구성하는 것으로 변형된다.[9]

대중문화는 기술적 발전과 더불어 소비자의 수동성을 더욱 강화시켜 나가고 있다. 기술의 발전이 상호성을 증대시킬 것이라는 낙관적인 기대도 있지만 현실은 그러한 낙관적 기대를 쫓아가지 못하고 있다. 그러므로 우리는 우선 수동성을 증대시키는 대중문화의 여러 형식들을 비판적으로 보아야 한다. 예를 들어 가상의 세계에서의 활동은 현실 세계로 이어질 수 있는 형식과 내용을 가져야한다. 순전히 가상세계에서의 활동은 그것이 비록 능동적으로 보이는 경우조차 가상세계 바깥에서 보면 모니터에 눈이 매이고 키보

---

9) 같은 글, p.208 재인용.

드에 팔이 매인 노예적 상태에 불과하다.

페미니즘으로부터 배우는 대중문화에 대한 또 하나의 접근방식은 자기비판을 통한 획일성에의 저항이다. 페미니스트들은 대중문화에 대한 비판에서 여성이 남성과 동일해야 한다는 전제를 가지고 있었다. 하지만 페미니스트들은 이러한 전제에 대하여 곧 자기반성을 수행하였는데 그것은 여성과 남성 사이에 부정할 수 없는 그러나 차별을 정당화할 수는 없는 차이가 있다는 자각으로 나아갔다. 예컨대 어머니노릇(mothering)은 생물학적으로 남성이 할 수 없는 노릇 중의 하나이다. 하지만 이것이 페미니즘을 붕괴시킬 위험이 있다는 비판 또한 있어 왔다. 왜냐하면 이러한 분리가 차별을 정당화하는 근거가 될 수도 있기 때문이다. 그러나 페미니스트들은 이러한 논의를 계속해 왔다. 왜냐하면 그것이 페미니즘의 동력으로 작용하기 때문이다.

… 여전히 우리는 우리들 사이의 논쟁을 수행해야만 한다. 더구나 우리는 그것을 적극적으로 포용해야 한다. 분열 속의 긴장은 우리의 적이 되기는커녕, 매우 다른 여성들을 연결하는 역동적인 힘이다. … 그것의 내적인 불일치가 내는 전력은 그것 자체의 운동을 훨씬 너머, 많은 수의 사람들에게 자극을 주고 공적 대화에 참여하게 하는 페미니즘의 지속적인 동력의 일부이다.(프리 56 재인용)

여성의 정체에 대해서와 마찬가지로 대중문화의 이데올로기와 관련해서도 우리는 논의를 계속하여야 한다. 대중문화에 대한 한

가지 이해가 불가능한 것은 어떠한 이념도 우리의 현실을 모두 해명해 내기에 충분할 수 없기 때문이다. 그러므로 대중문화에 대한 다양한 찬반논쟁은 대중문화에 대한 이해를 깊게 할 뿐만 아니라 대중문화의 미래에 대하여 더 높은 지향을 세우게 한다. 자신의 견해를 유일한 진리라고 전제하는 것은 모든 합리적인 토론의 종말이다. 페미니스트들은 심지어 자신들의 정체성에 대해서조차도 의심을 남겨놓았다. 대중문화의 정체에 대한 의심을 남겨놓는 것은 대중문화에 대한 접근에서 반드시 삼아야 할 전제이다.

3. 포스트모던적 대중문화의 명암

페미니즘이 보여준 이러한 모범을 가지고서 우리가 상대해야 할 실제적 대상은 포스트모던적인 대중문화이다. 오늘날 우리가 누리는 대중문화의 미래를 이야기하기에 앞서 이러한 포스트모던적인 대중문화에 대한 이해에 다소간의 문제가 있음을 여기서는 우선 지적하여야 하겠다. 이러한 문제는 **이론과잉**이라고 부를 만한 태도로부터 비롯된다. 즉 현상에 대한 설명에서 현상을 측정해 내는 하나의 이론에 너무 의존함으로써 현상의 총체적인 실제를 충분히 보지 못하는 문제이다.

보드리야르의 시뮬라크르 이론은 대중문화에 대한 포스트모던적인 설명으로서 대단히 유효하다. 그러나 이러한 설명이 전적인 타당성을 갖기 위해서는 대단히 까다로운 전제가 있어야만 한다. 왜냐하면 '하늘 아래에 새로운 것이 없다'라는 표현처럼 시뮬라크르는 그것이 해당되는 실재를 비록 가지지 않는다고 하더라도 '무에서 창조'된 것은 아니기 때문이다. 그것은 결국 인간의 지적 능력으로부터 비롯된 것이며, 인간의 지적 능력은 태어나서 살아오면서 경험한 것을 재료로 하지 않고서는 불가능하기 때문이다.

물론 이러한 재료를 가공하는 인간의 지적 능력은 다양하다. 예를 들자면 우리는 사실 백이나 천도 일상적으로 자주 헤아려 보지 않는다. 특별한 경우를 제외하고 나면 우리는 고작해야 백 장의 지폐를 한 번에 헤아릴 뿐

그 이상을 잘 헤아리지 않는다. 하물며 만이나 억이나 조는 두말할 필요도 없다. 우리는 한번도 헤아려보지 않았지만 이러한 천문학적 숫자들을 사용하는데 이는 우리가 구체적으로 경험하지 않은 것을 그와 유사한 관계에 있는 구체적 경험을 근거로 추상적으로 사고하는 능력을 가지고 있기 때문이다.

우리는 때로 유사한 관계가 아니라 반대의 관계에 근거하기도 한다. 데카르트는 유한한 인간에게 무한한 신에 대한 관념이 있다는 것 자체가 무한한 신이 실재한다는 증거라고 보았지만 포이에르바하(Ludwig Feuerbach, 1804~72)는 무한한 신이라는 것은 유한한 인간의 반대개념일 뿐이라고 지적하였다. 인간과 인간을 초월하는 것으로 세계를 구분한 다음 인간에게는 인간적 속성을 초월자에게는 인간적 속성에 대립되는 것을 부여한 것이 종교의 비밀이라는 것이다. 이런 경우는 우리가 구체적으로 경험하지 않은 것을 그와 반대의 관계에 있는 구체적 경험을

근거로 추상적으로 사고한 예가 된다.

이런 까닭에 시뮬라크르가 실재와 무관하다는 보드리야르의 주장은 전적인 타당성을 가지기는 어렵다. 또 그의 시뮬라크르 이론이 해명하는 파생실재 개념도 자기모순적인 구조를 가지고 있다.

> 더욱이 '리얼리티'가 미디어 안에서 내파되므로 리얼리티는 오직 미디어에 의해서만 규정된다는 개념 역시 마찬가지로 문젯거리이다. 대개의 사람들은 아마도 미디어에 의해서 만들어진 '리얼리티'와 실제 객관적으로 존재하는 현실을 구별할 수 있다. 또한, 리얼리티가 진짜 미디어 안으로 '내파'되었다면, 그러한 사실을 우리는 어떻게 알 수 있는가? 우리는 단지 미디어에 의존해서 그러한 일이 있었음을 알 수 있을 것이다. 하지만, 왜 우리가 미디어를 믿어야만 하는가?[10]

미디어가 어느 정도 실재에 간섭하는 것은 사실이다. 왜냐하면 오늘날 미디어는 인간의 경험세계에서 중요한 한 부분을 차지하고 있기 때문이다. 그러므로 드라마에서 악역을 맡은 사람은 현실에서 그러한 악역에 대한 대가를 치러야 할 때도 있다. 그렇지만 이것은 분명한 오해이다. 드라마에서 그의 역할이 나쁜 것이었지 현실에서 그가 나쁜 인간은 아니기 때문이다. 순진한 사람들은 이러한 차이점을 알아채지 못할 수도 있다. 그러나 이러한 차이를 구분하는 사람들에게는 그러한 일은 일어나지 않는다.

무엇이 이것을 가능하게 하는가? 사람들은 어떻게 **파생실재**(hyperreality)와 **실재**(reality)를 구분할 수 있는가? 우리는 자신이

---

10) 도미니크, "포스트모더니즘과 대중문화", 강현두, p.569.

텔레비전을 보았는지 현실을 보았는지 구분할 수
있다. 텔레비전이나 영화에 시각과 청각이 매인
사람이나 컴퓨터에 시각과 청각과 촉각이 매인
사람은 때로 이런 구분을 못한 수도 있지만 그러
한 매임에서 풀려나 어느 정도 현실감각을 되찾
으면 쉽게 이를 구분한다. 왜냐하면 우리의 개인적인 의식의 역사
에서 우리는 그러한 두 상황을 구분할 수 있는 충분한 경험을 가
지고 있기 때문이다. 독일의 철학자 후설(Edmund Husserl, 1859
~1938)은 이러한 경험에 **생활세계**(lifeworld)라는 특별한 이름을
부여하기도 했다.

실제로 현실을 구성하는 것은 미디어만이 아니다. 노동이나 가
족과 같은 다양한 경험들이 현실을 구성하는 데에 이바지한다. 이
러한 점은 대중문화가 소비를 촉진한다는 주장에도 마찬가지로 적
용된다. 당연히 광고는 소비를 촉진시킨다. 하지만
광고를 본 모든 사람이 소비활동을 하는 것은 아
니다. 필요나 경제상황과 같은 것이 광고와 더불어
서 실제적으로 소비가 일어날 것인지 말 것인지를
같이 결정한다.11) 문화기획사는 여러 예능인들을
미디어와 광고를 통하여 상품으로 제시하지만 그 중에서도 성공하
는 연예인이 있고 실패하는 연예인이 있다. 이러한 차이는 포스트
모던적인 문화해석에 전적인 타당성을 기대하기는 어렵다는 것을
보여준다.

---

11) 같은 글, pp.568~69.

리오타르가 말하는 포스트모던적 특징으로서의
대서사의 붕괴도 시뮬라크르와 마찬가지로 대단
히 유용한 개념적 도구이기는 하지만, 또한 마찬
가지로 자기모순적인 구조를 가지고 있다. 우리
는 앞에서[12] 이미 다양한 대서사들의 붕괴가 유일한 새로운 대서
사 즉 자본의 논리를 초래하였다고 지적하였다. 실천적으로 포스트
모던 시대를 지배하는 새로운 유일한 대서사는 자본이다. 하지만
이론적으로 보면 포스트모던 시대를 지배하는 **새로운 대서사**는 포
스트모더니즘이라고 볼 수도 있다.

> 포스트모더니즘은 현대사회에서 일어나고 있는 중대한 변화
> 에 대하여 일반론적인 설명을 제공함과 동시에 지식이란 무엇
> 인지 그리고 어떻게 그것을 습득할 것인가에 관하여 단호한
> 입장을 제시한다. 포스트모더니즘은 나름대로 이 세상에 대하
> 여 진실한 무엇인가를 말하고 있다고 믿고 있으며, 동시에 어
> 떻게 포스트모더니즘이 그럴 수 있는가에 대하여도 알고 있
> 다. 따라서, 우리는 포스트모더니즘을 메타내러티브의 하나로
> 생각하면 안 되는 이유를 찾기 어렵다. 만일 그것이 참으로
> 또 하나의 메타내러티브라면, 어떻게 메타내러티브들이 몰락
> 할 수 있겠는가?[13]

제임슨이 말하는 패스티시도 분명히 포스트모던적인 대중문화의
한 특징을 꼬집고 있기는 하다. 패러디가 아닌 패스티시로서의 특
징을 포스트모던적인 대중문화에서 찾아볼 수 있기는 하다. 하지만

---

12) 11장 2절 참조.
13) 도미니크, p.569

넓게 보면 패스티시 또한 패러디의 한 방법일 수 있다. 패스티시가 제임슨이 이야기한 것처럼 주체의 죽음을 의미하는 것이 아니라 패러디처럼 **선행작업**에 대한 충분한 자의식을 의미할 수도 있다.

 포스트모더니즘의 관점에서 보면 현대영화는 노스탤지어에 몰두하고 과거에 의존하며 거기에서 아이디어를 찾으려 하며, 의식적인 포스트모던 패러디를 통하여 과거의 이미지와 플롯을 재활용함으로써 교묘하게 그것을 인용하는 것으로 보인다. 그리고 이러한 논의는 포스트모던 대중문화가 그 자신이 하나의 문화물임을 자의식적으로 인식하고 있음을 함축하는 것이다. 하지만 포스트모더니즘은 이러한 종류의 발전들의 색다름을 과장하고 있으며 그러한 발전이 지니는 특징들과 역사적 배경을 곡해하고 있다.[14]

예를 들어 *Body Heat*(1981)는 때때로 노스탤지어 영화로 분류되곤 하지만, 과거를 그대로 재현하려는 것과는 거리가 멀다. 이 영화는 섹스, 욕망, 그리고 운명에 관한 영화예술적 이미지와 주제들을 새로이 하려는 시도이기도 하다.[15]

보드리야르가 말하는 포스트모던 대중문화의 특징들, 즉 복고, 재활용, 퀴즈, 최고가는 우리가 살고 있는 현대인의 삶에 대한 설득력 있는 해명이다. 키치와 가제트에 대한 설명은 포스트모던적인 상황에서 사람들이 구매하는 내적 동기들을 정신과의사처럼 **분석**

---

14) 같은 글, pp.571～72.
15) 같은 글, p.572.

하여 보여준다. 하지만 보드리야르는 의사처럼 **치료**할 생각은 가지고 있지 않다. 그는 그것이 현대인의 피할 수 없는 운명으로 생각한다.

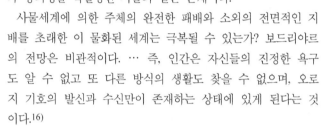

이러한 상황에서는 소비자는 더 이상 자율적인 주체가 아니다. 그는 이제 사물에 의해 지배받으며, 그 결과 자율성과 창의성을 박탈당한 사물과 같은 존재이다. …

사물세계에 의한 주체의 완전한 패배와 소외의 전면적인 지배를 초래한 이 물화된 세계는 극복될 수 있는가? 보드리야르의 전망은 비관적이다. … 즉, 인간은 자신들의 진정한 욕구도 알 수 없고 또 다른 방식의 생활도 찾을 수 없으며, 오로지 기호의 발신과 수신만이 존재하는 상태에 있게 된다는 것이다.16)

물론 보드리야르도 완전히 희망을 포기한 것은 아니다. "어느날 갑자기 난폭한 폭발과 붕괴의 과정이 시작되어 1968년 5월과 같이, 예측은 할 수 없지만 확실한 방식으로 이 하얀 미사를 때려부수기를 기다려보자"17)라는 말로 그는 포스트모던적인 삶의 방식을 소비를 중심으로 논의한 『소비의 사회』를 끝맺고 있다. 그러나 우리는 그냥 앉아서 기다릴 수만은 없다. 그러므로 우리는 이제 대중문화의 미래를 대중문화의 인간화라는 측면에서 생각해 보아야 한다.

---

16) 이상률, "옮긴이의 말", 보드리야르(1991), p.315.
17) 같은 책, p.305.

4. 대중문화의 인간화를 위하여

오늘날 대중문화를 지배하고 있는 대서사는 자본이고 **상업주의이다.** 대중문화의 생산은 그것이 가져올 금전적 이익을 목적으로 두고 이루어진다. 이를 위해서는 모든 것을 이용하는  데 고상한 인간성은 물론이고 사악한 상업성까지도 상업적 성공을 위해서라면 영웅시하거나 아니면 가차없이 희생시키거나 조롱거리로 만드는 데 주저하지 않는다. 오늘 우리가 대중문화가 하나의 목소리 하나의 모습을 가지는 것으로 보이지 않는 까닭이 바로 여기에 있다. 하지만 다양한 목소리와 모습 뒤에 변하지 않고 있는 그 하나의 원리는 바로 상업적 성공이다.

대중문화의 지배적인 동기인 상업적 성공은 그 자체로는 나쁜 것이 아니다. 대중문화의 상업적 성공에는 다른 영역에서의 성공에 보통 있게 마련인 타자에 대한 강제조차도 쉽게 발견할 수 없다. 『매트릭스』의 성공에서 볼 수 있듯이 대중은 스스로 영화관을 찾아오고 DVD를 구매한다. 정치적이고 경제적인 영역에서의 성공은 보통 이러한 자발성을 가지고 있지 못하다. 이러한 영역에서는 복종하지 않을 수 없어서 복종한다. 하지만 대중문화의 영역에서는 복종하지 않아도 되지만 스스로 복종한다.

그렇다면 대중문화에서 무엇이 나쁜 것인가? 그것은 상업적 성공을 위하여 오락성을 인간성보다  앞세우는 것, 바로 그것이다. 몽테뉴가 지적한 것처럼 오락은 인간의 본능적 욕구이며 이러한 욕구

는 파스칼이 말하는 것과 같은 고상한 노력에 의해서도 그렇게 잘 통제되지 않는다.[18) 금욕은 그 나름대로 매력을 가지고 있기는 하지만 깨어지기 쉬운 그릇과 같이 불안정한 것인 반면 욕망이야말로 아무 곳에나 나뒹굴고 깨어지고 부서져도 결코 그 본성을 잃지 않는 아주 안정된 존재이다.

상업주의적인 대중문화는 바로 이러한 인간의 쾌락에의 욕망에 그 근거를 두고 있다. 이로 인하여 빚어지는  결과는 두 가지인데, 우선 하나는 대중문화는 인간의 금욕적 고상함을 부정적인 것으로, 즉 시대에 뒤떨어지고 바보스럽고 손해밖에 볼 것 이 없는 그러한 것으로 몰아세운다. 다른 하나는 대중문화는 이제까지 어떤 대서사도 누려보지 못했던 안정성을 누리면서 현재의 소유구조를 영속적으로 만들고 인간을 욕망과 쾌락이라는 한 방향으로 몰고 나간다.

하지만 대중문화의 이러한 전진은 사실 자기패배적(self-defeating)이다. 왜냐하면 상업주의적 대중문화는 이러한 과정을 통하여 대중문화 그 자체가 기반하고 있는 건강한 사회를 스스로 잠식하고 있기 때문이다. 단기적으로 그러한 대중문화가 상업적 성공을 거둘 수 있을는지 모르지만 장기적으로는 멸망해 간 과거의 모든 문명들이 그러했듯이 결국 인간이 살아남기 어려운 세계를 창조함으로써 스스로조차도 붕괴하게 될 것이기 때문이다.

그렇지만 문제는 상업적 대중문화의 이러한 붕괴가 아니라 이러

---

18) 6장 1절 참조.

한 붕괴가 있기까지 인간들이 겪어야 할 무수한 고통들이다. 파스칼이 비현실적인 금욕을 주장했던 것도 바로 이러한 점을 염려한 것으로 보인다. 18~19세기에 사람들이 과거와 달리 색다름을 추구하기 시작했을 때 인간의 고상함은 붕괴하기 시작했다고 볼 수 있다. 고색창연의 전술은 비록 소수에 한정된 것이라고 해도 다른 사람들과의 연대를 모색한 것이었지만 색다름의 전술은 소수든 다수든 가릴 것 없이 다른 사람들과의 격리를 모색한 것이었다.

색다름의 전술은 사람들에게 이중적인 함정에 빠지게 만들었는데, 그것은 끊임없이 새로운 소비를 생각해 내거나 받아들여야 한다는 구속이었고, 다른 하나는 이러한 구속에 대하여 다른 사람들과 같이하는 저항이 불가능한 구조였다. 색다름을 추구하는 것은 상대방에게는 분리하여 격파한다는 이점을 가져다주었다. 그 상대방이 절대국가의 군주이든 후기자본주의 사회의 자본이든 결과는 마찬가지이다.

이야기꾼이 사람들을 끌어 모을 수 있었던 것은 그리 자주 또 오래 가는 일이 아니었다. 책이 이야기꾼을 대신하고 난 다음에도 죽은 문자와 산 사람은 비교가 되지 않았다. 잡지와 신문이 등장하였을 때도 책보다 좀더 정기적으로 좀더 많은 시간을 빼앗을 수 있었지만 그 이상은 아니었다. 라디오의 등장과 더불어 이러한 분리는 주목할 만한 수준에 이르렀다. 타자와의 연대적 저항은 급속도로 쇠퇴하였으며 텔레비전과 인터넷은 이러한 분리를 역사상 최고의 수준으로 올려놓았다.

이렇게 하여 만들어진 상황을 이분법적으로 정리한다면 한쪽에는 **자본과 오락과 분리**가 있고 다른 한쪽에는 **인간과 관조와 연대**가 있다. 우리는 비틀즈와 몽키스가 같은 오락성을 추구하면서도 어떻게 분리와 연대가 이루어졌는지를 이미[19] 보았다. 캔버스와 스크린이 같은 시각적 쾌락을 추구하면서도 어떻게 관조와 몰입이 이루어지는지를 또한 이미[20] 보았다. 하지만 이 절에서 지적한 것처럼 자본은 인간과 반드시 배치되는 것은 아니다. 자본은 인간과는 다른 관심을 가지고 있기 때문에 팔 수 있다면 인간은 물론이고 자신까지도 팔기를 망설이지 않는다.

이런 까닭으로 우리는 우선 자본에게 자신을 팔 것을 권유해야 한다. **자본에 대한 조롱**을 통해 자본이 축적되는 자기모순을 지적함으로써 자본의 인간에 대한 압제를 누그러뜨릴  수 있을 것이기 때문이다. 자신이 거짓말쟁이라고 선전하는 거짓말쟁이는 거짓말쟁이가 아니라 거짓말을 매개로 인간을 가르치는 교사이다. 자신이 자본이라고 선전하는 자본은 자본이 아니라 자본을 매개로 인간을 가르치는 교사일 수 있다. 중세사회의 어릿광대가 영주에게 한 역할을 오늘날 대중문화는 대중에게 할 수 있다.

마찬가지로 대중문화는 **스크린**이 되기보다는 **캔버스**가 되도록 해야 하며 스크린이 되는 경우라 하더라도 그 스크린을 캔버스로

---

19) 6장 4절 참조.
20) 10장 4절 참조.

만들도록 해야 한다. 여기에 대중문화의 비평가가 수행해야 할 역할이 있다. 대중문화가 대중에 대하여 가지고 있는 절대적인 권력을 생각할 때 절대왕조의 언관이나 간관들의 역할을 비평가들이 담당할 수 있다. 비평가들은 대중매체를 비판하여 대중매체의 소비자들이 관조할 수 있는 여지를 만들어줌으로써 대중들이 오락성에 함몰되어 조작당하는 위험을 방지하고 대중들에게 인간성에 대한 관심을 촉구할 수 있을 것이다.

하지만 무엇보다도 중요한 것은 **참여와 연대**이다. 문화는 삶의 방식이기 때문에 그 문화에 참여하는 모든 사람이 생산자이자 또한 동시에 소비자이다. 대중문화에서는 생산과 소비가 분리되는 현상이 발생하는데, 이러한 분리는 다중의 부정적 결과를 가져온다. 생산자가 소비자에게 우월한 지위를 차지하는 것도 그 하나이다. 소비자가 생산에 참여하지 못한다는 것은 다른 하나이다. 소비자들 사이의 연대성이 붕괴하는 것은 또 다른 하나이다.

대중문화에서 생산자는 백화점에서 보았듯이 헤게모니를 장악하고 있기 때문에 소비자는 역헤게모니를 성취하기가 쉽지 않다. 생산자가 소비자로부터 완전히 자유로운 것은 물론 아니지만 상당한 우월한 입장을 가지고 소비자의 선택권을 제한하며, 아니 선택을 유도하며, 때로 선택을 강요하기도 한다. 맞춤복이 세력을 잃고 기성복이 세력을 얻은 것을 보면 이러한 상황을 확인할 수 있다. 옷만이 그러한 것이 아니라 대중문화의 다른 영역에서도 이와 같은 현상이 나타난다. 모든 지배가 억압과 소외를 가져

오듯이 이러한 생산자의 소비자에 대한 지배도 억압과 소외를 가져온다. 이러한 상황을 호전시키기 위해서는 소비자는 생산자로 되어야 하지만 그 이전에도 '역헤게모니적인 행동'이 우선 이루어져야 한다.

대중문화의 생산에 참여하지 못한다는 것의 의미를 음식에 비유하여 생각할 수 있다. 오늘날 우리가 먹는 음식은 짧은 요리과정을 특징으로 한다. 소위 패스트푸드는 극단적인 예이지만 과거와 비교하자면 기본적인 요리과정이 이미 이루어진 채로 마지막 과정만을 남겨둔 요리재료가 시장에 범람한다. 이러한 삶에서 우리가 상실하는 것은 무엇인가? 그것은 주린 배를 채우거나 맛난 음식을 누린다는 결과만이 있고 그 결과에 이르는 과정에 우리가 참여하지 않는다는 것이다.

재차 비유하자면 산을 밟지 않고 헬기에서 내려 산의 정상에 오르는 것과 같은 것이며, 마라톤의 전 구간을 달리지 않고 결승점에

서 골인하는 것과 같은 것이다. 삶의 의미는 산다는 것에 일차적으로 있고 그 다음에 성취한다는 데에 있는 것이지, 성취 그것만에 있는 것이 아니다. 성취가 공허해지는 것은 바로 그 과정이 생략되었기 때문이다. 우리가 대중문화의 소비자인 한에서 늘 목마르고 굶주리는 것은 결과를 소비하지 못하기 때문이 아니라 그러한 과정에 우리가 소외되어 있기 때문이다.

이렇게 '과정에 참여'하는 것은 생산자이자 소비자인 사람들 사이의 연대를 회복시킨다. 대중문화의 생산과 소비의 분리가 소비자들 사이의 분리로 또한 이어지지만, 생산과 소비가 하나가 되면 생

산자이자 소비자인 사람들 사이의 연대 또
한 생겨난다. 귀족문화나 민중문화가 계급
성이나 단순성과 같은 한계를 가지고 있었
음에도 불구하고 사람들의 삶을 풍요롭게
했던 것은 바로 이런 까닭이었다. 대중문화를 개인의 문화가 아니
라 '공동체의 문화'로 만들어가는 것이 중요한 것은 바로 이런 까
닭이다.

7장에서 『매트릭스』가 결여하고 있는 덕목이라고 지적되었던
것들은 모두 이러한 공동체적인 삶의 최소조건들이었다. 물질에 대
한 관심이 아니라 인간에 대한 관심, 자신에 대한 관심이 아니라

타인에 대한 관심, 이익에 대한 관심이 아
니라 의미에 대한 관심, 이러한 것들은 상
업주의적인 대중문화가 결코 받아들일 수
없는 자기부정적인 관심들이다. 하지만 인
간의 삶의 방식을 개선해 나간다고 할 때, 인간의 삶을 좀더 고상
하게 만들어나간다고 할 때 이러한 관심들은 우리가 선택하지 않
을 수 없는 인간성의 본질 그것이다. **공동체적 대중문화**는 그 내용
과 형식에서 바로 이러한 관심들과 일치한다. 그러므로 대중문화가
이러한 관심을 선호하는 입장에서 공동체적으로 생산되고 소비될
때 그러할 때 비로소 대중문화는 인간적인 모습을 가질 수 있게
될 것이다.

생각거리

1. 3장의 콜리지와 아놀드 12장의 엘리엇과 리비스의 문화에 대한 견해들을 조사하여 그 공통점들과 차이점들을 구분해 보자.

2. 8장의 그람시와 12장의 월리엄스의 사회와 문화에 대한 견해들을 조사하여 또한 그 공통점과 차이점들을 구분해 보자.

3. 우리나라의 TV드라마나 인터넷문화에 대하여 페미니즘의 입장에서 분석하는 에세이를 작성하자. 2절에서 언급된 다섯 가지 기준을 활용할 수 있으면 활용해 보자.

4. 보드리야르의 시뮬라크르 이론에 대하여 찬반토론을 해보자.

5. "꼭 011이 아니어도 좋습니다"라는 카피21)에서 볼 수 있는 인간적

---

21) "훌륭한 광고인의 조건은 열정과 창의성이고, 훌륭한 광고의 조건은 정직입니다." 지난 1일 외국계 광고대행업체 TBWA코리아의 첫 한국인 CEO(최고경영자)가 된 최창희(崔昌熙) 사장은 이렇게 말문을 텄다. 월드컵 기간 비더레즈(Be the reds) 캠페인으로 더욱 유명해진 TBWA코리아는 취급액(광고 제작 및 집행금액) 기준 국내 4위의 광고 기업이다. 대형 광고업체 사장의 대부분이 경영인 출신인 국내업계에서 최 사장은 보기 드문 '장이' 출신이다. 경남고와 홍익대 미대(응용미술과)를 나온 그는 오리콤과 제일기획, 삼성자동차(마케팅 임원)를 거치면서 28년간 직접 현장에서 광고 제작을 한 것이다. 그의 광고에는 제품에 대한 일방적인 홍보보다 분위기와 이미지로 접근한 경우가 많다. 초코파이의 정(情) 시리즈, CJ(옛 제일제당)의 '고향의 맛' 다시다 시리즈, SK텔레콤의 '꼭 011이 아니어도 좋습니다' 광고들이 모두 그의 손과 머리를 거쳤다. 덕분에 그는 '히트 제조기'란 별칭도 얻었다. 그는 비결에 대해 '정직한 광고'를 수차례 강조했다. "소비자들을 유혹하는 게 1차 목표인 광고가 정직이란 컨셉트를 내세우는 건 모순이나 위장이 아니냐"는 질문에, "과대 포장해 만든 광고는 결국 소비자의 기대감만 높여 그 상품을 훨씬 빨리 망치게 한다"고 그는 답했다. '정직'과 함께 그가 요즘 후배들에게 강조하는 것은 '열정'과 '창의성'이다. 자신의 성공도 오랜 시간 식지 않는 광고에 대한 열정 때문이라고 믿기 때문이다. 『조선

인 대중문화의 모습과 비인간적인 대중문화의 모습을 비교해 보자.

6. "대중문화의 인간화를 위하여"라는 제목으로 대중문화의 미래에 대해 자신의 견해를 제시하는 에세이를 작성해 보자.

읽을거리

강명구, 『소비대중문화와 포스트모더니즘』(서울: 민음사, 1993)

래코우, "대중 문화에 대한 페미니스트적 접근 방법", 원용진, 한은경, 강준만, 『대중매체와 페미니즘』(서울: 한나래, 1993)

도미니크, "포스트모더니즘과 대중문화", 강현두, 『현대사회와 대중문화』(서울: 나남출판, 1998)

볼거리

영화 『간디』를 보고 영화적 상상력과 표현력을 통하여 묘사된 간디의 생애와 사상, 특히 비폭력주의에 대하여 토론해 보자.

일보』 2003. 1. 14. <인터뷰> " '정직한 광고' TBWA코리아 최창희 사장".

저자 약력 : 김 성 동

서울대학교 독어교육과를 졸업하고, 서울대 대학원 철학과(석사)와 서울대 교
육대학원 윤리교육과(석사)를 졸업하였다. 서울대 대학원 철학과에서 박사학
위를 받았으며, 현재 호서대학교 철학과 교수로 재직 중이다.
주요 저서 및 논문으로『인간 : 열두 이야기』,「쉘러와 하이데거에 있어서의
인간의 문제」,「자아실현의 과정에 관한 일 연구」,「상호주관성 이론의 재구
성」,「컴퓨터시대의 인간의 위치」등이 있고, 역서로는『메를로-뽕띠 : 사회철
학과 예술철학』,『실천윤리학』,『기술철학』,『현상학적 대화철학』등이 있다.

문화: 열두 이야기

．

2003년 4월 5일 1판 1쇄 인쇄
2003년 4월 10일 1판 1쇄 발행

지은이 / 김 성 동
발행인 / 전 춘 호
발행처 / 철학과현실사
서울시 서초구 양재동 338-10
TEL 579-5908 · 5909
등록 / 1987.12.15.제1-583호

ISBN 89-7775-428-3 03130
값 12,000원